[宋] 胡宏　撰
王立新　校点

胡宏著作两种

湖湘文库编辑出版委员会
岳麓书社

出版说明

湖湘文化源远流长，博大精深，是中华文化中独具地域特色的重要一脉。特别是近代以来，一批又一批三湘英杰，以其文韬武略，叱咤风云，谱写了辉煌灿烂的历史篇章，使湖湘文化更为绚丽多彩，影响深远。为弘扬湖湘文化、砥砺湖湘后人，中共湖南省委、湖南省人民政府决定编纂出版《湖湘文库》大型丛书。

《湖湘文库》编辑出版以“整理、传承、研究、创新”为基本方针，分甲、乙两编，其内容涵盖古今，编纂工作繁难复杂，兹将有关事宜略述如次：

一、甲编为湖湘文献，系前人著述。主要为湘籍人士著作和湖南地区的出土文献，同时酌收历代寓湘人物在湘作品，以及晚清至民国时期的部分报刊。

二、乙编为湖湘研究，系今人撰编。包括研究、介绍湖湘人物、历史、风物的学术著作和资料汇编等。

三、乙编中的通史、专题史，下限断至1949年。

四、甲编文献以点校后排印或据原本影印两种方式出版。

五、除少数图书以外，一律采用简体汉字横排。

六、每种图书均由今人撰写前言一篇。甲编图书前言，主要简述原作者生平、该书主要内容、学术文化价值及版本源流、所用底本、参校本等。乙编图书前言，则重在阐释该研究课题的研究视角和主要学术观点等。

七、对文献的整理，只据底本与参校本、参校资料等进行校勘标点，对底本文字的讹、夺、衍、倒作正、补、删、乙，有需要说明的问题，则作出校记，一般不作注释。

八、甲编民国文献中的用语、数字、标点等，除特殊情况外，一般不作改动。乙编图书中的标点、数字用法、参考文献著录规则等均按现行出版有关规定使用和处理。

《湖湘文库》卷帙浩繁，难免出现缺失疏漏，热望社会各界批评指正。

《湖湘文库》编辑出版委员会

前言

胡宏（1105—1162）字仁仲，福建崇安人，学者称五峰先生。其父胡安国是南宋“进退合义”的儒者典范，著名《胡氏春秋传》的作者。胡宏出身儒学名门，“幼闻过庭之训”，20岁随父入京师，师从程门著名学者杨时，旋至湖北荆门，成为程门弟子侯师圣的及门弟子。建炎三年（1129）秋，因避战乱，胡氏举家逃难，辗转进入湖南，卜居湘潭县碧泉村。后辗转流寓邵阳，广西清湘、灌阳一带，“奔走崎岖，幸免于死亡”。直至绍兴三年（1133）七月，胡氏一家才聚首湖南衡山，于衡山紫云峰下筑室定居，结束了长达四年的流亡生活。

绍兴八年（1338），胡安国病逝。此后，胡宏独立志思，“悠游于衡山之下二十余年，玩心神明，不舍昼夜”，往复于衡山和湘潭之间，依据湘潭文定书堂扩建碧泉书院，讲学授徒，传播儒学。胡宏在其父胡安国草创的基础上，最终完成湖湘学派的创建工作，形成了以性本论为主要特征的思想理论体系，培养了一大批优秀的儒学人才。如张栻、彪居正、吴翌、孙蒙正、赵棠、赵师孟、萧复、方畴、向浯、谭傃、谈子立、胡大原、胡广仲、胡大本、胡大壮、胡大时等。其中尤以张栻最为著名，与朱熹、吕祖谦并称东南三贤。胡宏与弟子们讲学论道，使湖湘学派成为南宋之初最具影响力的新儒学派别。湖湘学派是南宋理学的嚆矢，南宋理学之盛，实昉于湖湘学派。胡氏父子在宋代儒学复兴和转进的过程中，功不可没，影响深远。

与其父兄一样，胡宏一生心系天下兴亡，关怀生民疾苦，体现了一代儒学宗师积极用世，以天下为己任的博大胸怀。

早在建炎之初，面对“宋室衰亡，金人强盛，天子卑微，邦昌尊显”的状况，胡宏抑制不住满腔的优患与愤慨，致书当时的社会贤达，共同寻求应对时局维艰的方略。他致信汪应辰：“大丈夫得路，固将辅是君而济斯民也。”绍兴五年（1335），他上书高宗，希望“圣上”“察天理”而“屏人欲”，放弃苟安的幻想，确立雪耻复国的宏图远志，不要对野蛮的侵略者存有侥幸之心：“夫金人何爱于我。土我土，人我人，然后彼得安枕而卧也。苟顺其欲而不吝，名号、土地、人民、财货以委之，正是以肉投虎，肉不尽，其博嗜不已。”胡宏还劝谏高宗皇帝“存良心”以“恤生民”，不要因为兴兵而伤害民众，更不要以兴兵为理由而加重生民的负担。以为“国之有民，犹人之有腹心也，国之有兵，犹人之有手足也。手足虽病，心能保之；心腹苟病矣，四肢何有焉！”“国无治乱，时无丰凶，政无经权，莫不以辟土地、养人民为本。”胡宏对南宋之初所行“诛剥之政”，“纵意侵民，以奉冗卒”，致使田园荒芜、百姓离散的政策和现实提出了尖锐的指斥和严厉的批判。胡宏甚至对杨幺起义赋予了极大的同情，指出：“杨幺为寇，起于重敛，吏侵民急耳。本农亩渔樵之人也，其情不与他寇同。故治之之法，宜与他寇异。”胡宏还对地方官员如何行政、理民提出了原则性的建议：“治道以恤民为本，而恤民有道，必先锄奸恶，然后善良得安其业；而锄奸恶之道，则以得人为本也。”

胡宏对移风易俗，改造社会，投注了无限的用心。面对当时“行义凋损，政事殆废，风俗薄恶，人民嚣顽”的风气坏乱的情形，由衷伤怀。同时也对佛教盛行、儒家伦理沦亡的情况表示了深切的忧虑："方今圣学衰微，自非真积力久之儒辞而辟之，则天下之祸未易息矣。"他号召儒家信徒，振作精神，批判佛教，改造自己，扶持纲常，拯救人心风俗之既衰："道学衰微，风教大颓，吾徒当以死自担，力相规戒，庶几有立于圣门，不沦胥于污世也。"

绍兴十二年（1142），秦桧致书胡宏之兄胡寅，敦促胡氏兄弟出山为官。胡宏回书称："稽诸数千年间，士大夫颠冥于富贵，醉生而梦死者，无世无之，何啻百亿！虽当时足以快胸臆，耀妻子，曾不旋踵而身名俱灭，某志学以来，所不愿也。至于杰然自立志气，充塞乎天地，临大节而不可夺，有道德足以赞时，有事业足以拨乱，进退自得，风不能靡，波不能流，身虽死矣，而凛凛然长有生气如在人间者，是真可谓大丈夫矣。"表明了一个正直的儒家学者坚贞不渝、守死善道的纯正操守。

胡宏一生勤勉，著述不辍，在哲学、史学、文学等方面均取得了骄人的成就。

在哲学上，胡宏创立性本论，提出"天命之谓性，性，立天下之大本也"、"非性无物，非气无形"、"性立天下之有"、"性也者，天地鬼神之奥也"等主张，为后来的理本论与心本论的产生奠定了坚实的理论基础。踵接孟子的"求放心"，胡宏主张"以放心求心"，尽心成性，为儒者的安身立命提供了有效的修养方法。对于情、才、欲、术、忧、怨等人性的表露，胡宏坚持性本论，矫正了当时的一些儒家学者将人的一切本来既有的"欲望"，简单地当成"人欲"的偏颇之见。他指出："凡天命所有而众人有之者，圣人皆有之。人以情为有累也，圣人不去情；人以才为有害也，圣人不病才；人以欲为不善也，圣人不绝欲；人以术为伤德也，圣人不弃术；人以忧为非达也，圣人不忘忧；人以怨为非弘也，圣人不释怨。”胡宏还以“天理人欲，同体而异用，同行而异情”的卓异见识，提醒“进修君子”深加分辨，树立正确的天理人欲观。

在史学上，胡宏提出了：“诸家载记，所谓史也。史之有经，犹身之肢体有脉络也。《易》、《诗》、《书》、《春秋》，所谓经也。经之有史，犹身之脉络有肢体也。肢体具，脉络存，孰能碍其生乎?”以经解史，经史结合，经是史的内在核心和意义，史是载经之体，离开经，史将不再具有意义，离开了史，经的价值也无法得以展现。这是胡氏一家治史的原则，从胡安国将《春秋》看成是“史外传心之要典”，到胡寅《读史管见》“用《春秋》经旨，尚论详评”的“以经断史”，直至胡宏上述的经史关系的论述，一脉相承，皆主张凸现历史的意义，彰显历史的价值，反对就事论事，惟以佐治为目的的治史方法，开创了历史研究的新格局。

关于文学创作，胡宏有诗云：“章句纷纷似世尘，一番空误一番人。”又有：“少年宜若励，诗酒勿留连。”像这样的诗句，目的不是为了反对文学的创作，只是厌弃拼添词文，为作诗作文而作诗作文，全不顾及社会担待和人生实际的虚矫文风。胡宏指出：“学圣人之道，得其体，必得其用，有体而无用，与异端何辨!”他反对寻章摘句，不求实用的做法，主张学者要有真实的体验，在强调学问对于学者本身的修养发生作用，从而变化气质的同时，尤其希望学者们用学术来参与和影响社会，对社会生活发生有效的“济人利物”的作用。

在为学问题上，胡宏主张先存疑，再精思，然后讲论，批评一些学者仅凭主观臆断而妄立新说的浮躁和虚夸的做法，严厉指出“若见一义即立一说，初未尝求大体，权轻重，是为穿凿。穿凿之学，终身不见圣人之用”。胡宏重体会，重受用，反对随意立说，他曾告诫学者们“读书不贵苟有说，离得语言才是真”。这些经验之谈，被当时学术界奉为圭臬，即使在今天，也不无借鉴意义。

胡宏著作，现存的主要有《知言》、《皇王大纪》和《五峰集》等数种，为儿童启蒙所作《叙古蒙求》，今已亡佚。《胡宏著作两种》，即是由湖湘文库依据清文渊阁《四库全书》中的《知言》、《五峰集》编辑整理而成。

《知言》是胡宏的最主要的学术著作。其言论与要义主要来自于《皇王大纪论》、《论语指南》、《释疑孟》、《周易外传》等著作以及与友人、学生的书信与谈话。根据张栻的记载，《知言》属于一部讲学记录，尽管胡宏晚年不断修正，力求完善，但由于受时代和个人条件的限制，最终未能如愿。“先生之意，每自以为未足，逮其疾革，犹时有所更定，盖未及脱稿而已启手足矣。”“是书乃其平日之所著，其言约，其义精，诚道学之枢要，制治之蓍龟也。”《知言》宋时即有刻本，而且不止一种，可惜今已不得见。大约由于该书民族主义味道浓烈，加以朱、张、吕的怀疑和批评，“自元以来其书不甚行于世”。明弘治三年（1490），“明程敏政始得旧本于吴中”，其后坊贾间遂有刊板。《四库提要》称：“惟永乐大典所载尚属宋椠原本，首尾完备，条理厘然”，四库馆存就是依据永乐大典本，“据其章目，详加刊正，以复其旧。”本次点校所用的底本是文渊阁四库全书中的六卷本，而以清道光三十年粤雅堂丛书本为主要参校本。排列顺序一依四库分卷法，未采用粤雅堂丛书本以《论语》将前两字冠为篇名的编排方式。

《五峰集》包括胡宏的诗、书简、杂文以及《周易外传》、

《论语指南》、《释疑孟》等专门著述的部分章节。《五峰集》由胡宏季子胡大时整理，张栻作序。宋、元时皆有刊本，惜已亡佚，现存四库五卷本和清代的两个抄本。另外，其中一些章节，亦散见于《南宋文范》、清代存素堂抄本《宋元诗人集》、《丛书集成初编》等文集之中。因为各种条件的限制，本次点校只能以文渊阁四库本《五峰集》为底本，以1987年中华书局版《胡宏集》中的五峰集部分为主要参证。

胡宏著述，除了此次《胡宏著作两种》辑入的作品之外，另有一些过去已经刊行的文字，因搜集、辨识尚需时日，容待将来。

需要说明的是，古籍点校的任务是恢复原著本来的面目，而本来的面目由于历史上不断地重新改写和刊印，错漏之处在所难免。就是最初的刻本，也未必就和原貌完全一致，甚至作者原来的文稿也可能有各种各样的文字失误和错漏。何况我们今天已经无法得到原稿和最初的刻本。而且还因为我们不熟悉各个历史时期、各种特定环境中的用语习惯和行文方式，所以很多看上去读不通和读不懂的地方，未必就是真正的错漏。像这样的情况就只好暂时保持原状，以俟博雅君子进一步纠偏改谬，使归于正。

承蒙《湖湘文库》编委会和岳麓书社的信赖，令我点校胡宏的《知言》和《五峰集》，使我感到荣幸之至。本次点校亦多有得益于1987年中华书局版《胡宏集》之处，谨此一并表示衷心感谢。由于点校的水平、见识、能力以及条件和出版时间的要求等的综合限制，错谬之处在所难免，甚望得到方家和读者的批评指正，点校者将因此受惠，谨此先行布达谢忱了。

王立新于深圳大学国学研究所

2008年2月21日

目录

上编　知言

下编　五峰集

五峰集卷二

五峰集卷三

五峰集卷四

五峰集卷五

上编：知言

四库全书子部儒家类知言提要

臣等谨案，《知言》六卷，附录一卷，宋胡宏撰。宏有《皇王大纪》，已著录。是编乃其论学之语，随笔札记，屡经改订而后成。吕祖谦尝以为“胜于《正蒙》”。然宏之学本其父安国，安国之学虽出于杨时，而又兼出于东林常揔。揔尝谓：“本然之性，不与恶对言。”安国沿习其说，遂以本然者、与善恶相对者分成两性。宏作此书，亦仍守其家传，其所謂“性无善恶”、“心以成性”、“天理人欲，同体异用，同行异情”、“指名其体曰性，指名其用曰心”、“性不能不动，动则心矣”云云，朱子力诋其非，至作《知言疑义》，与吕祖谦及宏门人张栻互相论辨，即栻亦不敢尽以其师说为然。其论治道以井田、封建为必不可废，亦泥古而流于迂谬。然其他实多明白、正大，足以阐正学而辟异端。朱子亦尝称其思索精到处，殊不可及，固未可以一二瑕疵尽废其书也。自元以来，其书不甚行于世。明程敏政始得旧本于吴中，后坊贾遂有刊板。然明人传刻古书，好意为窜乱，此本亦为妄人强立篇名，颠倒次序，字句舛谬，全失其真。惟《永乐大典》所载，尚属宋椠。原本首尾完备，条理厘然。谨据其章目，详加刊正，以复其旧。其《朱子语类》各条，亦仍依原本，别为附录一卷，系之于末，以备考证焉。

乾隆四十六年九月恭校上

总纂官：臣纪昀 臣陆锡熊 臣孙士毅

总校官：臣陆费墀

原序

《知言》，五峰先生之所著也。先生讳宏，字仁仲，文定公之季子也。自幼志于大道，尝见杨中立先生于京师，又从侯师圣先生于荆门，而卒传文定公之学。悠游南山之下余二十年，玩心神明，不舍昼夜，力行所知，亲切至到。析太极精微之蕴，穷皇王制作之端。综事物于一原，贯古今于一息。指人欲之偏，以见天理之全，即形而下者而发无声无臭之妙，使学者验端倪之不远，而造高深之无极。体用该备，可举而行。晚岁尝被召旨，不幸寝疾，不克造朝而卒。是书乃其平日之所著，其言约，其义精，诚道学之枢要，制治之蓍龟也。然先生之意，每自以为未足，逮其疾革，犹时有所更定，盖未及脱稿而已启手足矣。

或问于栻曰："《论语》一书，未尝指言性，而子思《中庸》独于其首章一言之，至于孟子，始道性善，然其为说则已简矣。今先生是书于论性特详焉，无乃与圣贤之意异乎？"栻应之曰："无以异也。夫子虽未尝指言性，而子贡盖尝识之曰：'夫子之文章可得而闻也，夫子之言性与天道，不可得而闻也。'是岂真不可得而闻哉？盖夫子之文章，无非性与天道之流行也。至孟子之时，如杨朱、墨翟、告子之徒，异说并兴，孟子惧学者之惑而莫知所止也，于是指示大本而极言之。盖有不得已焉耳矣。又况今之异端，直自以为识心见性，其诱张雄诞，又非当时之比。故高明之士，往往乐闻而喜趋之。一溺其间，则丧其本心，万事隳弛，毫厘之差，霄壤之谬，其祸盖有不可胜言者。先生于此，又乌得而忘言哉？故其言有曰：‘诚成天下之性，性立天下之有，情效天下之动。’而必继之曰：‘心妙性情之德。’又曰：‘诚者，命之道乎！中者，性之道乎！仁者，心之道乎！’而必继之曰：‘惟仁者为能尽性至命。’”夫学者诚能因其言而精察于视听言动之间，卓然知夫心之所以为妙，则性命之理盖可默识，而先生之意所以不异于古人者，亦可得而言矣。若乃不得其意而徒诵其言，不知求仁而坐谈性命，则几何其不流于异端之归乎？

栻顷获登门，道义之诲，浃洽于中，自惟不敏，有负夙知，辄序遗书，贻于同志，不韪之罪，所不得而辞焉。

乾道四年三月丙寅　门人张栻序

知言卷一

天命之谓性。性，天下之大本也。尧、舜、禹、汤、文王、仲尼，六君子先后相诏，必曰心而不曰性，何也？曰：心也者，知天地，宰万物，以成性者也。六君子，尽心者也，故能立天下之大本，人至于今赖焉。不然，异端并作，物从其类而瓜分，孰能一之？

静观万物之理，得吾心之悦也易；动处万物之分，得吾心之乐也难。是故智仁合一，然后君子之学成。

观日月之盈虚，知阴阳之消息；观阴阳之消息，知圣人之进退。

财出于九赋，兵起于乡遂，士选于庠塾，政令行乎世臣，然后政行乎百姓，而仁覆天下矣。

生刑轻，则易犯，是教民以无耻也；死刑重，则难悔，是绝民自新之路也。死刑、生刑，轻重不相悬，然后民知所避，而风化可兴矣。

自三代之道不行，君臣之义不明，君诱其臣以富贵，臣干其君以文行。夫君臣相与之际，万化之原也。既汩于利矣，末流其可禁乎？此三代之治所以不复也。

尧、舜、禹、汤、文王、仲尼之道，天地中和之至，非有取而后为之者也。是以周乎万物，通乎无穷，日用而不可离也。释氏乃为厌死生、苦病老，然后有取于心，以自利耳。本既如是，求欲无弊，其可得乎？

爵位仪章，德之饰也。有德，则为等威，君子之所欲。无德，则器物而已矣，君子贱焉。

阴阳之升降，邪正之内外，一也。是故仁者虽切切于世，而亦不求道之必行也。寒暑之始终，天地之始终也。拘于耳目闻见者，众人也；无典彝法度者，释氏也。安得其心该遍流通，与论性命之理而返之正哉？

一裘，裳也，于冬之时举之，以为轻；逮夏或举之，则不胜其重。一絺，绤也，于夏之时举之，以为重；逮冬或举之，则不胜其轻。夫衣非随时有异轻重也，情狃于寒暑而乱其心，非轻重之正也。世有缘情立义，自以为由正大之德而不之觉者，亦若是而已矣。孰能不狃于情以正其心，定天下之公乎？

见善有不明，则守之不固。或慑于威严而失之，或没于情恩而失之，或乱于精微而失之，或汩于末流而失之。伟哉，孟氏之子！生世之大弊，承道之至衰，蕴经纶之大业，进退辞受，执极而不变，用极而不乱，屹然独立于横流，使天下后世晓然知强大威力之不可用，士所以立身，大夫所以立家，诸侯所以立国，天王所以保天下，必本诸仁义也。伟哉，孟氏之子！

义者，权之行也，仁，其审权者乎！

道充乎身，塞乎天地，而拘于躯者不见其大；存乎饮食男女之事，而溺于流者不知其精。诸子百家亿之以意，饰之以辩，传闻袭见，蒙心之官[①]，命之理，性之道，置之茫昧则已矣。悲夫！此邪说、暴行所以盛行，而不为其所惑者，鲜也。然则奈何？曰：在修吾身。时之古今，道之古今也。道者，体用之总名，仁其体，义其用。合体与用，斯为道矣。大道废，焉有仁义？老聃氏非知道者也。

① 中华书局版《胡宏集》将“官”作“言”。

义有定体，仁无定用。道无不可行之时，时无不可成之事。时无穷，事万变，唯仁者为能处之，不失其道而有成功。权数、智术，用而或中则成，不中则败。其成败系人之能否，而权度纵释不在我者也。岂不殆哉！

天命不已，故人生无穷。具耳、目、鼻、口、手、足而成身，合父子、君臣、夫妇、长幼、朋友而成世。非有假于外而强成之也，是性然矣。圣人明于大伦，理于万物，畅于四肢，达于天地，一以贯之。

性外无物，物外无性。是故成己、成物，无可无不可焉。释氏绝物遁世，栖身冲漠，窥见天机有不器于物者，遂以此自大，谓万物皆我心，物不觉悟而我觉悟。谓我独高于万物。于是，颠倒作用，莫知所止，反为有适有莫，不得道义之全。名为识心见性，洞然四达，而实不能一贯，辗转淫遁，莫可致诘。世之君子信其幻语而惑之，孰若即吾身世而察之乎？

先道而后言，故无不信之言。先义而后行，故无不果之行。阴阳成象，而天道著矣；刚柔成质，而地道著矣；仁义成德，而人道著矣。

万物生于天，万事宰于心。性，天命也。命，人心也。而气经纬乎其间，万变著见而不可掩，莫或使之，非鬼神而何？

天理人欲，同体而异用，同行而异情。进修君子，宜深别焉。

法制者，道德之显尔；道德者，法制之隐尔。天地之心，生生不穷者也。必有春秋冬夏之节，风雨霜露之变，然后生物之功遂。有道德结于民心，而无法制者，为无用，无用者亡；刘虞之类。有法制繫于民身，而无道德者，为无体，无体者灭。暴秦之类。是故法立制定，苟非其人，亦不可行也。

学进，则所能日益；德进，则所能日损不已。而天则所能亡矣。事成则极，极则变；物盈则倾，倾则革。圣人裁成其道，辅相其宜，百姓于变而不知此。尧舜之所以为圣也。

造车于室，而可以通天下之险易；铸鉴于冶，而可以定天下之妍丑。盖得其道而握其要也。治天下者，何独不观乎此，反而求诸身乎？是故，一正君心，而天下定矣。

一阴一阳之谓道，有一则有三，自三而无穷矣。老氏谓“一生二，二生三”，非知太极之蕴者也。

小道任术，先其得，后其义，智己而愚民者也。圣人由道而行，其施也博，其报也厚，其散也广，其聚也多。贪欲不生，而天下通焉。

夫妇之道，人丑之者，以淫欲为事也。圣人安之者，以保合为义也。接而知有礼焉，交而知有道焉，惟敬者为能守而不失也。《语》曰：“乐而不淫”，则得性命之正矣。谓之淫欲者，非陋庸人而何？

变异见于天者，理极而通，数穷而更，势尽而反，气滋而息。兴者将废，成者将败。人君者，天命之主，所宜尽心也。德动于气，吉者成，凶者败，大者兴，小者废。天岂有心于彼此哉！谓之谴告者，人君睹是，宜以自省也。若以天命为可恃，遇灾不惧，肆淫心而出暴政，未有不亡者也。

释氏定其心，而不理于事，故听其言如该通，征其行则颠沛。儒者理于事，而心有止，故内不失成己，外不失成物，可以赞化育而与天地参也。

诚者，命之道乎！中者，性之道乎！仁者，心之道乎！唯仁者为能尽性至命。

自反则裕，责人则蔽，君子不临事而恕己，然后有自反之功。自反者，修身之本也。本得，则用无不利。

有毁人、败物之心者，小人也。操誉人成物之心者，义士也。油然乎物各当其分而无为者，君子也。

知人之道，验之于事而观其词气。从人反躬者，鲜不为君子；任己盖非者，鲜不为小人。

释氏直曰吾见是性，故自处以静，而万物之动不能裁也；自处以定，而万物之纷不能止也。是亦天地一物之用耳，自道参天地、明并日月、功用配鬼神者，观之则释氏小之为丈夫矣。其言夸大，岂不犹坎井之蛙欤？仁者，天地之心也。心不尽用，君子而不仁者有矣。万物备而为人，一物有未体，非仁也。万民合而为君，有一民不归吾仁，非王也。

天命为性，人性为心。不行己之欲，不用己之智，而循天之理，所以求尽其心也。

修身以寡欲为要，行己以恭俭为先。自天子至于庶人，一也。

道不能无物而自道，物不能无道而自物。道之有物，犹风之有动，水之有流也。夫孰能间之？故离物求道者，妄而已矣。释氏之学，必欲出死生者，盖以身为己私也。

天道有消息，故人理有始终，不私其身以公于天下，四大和合，无非至理，六尘缘影，无非妙用。何事非真？何物非我？生生不穷，无断无灭，此道之固然，又岂人之所能为哉！夫欲以人为者，吾知其为邪矣。

道非仁不立。孝者，仁之基也；仁者，道之生也；义者，仁之质也。未能无欲，欲不行焉之谓大勇；未能无惑，惑不苟解之谓大智。物不苟应务，尽其心之谓大仁。人而不仁，则道义息。强暴感仁义而服者有矣，未闻以强暴服强暴而能有终者也。

孝莫大于宁亲，宁亲莫大于存神。神存天地之间，顺其命，勿灭绝之而已矣。死生者，身之常也；存亡者，国之常也；兴废者，天下之常也；绝灭者，非常之变也。

圣人制四海之命，法天而不私已，尽制而不曲防，分天下之地以为万国，而与英才共焉。诚知兴废之无常，不可以私守之也。故农夫受田百亩，诸侯百里，天子千里。农夫食其力，诸侯报其功，天子享其德。此天下之分然，非后世擅天下者，以大制小，以强制弱之谋也。诚尽制而已矣。是以虞、夏、商、周传祀长久，皆千余岁。论兴废，则均有焉。语绝灭，则至暴秦，郡县天下，然后及也。自秦灭先王之制，海内荡然，无有根本之固，有今世王天下，而继世无置锥之地者；有今年贵为天子，而明年欲为匹夫不可得者。天王尚然，况其下者乎！是以等威不立，礼义难行，俗化衰薄，虽当兴废之常，而受绝灭之祸也。其为不孝，孰大焉？悲夫！秦、汉、魏、晋、隋、唐之君，真可谓居绝灭之中而不自知者也。是故大《易》垂训，必建万国而亲诸侯。《春秋》立法，兴灭国而继绝世。

物之生死，理也。理者，万物之贞也。生聚而可见，则为有；死散而不可见，则为无。夫可以有无见者，物之形也。物之理，则未尝有无也。老氏乃以有无为生物之本，陋哉！天得地而后有万物，夫得妇而后有男女，君得臣而后有万化。此亦道之所以为至也。

井法行，然后愚智可择，学无滥士，野无滥农，人才各得其所，而游手鲜矣。君临卿，卿临大夫，大夫临士，士临农与工商。所受有分制，多寡均而无贫苦者矣。人皆受地，世世守之，无交易之侵谋也。无交易之侵谋，则无争夺之讼狱，无争夺之讼狱，则刑罚省而民安，刑罚省而民安，则礼乐修而和气应矣。

守身以仁，以守身之道正其君者，大臣也。汉唐之盛，忠臣烈士攻其君之过，禁其君之欲，纠其政之谬，弹其人之佞而已。求其大正君心，引之志于仁者，则吾未之见也。惟董生其庶几乎！

道可述，不可作。述之者天也，作之者人也。三王述之，五伯作之。其功德可考矣。深于道者，富用物而不盈。卫公子荆善居室，孔子何取焉？以其心不婴于物，可以为法也。夫人生于世，用物以成其生耳。其久能几何？而世人驰骛不反也。

维天之命，于穆不已。圣人知天命存于身者，渊源无穷，故施于民者，溥博无尽，而事功不同也。知之，则于一事功，可以尽圣人之蕴。不知，则一事功而已矣，不足以言圣人也。庄周乃曰："圣人，道之真，以治身，其绪余土苴，以治天下国家。"岂其然乎？

善为天下者，务寝兵，兵，刑之大者耳。虽汉唐盛主，礼乐废缺，法令专行，是兵常兴而未尝息也。纪纲如是，而欲有三代之文章，其可得乎？

有情，无情，体同而用分。人以其耳目所学，习而不能超乎闻见之表。故昭体用以示之，则惑矣。惑则茫然无所底止，而为释氏所引，以心为宗。心生万法，万法皆心，自灭天命，固为己私，小惑虽解，大碍方张。不穷理之过也。彼其夸大言词，颠倒运用，自谓至极矣。然以圣人视之，可谓欲仁而未至，有智而未及者也。夫生于戎夷，亦间世之英也。学之不正，遂为异端、小道。惜哉！圣人尚贤，使民知劝；教不能，使民不争；明善恶之归，如日月之照白黑，然民犹有惑于欲而陷于恶。故孔子观上世之化，喟然而叹曰："甚哉！知之难也。"虽尧舜之民，比屋可封，能使之由而已，亦不能使知之也。夫人目于五色，耳于五声，口于五味，其性固然，非外来也。圣人因其性而道之由于至善，故民之化之也易。

老子曰："不见可欲，使心不乱。"夫可欲者，天下之公欲也，而可蔽之使不见乎？天地之生生万物，圣人之生生万民，固其理也。老聃用其道，计其成，而以不争行之，是舞智尚术，求怙天下之权以自私也。其去天事远矣。

知言卷二

好恶，性也。小人好恶以己，君子好恶以道。察乎是，而天理人欲可知。

志仁则可大，依仁则可久。仲尼从心所欲不逾矩，可谓尽心矣。天即孔子也，孔子即天也。释氏无障碍，而所欲不能不逾矩，吾知其未见心之全也。猖狂妄行而已。

有其德，无其位，君子安之；有其位，无其功，君子耻之。君子之游世也以德，故不患乎无位；小人之游世也以利势，故患得患失，无所不为。

一嘘吸，足以察寒暑之变；一语默，足以著行藏之妙；一往来，足以究天地之理。自陋者，不足以与言也；自小者，不足与有为也。人虽备夫[①]道，必学，然后识；习，然后能；能，然后用。用无不利，惟乐天者能之。有之在己，知之在人。有之而人不知从，而与人较者，非能有者也。

水有源，故其流不穷；木有根，故其生不穷；气有性，故其运不穷；德有本，故其行不穷。孝悌也者，德之本欤！有是心则有知，无是心则无知。巧言令色之人，一失其心于浮伪，未有能仁者也。

等级至严也，失礼乐，则不威。山河至险也，失礼乐，则不固。礼乎，乐乎，天下所日用，不可以造次、颠沛废焉者乎！富，

---

① 中华书局版《胡宏集》据清道光三十年粤雅堂本作“天”。

可以厚恩；贵，可以广德。是君子之所欲也。有求之而得者，有不求而得者，有求之而不得者。命有定矣，信而不渝，然后能为君子。有为之为，出于智巧。血气方盛，则智巧出焉。血气既衰，则智巧穷矣。或知功之可利，而锐于立功；或知名之可利，而进以求名；或知正直之可利，而勉于正直；或知文词之可利，而习于文词。皆智巧之智也。

上好恬退，则为恬退，以中其欲。上好刚劲，则为刚劲，以中其欲。上好温厚，则为温厚，以中其欲。上好勤恪，则为勤恪，以中其欲。上好文雅，则为文雅，以中其欲。皆智巧之巧也。年方壮，则血气盛；得所欲，则血气盛；壮迈欲失，则血气挫折，消懦而所为屈矣。无不可变之操也。

无为之为，本于仁义，善不以名而为，功不以利而动，通于造化，与天地相终始。苟不至德，则至道不凝焉。圣人不可得而见矣，其遗言犹龙之蜕，犹虎之皮，用其文章，犹足动观听，况能充其蜕，复其皮，得其精神以设教于天下？其拨乱兴治如反覆手耳。不得其道，与天下之人角智力者，嵲嵲乎，殆哉！有聚而可见谓之有者，知其有于目，故散而不可见者，谓之无。有实而可蹈谓之有者，知其有于心，故妄而不可蹈者谓之无。马、牛，人畜也。御之失道，则奋其角蹄，虽有猛士，莫之敢撄。得其道，则三尺童子，用之周旋，无不如志焉。

天下分裂，兆民离散，欲以一之，固有其方，患在人不仁，虽与言而不入也。

知几，则物不能累，而祸不能侵。不累于物，其知几乎！郡县天下，可以持承平，而不可以支变故。封建诸侯，可以持承平，可以支变故。

自观我者而言，事至而知起，则我之仁可见也。事不至而知不起，则我之仁不可见也。自我而言，心与天地同流，夫何间之有？

寡欲之君，然后可以言王道。无欲之臣，然后可以言王佐。处己有道，则行艰难、险厄之中，无所不利。失其道，则有不能堪而忿欲兴矣。是以君子贵有德也。

或往或来，天之所以为道也；或语或默，士之所以为仁也；或进或退，臣之所以事君也；或擒或纵，兵之所以为律也；或弛或张，王之所以成化于天下也。

释氏以尽虚空沙界为吾身，大则大矣，而以父母所生之身，为一尘刹幻化之物而不知敬焉，是有间也。有间者，至不仁也。与区区于一物之中，沈惑而不知反者，何以异？

性譬诸水乎！则心犹水之下，情犹水之澜，欲犹水之波浪。

即物而真者，圣人之道也；谈真离物者，释氏之幻也。释氏见理而不穷理，见性而不尽性，故于一天之中，分别幻华、真实，不能合一，与道不相似也。当爵禄而不轻，行道德而不舍者，君子人欤？君子人也！

天下之臣有三，有好功名而轻爵禄之臣。是人也，名得功成而止矣。有贪爵禄而昧功名之臣。是人也，必忘其性命矣，鲜不及哉！有由道义而行之臣。是人也，爵位功名得之不以为重，失之不以为轻，顾吾道义如何耳。君天下，临百官，是三臣者，杂然并进，为人君者，乌乎知而进退之？孟子曰："君仁，莫不仁。"有善行而不仁者有矣，未有不仁而能择乎善者也。

子思子曰："率性之谓道。"万物，万事，性之质也。因质以致用，人之道也。人也者，天地之全也。而何以知其全乎？万物有有父子之亲者焉，有有君臣之统者焉，有有报本反始之礼者焉，有有兄弟之序者焉，有有救灾恤患之义者焉，有有夫妇之别者焉。至于知时、御盗如鸡、犬，犹能有功于人。然谓之禽兽而人不与为类，何也？以其不得其全，不可与为类也。

夫人虽备万物之性，然好恶有邪正，取舍有是非。或中于先，或否于后，或得于上，或失于下。故有不仁而入于蠢顽禽兽之性者矣。惟圣人既生而知之，又学以审之，尽人之性，尽物之性，德合天地，心统万物，故与造化相参，而主斯道也。不然，各适其适，杂于蠢顽禽兽，是异类而已，岂人之道也哉？是故君子必戒慎、恐惧，以无失父母之性，自别于异类，期全而归之，以成吾孝也。

中者，道之体；和者，道之用。中和变化，万物各正性命而纯备者，人也，性之极也。故观万物之流行，其性则异；察万物之本性，其源则一。圣人执天之机，惇叙五典，庸秩五礼，顺是者章之以五服；逆是者讨之以五刑。调理万物，各得其所，此人之以为天地也。

胡子喟然叹曰："至哉！吾观天地之神道，其时无愆，赋命万物，无大无细，各足其分。太和保合，变化无穷也。"

凡人之生，粹然天地之心，道义完具，无适无莫。不可以善恶辨，不可以是非分，无过也，无不及也，此中之所以名也。夫心宰万物，顺之则喜，逆之则怒，感于死则哀，动于生则乐。欲之所起，情则随之，心亦放焉。故有私于身，蔽于爱，动于气而失之毫厘，缪以千里者矣。众人昏昏，不自知觉，方且为善恶乱，方且为是非惑。惟圣人超拔人群之上，处见而知隐，由显而知微。静与天同德，动与天同道。和顺于万物，浑融乎天下，而无所不通，此中和之道，所以圣人独得，民鲜能久者也。为君子者奈何？戒慎乎隐微，恭敬乎颠沛，勿忘也，勿助长也。则中和自致，天高地下而位定，万物正其性命而并育，成位乎其中，与天地参矣。

目之所可睹者，禽、虫、兽皆能视也；耳之所可闻者，禽、虫、兽皆能闻也；视而知其形，听而知其声，各以其类者，亦禽兽之所能也。视万形，听万声，而兼辨之者，则人而已。睹形色而知其性，闻声音而达其义，通乎耳目之表，形器之外，则非圣人不能与于斯矣。斯道不明，则杨朱、墨翟之贤，而有禽兽之累，惟安于耳目、形器不知觉之过也。君子履安佚之地，当安佚之时，戒慎、恐惧，不敢须臾怠者，以此。

君子畏天命，顺天时，故不行惊众骇俗之事而常中。小人不知天命，以利而动，肆情妄作，故行惊众骇俗之事，必其无忌惮而然也。

首万物，存天地，谓之正性；备万物，参天地，谓之正道；顺秉彝、穷物则谓之正教。道之明也，道之行也，我知之矣。变动不居，进退无常，妙道精义，未尝须臾离也。贤者之行，智者之见，常高于俗而与俗立异。不肖者之行，愚者之见，常溺于俗而与俗同流。此道之所以不明也，此道之所以不行也。我知圣人之行、圣人之见矣，不与俗同，不与俗异，变动不居，进退无常，妙道精义，未尝须臾离也。参于天地，造化万物，明如日月，行如四时，我知圣人之行、圣人之见矣。

仲尼之教，犹天地造化万物，生生日新，无一气之不应，无一息之或已也。我于季路而见焉。或曰："何谓也？"曰："子路衣敝缊袍，与衣狐貉者立，而不耻者，其质美矣。孔子曰：'不忮不求，何用不臧。'进之以仁也。季路终身诵之，力行乎仁矣。孔子曰：'是道也，何足以臧！'至哉，斯言！非天下之诚，其孰能与于此。颜回欲罢不能，未至文王纯亦不已之地，孔子所以惜之曰：'未见其止也。'止，则与天为一，无以加矣。"

气主乎性，性主乎心。心纯则性定而气正，气正则动而不差。动而有差者，心未纯也。告子不知心，而以义为外，无主于中，而主于言，言有不胜，则惑矣。而心有不动乎？北宫黝、孟施舍以气为本，以果为行，一身之气，有时而衰，而心有不动乎？曾子、孟子之勇，原于心。在身为道，处物为义，气与道义周流融合于视听言动之间，可谓尽心者矣。

夫性无不体者，心也。孰能参天地而不物，关百圣而不惑，乱九流而不谬？乘富贵而能约，遭贫贱而能亨，礼仪三百，威仪三千，周旋繁缛，而不乱乎？

人皆有良心，故被之以桀、纣之名，虽匹夫不受也。夫桀、纣，万乘之君，而匹夫羞为之。何也？以身不亲其奉，而知其行丑也。王公大人，一亲其奉，丧其良心，处利势之际，临死生之节，贪冒苟免，行若犬鼠皆是也。富贵而奉身者，备斩良心之利剑也。是故大禹菲饮食、卑宫室，孔子重赞之曰："吾无间然矣。"夫富贵，一时之利，良心，万世之彝。乘利势行彝章，如雷之震，如风之动。圣人性之君子，乐焉。不然，乃以一时之利，失万世之彝，自列于禽兽，宁贫贱而为匹夫，不愿王公之富贵也。

以理义服天下易，以威力服天下难。理义本诸身，威力假诸人者也。本诸身者有性，假诸人者有命。性可必而命不可必。性存则命立，而权度纵释在我矣。是故善为国者，尊吾性而已。

君子有宰天下之心，裁之自亲始；君子有善万世之心，行之自身始。不然，则荡而无止，不入于释氏之寂灭，则入于老庄之荒唐。

心，无乎不在，本天道变化，为世俗酬酢。参天地，备万物，人之为道，至大也，至善也，放而不知求，耳闻目见为己蔽，父子夫妇为己累，衣裘饮食为己欲。既失其本矣，犹皆曰我有知，论事之是非，方人之短长，终不知其陷溺者，悲夫！故孟子曰："学问之道无他，求其放心而已矣。"

有德而富贵者，乘富贵之势以利物；无德而富贵者，乘富贵之势以残身。富贵，人之所大欲；贫贱，人之所大恶。然因贫贱而修益者多，因富贵而不失于昏淫者寡。则富贵也，有时而不若贫贱矣。

赤子不私其身，无智巧，无偏系，能守是心而不失，然后谓之大丈夫。

唯仁者为能所执无非礼，所行无非义。今之儒者，移学文艺、干仕进之心，以收其放心而美其身，则又何古人之不可及哉！父兄以学文艺令其弟子，朋友以仕进相招，往而不返，则心始荒而不治，万事之成，咸不逮古先矣。

学欲博，不欲杂；守欲约，不欲陋。杂似博，陋似约，学者不可不察也。

修为者，必有弃，然后能有所取；必有变，然后能有所成。虽天子之贵，不仁不义，不能以尊其身；虽天下之大，不仁不义，不能以庇其身。况其下者乎？

鱼生于水，死于水；草木生于土，死于土；人生于道，死于道。天经也。饮食、车马、衣裘、宫室之用，道所有以济生者，犹鱼有苹藻泥沙，草木有雷风雨露也。如使鱼而离水，虽有苹藻泥沙，则不能生矣。如使草木而离土，虽有雷风雨露，亦不能以生矣。今人也而离道，饮食虽丰，裘服虽鲜，车马虽泽，宫室虽丽，其得而享诸？季世淫乱并兴，争夺相杀，殄灭人伦，至于善良被祸，奸恶相残，天下嚣然，皆失其所，则一人弃道、崇物之所致也。有国家者，戒之！戒之！养太子，不可以不慎也；望太子，不可以不仁也。

知言卷三

文王之行王政，至善美也；孟子之言王道，至详约也。然不越制其田里，导之树畜，教之以孝悌忠信而已。自五伯之乱以至于今，田里之弊无穷，树畜之业不修，孝悌之行不著，忠信之风不立。治道日苟，刑罚日繁，非有超百世英才之君臣，与文王、孟氏比肩者，其孰能复之？

养民惟恐不足，此世之所以治安也；取民惟恐不足，此世之所以败亡也。

江河之流，非舟不济，人取其济则已矣，不复留情于舟也；涧壑之险，非梁不渡，人取其渡则已矣，不复留情于梁也。人于奉身、济生之物皆如是也，不亦善乎！

淡然天地之间，虽生死之变不能动其心矣。生本无可好，人之所以好生者，以欲也；死本无可恶，人之所以恶死者，亦以欲也。生求称其欲，死惧失其欲，憧憧天地之间，莫不以欲为事，而心学不传矣。

有源之水，寒冽不冻。有德之人，厄穷不塞。以反求诸己为要法，以言人不善为至戒。行慎则能坚其志，言慎则能崇其德。下之于上德，不待声色而后化；人之于其类，不待声色而后从；祸福于善恶，不待声色而后应。《诗》云："民之秉彝，好是懿德。"是故君子笃恭而天下平。

人固有远迹江湖，念绝于名利者矣，然世或求之而不得免；人固有置身朝市，心属于富贵者矣，然世或舍之而不得进。命之在人，分定于天，不可变也。是以君子贵知命，知命然后能信义。惟患积德不足于身，不患取资不足于世。

执斧斤者，听于施绳墨者，然后大厦成。执干戈者，听于明理义者，然后大业定。仁心，立政之本也。均田，为政之先也。田里不均，虽有仁心，而民不被其泽矣。井田者，圣人均田之要法也。恩意联属，奸宄不容，少而不散，多而不乱，农赋既定，军制亦明矣。三王之所以王者，以其能制天下之田里，政立仁施，虽匹夫、匹妇，一衣、一食如解衣衣之，如推食食之，其于万物诚有调燮之法，以佐赞乾坤化育之功，非如后世之君，不仁于民也。桀、纣、秦政，皆穷天下之恶，百姓之所同恶。故商、周、刘汉因天下之心，伐而代之。百姓亲附，居之安久，所谓仁义之兵也。魏晋以来，莫不假人之柄，而有隳三纲之罪。仁义不立，纲纪不张，无以缔固民心，而欲居之安久，可乎？

或问周室衰微，诸侯更霸数百年，及秦累世穷兵极势而后定天下。天下已定，其十三岁而亡，何也？曰："秦之亡也久矣。"秦自孝公用商鞅之法，势日张而德日衰，兵日振而俗日弊，地日广而民心日益散，秦之亡也久矣。然则贾生谓攻守之势异，非欤？曰：攻守，一道也。是故汤、武由仁义以攻，由仁义以守，汉、唐以仁义而攻，以仁义而守，子孙享之，各数百年。盖得其道也。曰："秦失其道，其能定天下，何也？"曰："时也。"六国之君，其愚又甚于秦，故秦能欺之，以侥幸一时之胜，而亡立至矣。曰："然则汉、唐兴义师，不五六岁得天下，安中国者数百年，季世一失其道而亡，如此其忽。何也？"曰："井法不立，诸侯不建，天下荡荡无纲纪也。"后世不改其辙，欲如周获天年，终难矣哉！三代而后，汉唐之盛，谓爱民而富民之君，则有之；谓爱民而教民之君，则未之有也。汉唐以来，天下既定，人君非因循自怠，则沉溺声色；非沉溺声色，则开拓边境；非开拓边境，则崇饰虚文。其下乃有惑于神仙、真空之术，曷若讲明先王之道，存其心，正其情，大其德，新其政，光其国，为万世之大君乎？后世必有高于汉、唐贤君之聪明者，然后能行之矣。而汉、唐贤君志趣、识量亦未易及也。可轻弃哉？又况三代之盛，王行一不义，杀一不辜而得天下不为者，其仁何可及乎！

人君联属天下，以成其身者也。内选于九族之亲，礼其贤者，表而用之，以联属其亲。外选于五方之人，礼其英杰，引而进之，以联属其民。是故贤者，众之表，君之辅也。不进其亲之贤者，是自贼其心腹也；不进其民之贤者，是自残其四肢也。残贼之君，鲜不覆亡哉！

事物之情，以成则难，以毁则易。足之行也亦然，升高难，就卑易；舟之行也亦然，溯流难，顺流易。是故雅言难入，而淫言易听。正道难从，而小道易用。伊尹之训太甲曰："有言逆于汝心，必求诸道。有言逊于汝志，必求诸非道。"盖本天下事物之情而戒之耳，非谓太甲质凡而故告之以如是也。

英明之君能以是自戒，则德业日新，可以配天矣。

圣人理天下，以万物各得其所为至极，井田、封建，其大法也。暴君、污吏既已废之，明君、良臣历千五百余岁，未有能复之者。智不及耶？才不逮耶？圣道不传，所谓明君、良臣者，未免以天下自利，无意于裁成辅相，使万物各得其所耶？

探、视、听、言、动无息之本，可以知性；察视听言动不息之际，可以会情。视听言动，道义明著，孰知其为此心？视听言动，物欲引取，孰知其为人欲？是故诚成天下之性，性立天下之有，情交天下之动，心妙性情之德。性情之德，庸人与圣人同，圣人妙而庸人之所以不妙者，拘滞于有形，而不能通尔。今欲通之，非致知，何适哉？

至亲至切者，其仁之义也欤！至通至达者，其义之理也欤！人备万物，贤者能体万物，故万物为我用。物不备我，故物不能体我。我应不为万物役，而反为万物役者，其不智孰甚焉！行吾仁，谓之恕；操吾心，谓之敬。敬以养吾仁。

非性无物，非气无形，性，其气之本乎！

释氏窥见心体，故言为无不周遍，然未知止于其所，故外伦理而妄行，不足与言孔孟之道也。明乾坤变化、万物受命之理，然后信六道轮回之说，真诐淫邪遁之词，始可与为善矣。

气之流行，性为之主；性之流行，心为之主。

释氏有适而可，有适而不可。吾儒无可无不可。人能自强于行履之地，则必不假释氏淫遁之词以自殆矣。释氏惟明一心，亦可谓要矣。然真孔子所谓好仁不好学者也。不如是，岂其愚至于无父、无君而不自知其非也哉？物无非我，事无非真。彼遗弃人间万务，惟以了死生为大者，其蔽孰甚焉！

气感于物，发如奔霆，狂不可制。惟明者能自反，惟勇者能自断。行之失于前者，可以改之于后；事之失于今者，可以修之于来。虽然，使行而可以逆制，则人皆有善行矣；使事而可以豫立，则人皆有善事矣。惟造次不可以少待也，惟颠沛不可以少安也。则行失于身，事失于物，有不可胜穷者矣。虽强力之人，改过不惮，其如过之不穷何？是以《大学》之方，在致其知，知至然后意诚，意诚则过不期寡而[①]寡矣。事之误，非过也，或未得驭事之道焉耳；心之惑，乃过也。心过难改，能改心过，则无过矣。

能攻人实病者，至难也；能受人实攻者，为尤难。人能攻我

① 中华书局版《胡宏集》后一“寡”前有“自”字。

实病，我能受人实攻，朋友之义，其庶几乎！不然，其不相陷而为小人者，几希矣。忌克之人，其可事乎？其急也，我谏我听，我才我用。祸既息矣，我谏，谤也；我才，奸也。杀我必矣。有天下国家而如是，能传之子孙者，未之有也。是故不忌不克，可以为君矣。谏不妄发，才不妄试，可以保身矣。

丧之三年也，尽生者之孝心也。于死者何加损焉？是故汉文虽有命短丧，我谓之天下之慈君，而汉景不服三年之丧，其为孝也薄矣。行而有悖于天，有累于身，虽有父令，不可从也。从之，则成父之小欲，而隳父之大仁。君子不谓之孝。况三年之丧，仁人孝子所以事天、成身之本，非父之所得令者乎！后世不罪汉景之薄于亲，而罪汉文之慈于臣子，是未察乎丧服之志者也。

欲大变后世之法度，必先大变人主之心术。心术不正，则不能用真儒为大臣。大臣非真儒，则百官不可总已以听，而嗣君不可以三年不言。母后虽欲顺承天意，不挠外权不可得矣。此不可不大变之本也。本正则自身措之，百官万民而天下皆正矣。

荀子曰："有治人，无治法。"窃譬之欲拨乱反之正者，如越江湖。法则舟也，人则操舟者也。若舟破楫坏，虽有若神之技，人人知其弗能济矣。故乘大乱之时必变法，法不变而能成治功者，未之有也。欲拨乱兴治者，当正大纲。知大纲，然后本可立，而末可定。大纲不知，虽或善于条目，有一时之功，终必于大纲不正之处，而生大乱。然大纲无定体，各随其时事，故鲁庄之大纲，在于复仇也；卫国之大纲，在于正名也。仇不复，名不正，虽有仲尼之德，亦不能听鲁、卫之政矣。

行纷华波动之中，慢易之心不生；居幽独得肆之处，非僻之情不起。上也。起而以礼制焉，次也。制之而不止者，昏而无勇也。理不素穷，勇不自任，必为小人之归，可耻之甚也。

尧、舜以天下与人，而无人德我之望；汤、武有人之天下，而无我取人之嫌。是故天下无大事，我不能大，则以事为大，而处之也难矣。

人欲盛，则天理昏；理素明，则无欲矣。处富贵乎，与天地同其通；处贫贱乎，与天地同其否。安死顺生，与天地同其变化。又何宫室、妻妾、衣服、饮食、存亡、得丧而以介意乎？

一身之利，无谋也；而利天下者，则谋之。一时之利，无谋也；而利万世者，则谋之。存斯志，行斯道，躬耕于野，上以奉祀事长，下以慈幼延交游，于身足矣。《易》曰："不家食，吉。"是有命焉，乌能舍我灵龟而逐人之昏昏也？

仁者，人所以肖天地之机要也。人之于天地，有感必应，犹心之于身，疾痛必知焉。

物不独立，必有对，对不分治，必交焉，而文生矣。物盈于天地之间，仁者无不爱也。故以斯文为己任，理万物而与天地参矣。

或问王通曰："子有忧疑乎？"通曰："乐天知命，吾何忧？穷理尽心，吾何疑？虽然，天下皆忧，吾独得不忧？天下皆疑，吾独得不疑？"又曰："心迹之判久矣，吾独得不二言乎？"或问曰："通有二言，何也？"曰："仁，则知通之言一；不仁，则以通言为二。若心与迹判，则是天地万物不相管也。而将何以一天下之动乎？"

天下莫大于心，患在不能推之尔；莫久于性，患在不能顺之尔；莫成于命，患在不能信之尔。不能推，故人物、内外不能一也；不能顺，故死生、昼夜不能通也；不能信，故富贵、贱贫不能安也。

事物属诸性，君子不谓之性也，必有心焉，而后能治。裁制属诸心，君子不谓之心也，必有性焉，然后能存。

不仁，则见天下之事大，而执天下之物固，故物激而怒，怒而不能消矣。感物而欲，欲而不能止矣。穷理尽性，以成吾仁，则知天下无大事，而见天下无固物。虽有怒，怒而不迁；虽有欲，欲而不淫矣。

庄周曰："伯夷死名于首阳之下。"非知伯夷者也。若伯夷，可谓全其性命之情者矣。谓之死名，可乎？周不为一世用，以保其身，可矣。而未知天下之大本也。

智不相近，虽听言而不入；信不相及，虽纳忠而不受。是故君子必慎所以言，则不招谤诽、取怨辱矣。士学于文而知道，则关键、节目之言，未尝不三复也；君学于政而知道，则几会、本原之事，未尝不三令五申也。知之，则因非而知是；不知，则指是以为非。人君尽下则聪明开，而万里之远，亲于衽席。偏信则昏乱，而父子、夫妇之间，有远于万里者矣。人君欲救偏信之祸，莫先于穷理，莫要于寡欲。穷理，寡欲，交相发者矣。去圣既远，天下无人师学者，必因书记、语言以知理义之精微。知之，则适理义之周道也；不然，则为溺心志之大阱矣。

人尽其心，则可与言仁矣；心穷其理，则可与言性矣；性存其诚，则可与言命矣。敬则人亲之，仁则民爱之，诚则鬼神享之。

穷则独善其身，达则兼善天下者，大贤之分也。达则兼善天下，穷则兼善万世者，圣人之分也。

或问人可胜天乎？曰："人而天，则天胜；人而不天，则天不胜。"学贵大成，不贵小用。大成者，参于天地之谓也。小用者，谋利计功之谓也。人者，天地之精也，故行乎其中而莫御；五行，万物之秀气，故物为之用而莫违。三王，正名兴利者也，故其利大而流长；五伯，假名争利者也，故其利小而流近。

形形之谓物，不形形之谓道。物拘于数而有终，道通于化而无尽。

古之学者求天知，今之学者求人知。古之仕者行己，今之仕者求利焉尔。

知言卷四

一气大息，震荡无垠，海宇变动，山勃川湮，人消物尽，旧迹亡灭，是所以为鸿荒之世欤？气复而滋，万物化生，日以益众。不有以道之，则乱；不有以齐之，则争。敦伦理，所以道之也；饬封井，所以齐之也。封、井不先定，则伦理不可得而敦。尧为天子，忧之而命舜，舜为宰臣，不能独任，忧之而命禹。禹周视海内，奔走八年，辨土田肥瘠之等，而定之立井，牧多寡之制，而授之。定公、侯、伯、子、男之封而建之，然后五典可敷，而兆民治矣。此夏后氏之所以王天下也。后王才不出庶物，大侵小，强侵弱，智诈愚，禹之制浸隳浸紊，以至于桀，天下大乱，而成汤正之。明其等，申其制，正其封，以复大禹之旧，而人纪可修矣。此殷之所以王天下也。后王才不出庶物，大侵小，强吞弱，智诈愚，汤之制浸隳浸坏，以至于纣，天下大乱，而周武王征之。明其等，申其制，正其封，以复成汤之旧，而五教可行矣。此周之所以王天下也。后王才不出庶物，大吞小，强侵弱，智诈愚，武王之制浸隳浸乱，先变于齐，后变于鲁，大坏于秦，而仁覆天下之政亡矣。仁政既亡，有天下者，汉、唐之盛，其不王也，人也，非天也。其后亡，天也，非人也。噫！孰谓而今而后，无继三王之才者乎！病在世儒不知王政之本，议三王之有天下，不以其道，而反以亡秦为可法也。圣人之应事也，如水由于地中，未有可止而不止，可行而不行者也。

有而不能无者，性之谓与！宰物不死者，心之谓与！感而无息者，诚之谓与！往而不穷者，鬼之谓与！来而不测者，神之谓与！一往一来而无穷者，圣人之天道也。谓往而复来，来而复往者，释氏之幻教也。

或问性曰："性也者，天地之所以立也。"曰："然则孟轲氏、荀卿氏、扬雄氏之以善恶言性也，非欤?"曰："性也者，天地鬼神之奥也。善不足以言之，况恶乎?"或者问曰："何谓也?"曰："宏闻之先君子曰：'孟子所以独出诸儒之表者，以其知性也。'宏请曰：'何谓也?'先君子曰：'孟子道性善，善云者，叹美之词，不与恶对。'"或问心有死生乎？曰："无死生。"曰："然则人死，其心安在?"曰："子既知其死矣，而问安在耶?"或曰："何谓也?"曰："夫惟不死，是以知之。又何问焉。"或者未达。胡子笑曰："甚哉，子之蔽也！子无以形观心，而以心观心，则知之矣。"

天理人欲，莫明辨于《春秋》，圣人教人，消人欲，复天理，莫深切于《春秋》。伯夷，非绝物者也，恶不仁而已，故清而不介。柳下惠，非徇俗者也，行吾敬而已，故和而不流。

大哉，性乎！万理具焉，天地由此而立矣。世儒之言性者，类指一理而言尔，未有见天命之全体者也。

凡天命所有而众人有之者，圣人皆有之。人以情为有累也，圣人不去情；人以才为有害也，圣人不病才；人以欲为不善也，圣人不绝欲；人以术为伤德也，圣人不弃术；人以忧为非达也，圣人不忘忧；人以怨为非弘也，圣人不释怨。然则何以别于众人乎？圣人发而中节，而众人不中节也。中节者为是，不中节者为非。挟是而行则为正，挟非而行则为邪。正者为善，邪者为恶。而世儒乃以善恶言性，邈乎辽哉！万物皆性所有也，圣人尽性，故无弃物。

情一流，则难遏；气一动，则难平。流而后遏，动而后平，是以难也。察而养之于未流，则不至于用遏矣；察而养之于未动，则不至于用平矣。是故察之有素，则虽婴于物而不惑；养之有素，则虽激于物而不悖。《易》曰：“艮其背，不获其身。行其庭，不见其人。无咎。”此之谓也。

诚，天道也。人心合乎天道，则庶几于诚乎！不知天道，是冥行也。冥行者，不能处己，乌能处物？处物失道而曰诚，吾未之闻也。是故明理居敬，然后诚道得。天道至诚，故无息；人道主敬，所以求合乎天也。孔子自“志学”至于“从心所欲不逾矩”，敬道之成也。敬也者，君子之所以终身也。

义理，群生之性也；义行而理明，则群生归仰矣。敬爱，兆民之心也。敬立而爱施，则人心诚服矣。感应，鬼神之情性也。诚则能动，而鬼神来格矣。

祖考为诸侯，子孙为大夫、士；祖考为诸侯，其葬也，固诸侯其祭也，亦必以诸侯，不以子孙为大夫、士而降也。子孙为大夫、士，其葬也，固大夫、士其祭也。亦必以大夫、士，不以祖考为诸侯而僭也。是故杞、宋之诸侯得郊，而《春秋》以诸侯葬焉，斯可见矣。

处之以义而理得，则人[1]不乱；临之以敬而爱行，则物不争；守之以正，行之以中，则事不悖，而天下理矣。合以义，正合也。理不得不合也。不得不合而合，天与人一矣。合不以义，苟合也。君子不为也。

为天下者，必本于理义，理也者，天下之大体也；义也者，天下之大用也。理不可以不明，义不可以不精。理明，然后纲纪

① 原为“仁”，中华书局版《胡宏集》据粤雅堂本作“人”。

可正；义精，然后权衡可平。纲纪正，权衡平，则万事治，百姓服，四海同。夫理，天命也；义，人心也。惟天命至微，惟人心好动，微则难知，动则易乱。欲著其微，欲静其动，则莫过乎学矣。学之道，莫过乎绎孔子、孟轲之遗文。孔子定《书》、删《诗》、系《易》、作《春秋》，何区区于空言？所以上承天意，下悯斯人，故丁宁反复，三四不倦，使人知所以正心、诚意、修身、齐家、治国、平天下之本也。孟轲氏闲先圣之道，慨然忧世，见齐、梁之君，开陈理义，提世大纲，一扫东周五霸之弊，发兴衰拨乱之[①]要。愚因其言，上稽三代，下考两汉、三国、东西晋、南北朝，至于隋、唐以及五代。虽成功有小大，为政有治忽，制事有优劣，然总其大略，其兴隆也，未始不由奉身以礼义；其败亡也，未始不由肆志于利欲。然后知孟轲氏之言，信而有征，其传圣人之道，纯乎纯者也。

性定则心宰，心宰则物随。物欲不行，则志气清明，而应变无失。阴阳升降有道，刚柔屈伸有理，仁义进退有法。知道者，可与论政；知理者，可以谋事；知法者，可与取人。知道者理得，知理者法得。是以君子贵知道也。

彪居正问："心，无穷者也。孟子何以言尽其心。"曰："惟仁者能尽其心。"居正问为仁，曰："欲为仁，必先识仁之体。"曰："其体如何？"曰："仁之道，弘大而亲切，知者可以一言尽。不知者，虽设千万言，亦不知也。能者可以一事举。不能者，虽指千万事，亦不能也。"曰："万物与我为一，可以为仁之体乎？"曰："子以六尺之躯，若何而能与万物为一？"曰："身不能与万物为一，心则能矣。"曰："人心有百病一死，天下之物有

---

① 中华书局版《胡宏集》据粤雅堂本"要"前有"心"字。

一变万生。子若何而能与之为一？”居正悚然而去。他日问曰：“人之所以不仁者，以放其良心也。以放心求心，可乎？”曰：“齐王见牛而不忍杀，此良心之苗裔，因利欲之间而见者也。一有见焉，操而存之，存而养之，养而充之，以至于大，大而不已，与天同矣。此心在人，其发见之端不同，要在识之而已。”

皇皇天命，其无息也。体之而不息者，圣人也。是故孔子学不厌，教不倦。颜子希夫子，欲罢而不能。孟子承先圣，周旋而不舍。我知其久于仁矣。礼文多者，情实必不足。君子交际，宜察焉。言词巧者，临断必不善。君子选用，宜察焉。专好毁者，其心必不良。乌能恶不仁？

人事有是非，天命不囿于是非。超然于是非之表，然后能平天下之事也。或是，或非，则在人矣。虽圣人不能免也。久则白。

万物不同理，死生不同状。穷理，然后能一贯也。知生，然后能知死也。

人事之不息，天命之无息也。人生在勤，勤则身修、家齐、国治、天下平。虽然，勤于道义，则刚健而日新，故身修、家齐、国治、天下平也。勤于利欲，则放肆而日怠，终不能保其身矣。禹、汤、文、武，丹朱、桀、纣可以为鉴戒矣。贵为天子，富有天下，尚不能保其躬也，而况公卿、大夫、士、庶人乎？

天下有二难，以道义服人难，难在我也；以势力服人难，难在人也。由道义而不舍，禁势力而不行，则人心服，天下安。

一日之早暮，天地之始终具焉；一事之始终，鬼神之变化具焉。察人事之变易，则知天命之流行矣。

人之生也，良知良能根于天，拘于己，汩于事，诱于物，故无所不用学也。学必习，习则熟，熟则久，久则天，天则神。天则不虑而行，神则不期而应。

孝也者，为仁之本也。仁也者，大学之本也。学者志于仁，必求所以为仁，故子游、子夏问孝，皆初学之时也。

将相无异任，文武无异道。其异也，后世之人未尝学也。

孔子十五而志于学，何学也？曰：大学也。所以学修身、齐家、治国、平天下之道也。孔子三十而立，何立也？曰：居天下之广居，立天下之正位，行天下之大道，不退转也。孔子四十而不惑，何不惑也？曰：富贵不能淫，贫贱不能移，威武不能屈，卓然立乎万物之表也。孔子五十而知天命，何知也？曰：元、亨、利、贞，乾之四德，行之昭明，浩然与万物同流，处之各得其分而不乱也。孔子六十而耳顺，如何耳顺也？曰：所过者化，所存者神，几于天矣。孔子七十而从心所欲不逾矩，何不逾也？曰：以其动也[①]天，故也。子贡曰："夫子之得邦家者，所谓立之斯立，道之斯行，绥之斯来，动之斯和。"非天，能如是乎？呜呼！此伏羲、神农、黄帝、尧、舜、禹、汤、文武、周公、孔子、孟轲氏之学，立天地之经，成万物之性者也。然则请问大学之方，可乎？曰：致知。请问致知，曰：致知在格物。物不格，则知不至；知不至，则意不诚；意不诚，则心不正。心不正而身修者，未之有也。是故学为君子者，莫大于致知，彼夫随众人耳目闻见而知者，君子不谓之知也。

自高则必危，自满则必溢。未有高而不危，满而不溢者也。是故圣人作《易》，必以天在地下为泰，必以损上益下为益。阳中有阴，阴中有阳，阳一阴，阴一阳，此太和之所以为道也。始万物而生之者，乾坤之元也。物正其性，万古不变。故孔子曰："成之者性。"

---

① "也"嘉靖本原作"于"。

允恭者，帝尧也；温恭者，大舜也；懿恭者，文王也。恭而安者，孔子也。克俭于家者，舜之所以美大禹也，慎[①]乃俭德者，伊尹之所以训太甲也；恭俭惟德者，成王之所以戒百官也。陈文子之时，天下无王，政自诸侯出，诸侯又不自为政，政自大夫出。滔滔者，天下皆是也。仁者处斯世，必思有以易天下，因污隆而起变化，无可无不可也。陈文子则不然，乃几至无所容其身，则可谓有知乎？故孔子曰："未知，焉得仁？"春秋之时，天下无王。楚，古之建国也。子文辅佐楚成，曾不知首出庶物之义，安于僭窃，以荆楚而侵陵诸夏，与齐桓、宋襄、晋文争衡，务强大以济其私欲而已。则可谓有知乎？故孔子曰："未知，焉得仁？"春秋之时，周平不天，礼乐、征伐自诸侯出，既而，诸侯不自为政，礼乐、征伐自大夫出。夫能出礼乐、征伐者，皆天下之贤诸侯、贤大夫也。子继厥父，孙继厥祖，自以为能子能孙，人亦以为孝悌之人矣。曾不察其所行动，皆犯上之事，陵夷至于作乱而不自知，未有一人能承天命，由仁义行者也。故有子本仁而言，以正一世之失，其旨深且远矣。此孔子《春秋》之所以作也。

仁者临机发用而后见，不可预指。故季路、冉有、公西华之仁，孔子不得而言也。孟武伯不知仁，故又问孔子，各以其材答之。夫学于圣门者，皆以为仁为本，三子者，今之所能，若是后日之进未已也，其进未已，虽圣人安得而预言之？故孔子曰："不知其仁。"

赵幼翁言学，胡子曰："学道者，正如学射，才持弓矢，必先知的。然后可以积习而求中的矣。若射者不求知的，不求中的，则何用持弓矢以射为？列圣诸经，千言万语，必有大体，必有要

---

① 中华书局版《胡宏集》据粤雅堂本作"谨"。

妙。人自少而有志，尚恐夺于世念，日月蹉跎，终身不见也。若志不在于的，苟欲玩其辞而已，是谓口耳之学，曾何足云？夫滞情于章句之末，固远胜于博奕、戏豫者矣。特以一斑自喜，何其小也！何不志于大体，以求要妙。譬如游山，必上东岱，至于绝顶，坐使天下高峰、远岫、卷阿、大泽悉来献状。岂不伟欤！”幼翁曰：“我习‘敬以直内’可乎？”胡子曰：“敬者，圣门用功之妙道也。然坤卦之义，与乾相蒙，‘敬以直内’者，终之之方也。苟知不先至，则不知所终。譬如将适一所，而路有多岐，莫知所适，则敬不得施，内无主矣。内无主而应事物，则未有能审事物之轻重者也。故学圣人之道者，必先致知。及超然有所见，乃力行以终之。终之之妙，则在其人。他人不得而与也。”

人心应万物，如水照万象。应物有诚妄，当其可之谓诚，失其宜之谓妄。物象有形影，实而可用之谓形，空而不可用之谓影。儒者之教践形，释氏之教逐影。影，不能离乎形者也。是故听其言则是，稽其行则非。唯高明笃实之君子，乃知释氏之妄，大有害于人心。圣王复起，必不弃中华之人，使入于异端也。

知言卷五

复义为信，不复义为罔。践理为信，不践理为罔。唐文宗读书，耻为凡主。及不能行其政令，而饮醇酒求醉，是自弃者也。若愤悱自强，乾乾惕厉，广求贤圣以自辅，则可以有为于天下矣。唐文宗曰："宰相荐人，当不问疏戚。若亲故果才，避嫌而弃之，亦不为公。"诚哉，是言也！小人得用，则民志不定。上侈靡而细民皆衣帛、食肉，此饥寒之所由生，盗贼之所由作也。天下如是，上不知禁，又益甚焉，然而不亡者，未之有也。

事有大变，时有大宜，通其变，然后可为也；务其宜，然后有功也。

胡子假陆贾对汉高曰："陆贾为汉高帝大中大夫，时时前说，称引《诗》、《书》，帝骂曰：'乃公居马上得之，安事《诗》、《书》？'贾再拜对曰：'臣窃以陛下马上之功，不如项王也。'上曰：'何谓不如？'对曰：'天下初发难时，秦军常乘胜逐北。项王独破秦军，虏王离，慑服诸侯。降章邯及欣、翳，西攻破函谷，东击死田荣，蹙汉军于毂、泗，困陛下于荥阳、成皋，七十余战未尝败北。陛下失太公于彭城，亡众于荥阳，跳身于玉门，中伏弩于广武，勇不振于鸿沟。既及羽于固陵，必待信、越而后敢战。此臣所谓不如也。'上曰：'是则然矣，而我得天下，项王失天下者，何也？'贾对曰：'项王失信弑君，意忌，听谗，行姑息，乐杀人，殖货利，犯圣王之法，此其所以失天下也。陛下本以宽大长者，受怀王入关之命，为天下除残贼。所过亡卤掠，赦秦降王子婴，财物无所取，妇女无所幸，约法三章，父老惟恐陛下不为秦王，此三代得天下之仁也。项羽负约，王陛下于蜀汉，陛下忍而就国，用萧何为丞相，养其民以致贤人，收用巴蜀，还定三秦。项羽贼杀义帝，陛下举军缟素，告诸侯而伐之。此三代取天下之义也。不龌龊自用，多大略，得英雄心，师张良，任陈平，将韩信，此尧、舜、禹、汤、文、武知人之明也。以野战略地之功譬狗，以文墨议论之功为人，此尧、舜、禹、汤、文、武尚德不尚战之心也。镇抚百姓，下令军士，不幸死者，吏为衣衾，棺敛转送其家，此尧、舜、禹、汤、文、武哀鳏寡、恤孤独之政也。此五者，陛下所以得天下，成大汉盘石之基。非欤？马上一时之功，乃河汉之波澜起伏耳。’上欣然而笑曰：‘生言起吾意，殊非腐儒之论。吾欲治天下，法先圣，何若而可？’贾再拜对曰：‘陛下及此言，天下之福也。天下法制，自周幽、厉扫荡几尽，平、庄之后，浸微浸盛。五霸假托仁义以自封殖，志不在于斯民。至于七雄，益以战争强大为务，秦据形胜，以利诱民，斗取一时之胜，而不知其胜为侥幸也。遂安而行之，居十三岁，天下争起而亡之矣。愿陛下退叔孙通，聘鲁二生，使与张良、四皓及如臣者，共论所以承三代之宜，定一代大典，以幸天下，以诏子孙，以传万世。’上曰：‘善。然吾老矣，不能用也。’”明年，丙午夏四月甲辰，帝崩于长乐宫。寥寥千余岁，未有能明汉家承三代之宜者也，又何论承汉家之宜乎？大宋癸酉岁，有士叹曰：“呜呼！天乎！使陆生有是对，而汉祖用其言，则必六宫有制，嫡庶有辨，教养子弟有法，后夫人、嫔妇各得其所矣。又安有戚夫人为人彘，张美人以恨死，赵王如意以酖死，淮阳王友以饿死，梁王恢以杀死，燕王建绝嗣，山朝武强不疑，几于乱姓之事哉？又安有审食其入于死，诛不赦之罪，而吕氏至于族灭后世，世有外戚之祸哉？则必制国有法，荆王贾、楚王交、代王喜、齐王肥，不封数十县，而伏羲、神农、黄帝、尧、舜、禹、汤、文、武以及皋陶、伊傅、周、召之裔得血食矣。则必体貌大臣，韩信、彭越之夷三族可悔，萧相国不系狱，黥布、陈豨、韩王信、卢绾不背叛矣。则必不袭秦故，尊君抑臣，而朝廷之上，制礼以道，谦尊而光，乾刚下充，臣道上行，致天道于交泰，而大臣可以托天下，委六尺之孤矣。则必封建诸侯，藩垣屏翰，根深蒂固，难于崩陷，可以正中国、四夷之分，不至畏匈奴，与之和亲，而手足倒置矣。则必复井田之制，不致后世三十税一，近于貊道，富者连田阡陌，僭拟公侯，而贫民冤苦失职矣。则必用虞[1]制五刑，使好生之德洽于黎民，不下三大赦，以启后世惠奸宄、贼良民之原矣。则必侍御、仆从，罔匪正人，有疾病，不枕宦者卧临弃天下。公卿、大臣受顾命，妇寺不能与，而大正其终矣。则必兼用仲尼立嫡与贤之法，嗣天子，继《离》之明，行《乾》之健，不受制于母后，日饮为淫乐，不听政矣。"呜呼！天道往而必返，三代之盛，其有终不复者乎？

胡子假汉高听贾言，征鲁二生曰："帝于是因张良以问四皓，四皓曰：'吾志其道，未传其业，盍征鲁二生？'乃命鲁郡守以礼征之。二生曰：'上素轻儒，好谩骂，吾不忍见也。'太守以闻，帝曰：'吾所骂者，腐儒耳。'则命大臣以玉帛聘焉。二生曰：'上以布衣提三尺，用天下豪杰取天下，今天下已定矣。安用儒生？'坚卧不起。使者复命。上即日车驾见之，二生见曰：'陛下已定天下矣，尚安求士？'上曰：'定天下者，一时之事尔。吾欲与生谋万世之业。'二生再拜，稽首曰：'陛下真天下之君也。'上命副车载归未央宫，东乡坐而师问焉。上曰：'吾生战国之末，

① 原为"灵"，中华书局版《胡宏集》据粤雅堂本作"虞"。

不闻二帝、三王之道，愿生以教我。’二生对曰：‘天下之道有三：大本也，大几也，大法也。此圣人事，非常人所知也。’上曰：‘何谓也？’二生对曰：‘大本，一心也；大几，万变也；大法，三纲也。此圣人事，非常人所知也。’上曰：‘何谓也？’二生对曰：‘陛下明达、广大，爱人、喜施，有长人之本矣。知人、好谋、能听，得应变之几矣。项王弑君，举军缟素，布告天下而伐之，知提纲之法矣。维天之命，于穆不已。王者法天，心不可怠放。怠则应变必失其几，放则三纲不得其正。几一失，则事难定；纲不正，则乱易生。陛下已定天下矣，其亦少怠矣乎？放者，其不可收矣乎？’上不觉促膝而前曰：‘生何谓也？’二生对曰：‘王者法天，以行其政者也。法天之道，必先知天，知天之道，必先识心，识心之道，必先识心之性情。欲识心之性情，察诸乾行而已矣。’上曰：‘生言甚大，愿明以教我。’二生对曰：‘乾元统天，健而无息。大明终始，四时不忒。云行雨施，万物生焉。察乎是，则天心可识矣。是心也，陛下怠之则放，放之则死，死则不能应变投几，而大法遂不举矣。臣子可以乘间而谋逆，妾妇可以乘间而犯顺，夷狄可以乘间而抗衡矣。后嗣虽有贤明之君，亦终不能致大治矣。’上曰：‘何为而然？’二生对曰：‘本不正也。陛下不见大本乎？本充，本完，故能与天地、阴阳相应，枝叶茂盛，华秾而实美焉。本一病，则蠹生其中，虽天覆之，地载之，阴阳承之，而枝叶不能茂华，实不能美矣。’上曰：‘我知之矣。愿闻所以行之。’二生对曰：‘法始于伏羲、神农，大乎轩辕，成乎尧、舜，损益于禹、汤、文、武。夏之亡，非大禹之法不善也，桀弃法而亡也；商之亡，非成汤之法不善也，纣弃法而亡也；周之亡，非文、武之法不善也，幽、厉弃法而亡也。秦则不然，创之非法，守之非法而亡也。天下初定，革弊起度，今其时矣。臣愿陛下勇于法，天心大明，其用于政事，以新天下。’上曰：‘吾愿闻其目。’对曰：‘历世圣帝、明王，应天受命之大法，小臣其敢专席而议？愿陛下与天下共之。’上曰：‘善。’于是诏天下，搜扬岩穴之士焉。”

胡子谓孙正蒙曰：“天命之谓性，流行发见于日用之间，患在学道者未见全体，窥见一斑半点，而执认己意，以为至诚之道如是。如是，欲发而中节，与天地相似也，难矣哉！求免斯弊者，舍讲学其可乎？”

田叔悉烧梁狱词，空手来见，可谓善处人子母、兄弟之间者也。汉景，忌刻之君也，而能贤田叔，有过人之聪明，越人之度量者，何欤？以太后在上，不敢肆故也。天理存亡，在敬肆之间耳。孔子作《春秋》，必记灾异，警乎人君，万世不死也。

汉文之顾命曰：“朕不敏，无以佐百姓，常畏过行，惟年久长，惧于不终。”此《乾》之健，天行之，所以无息也；此尧、舜、禹、汤、文、武之心，所以万世不灭也。孔子《春秋》，不书祥瑞者，惧人君之自满，自满则止，失此心矣。汉景以郅都、宁成为中尉，以严酷治宗室、贵戚，人人惴恐。夫亲亲尊尊之道，必选天下有节行、贤德之人为之师傅，为之交游，则将有大人、君子可为天下用，何有忧其犯法耶？治百姓亦然。修崇学校，所以教也。刑以助教而已，非为治之正法也。

周亚夫、霍光不学不知道，能进不能退，杀身亡宗，是功名、富贵误之也。知道者，屈伸、通变，与天地相似，功名富贵何足以病之？张子房进于是矣。

人皆生于父，父道本乎天。谓人皆天之子，可乎？曰：不可。天道至大、至正者也。王者至大、至正，奉行天道，乃可谓之天之子也。昔周公作谥法，岂使子议父，臣议君哉？合天下之公，奉君父以天道耳。孝爱不亦深乎！所以训后世为君父者，以立身之本也。知本则身立，家齐，国治，天下平；不知本，则纵欲恣暴，恶闻其过，入于灭亡，天下知之而不自知也。唯其私而已。是故不合天下之公，则为子议父，臣议君。夫臣子也，君父有不善，所当陈善、闭邪，引之当道。若生不能正，既亡而又党之，是不以天道奉君父，而以人道事君父也。谓之忠孝，可乎？今夫以笔写神者，必欲其肖，不肖吾父，则非吾父，不肖吾君，则非吾君，奈何以谥立神而不肖之乎？是故不正之谥，忠臣孝子不忍为也。

知《易》、知《春秋》，然后知圣人经纶之业，一目全牛，万隙开也。孟子曰："万物皆备于我矣，反身而诚，乐莫大焉。"自孟子而后，天下之人能立身建功就事者，其言、其行岂不能有合于道？然求如孟子知性者，不可得也。大本正，然后可以保国，一天下。

人通于道，不死于事者，可与语尽心之道矣。

诚，天命；中，天性；仁，天心。理性以立命，唯仁者能之。委于命者，失天心；失天心者，兴用废。理其性者，天心存；天心存者，废用兴。达乎是，然后知大君之不可以不仁也。

养天下而享天下之谓君，先天下而后天下之谓君。反是者，有国危国，有天下危天下。

欲修身、平天下者，必先知天；欲知天者，必先识心；欲识心者，必先识乾。乾者，天之性情也。乾道变化，各正性命，命之所以不已，性之所以不一，物之所以万殊也。万物之性，动、植，小、大，高、下，各有分焉。循其性而不以欲乱之，则无一物不得其所。非知道者，孰能识之？是故圣人顺万物之性，惇五典，庸五礼，章五服，用五刑，贤愚有别，亲疏有伦，贵贱有序，高下有等，轻重有权，体万物而昭明之，各当其用，一物不遗。

圣人之教可谓至矣！释氏隐不知奉天，显不能理物，窃弄神鬼之机以自利者也。

君子居敬，所以精义也。理于义，所以和顺于道德也。盛德大业，至矣哉！

一阴一阳之谓道，道谓何也？谓太极也，阴阳、刚柔，显极之几，至善以微，孟子所谓可欲者也。天成象而地成形，万古不变，仁行乎其中，万物育而大业生矣。人之道奉天而理物者也。自天子达于庶人，道无二也。得其道者，在身身泰，在家家泰，在国国泰，在天下天下泰。失其道，则否矣。人道否，则夷狄强，禽兽多，草木蕃，而天下墟矣。

奉天而理物，儒者之大业也。圣人谓天为帝者，明其心也。卦之必重，何也？天道然也。天道何为而然乎？太极动，则重矣。天道无息，故未尝不重也。非深知天地之几者，孰能识之？

伊尹、孔明，救天下之心非不切也，然必待三聘、三顾，然后起而从之者，践《坤》顺也。柳下惠不以三公易其介，介，所守也。进不隐贤，必以其道，此其所以和而不流欤！在柳下惠，则和而不流，惟其圣于和而已，故其弊必至于不恭。或问曰："杨子曰：'贵戚之卿，无可去之道。'而微子去之，何也？"曰："此微子之所以顺乎天也。不如是，周武王不足为至德。《诗》曰：'绳其祖武，受天之祜。'此之谓也。"

天者，道之总名。子者，男子之美称也。人君行大道，为天下男子之冠，则可谓之天子矣。天下有三大，大本也，大几也，大法也。大本，一心也；大几，万变也；大法，三纲也。有大本，然后可以有天下。见大几，然后可以取天下。行大法，然后可以理天下。是故君克以天下自任，则皇天、上帝畀付以天下矣。君以从古列圣之盛德大业自期，则天下仁人争辅之矣。君以保养天下为事，而不自奉养，则天下黎民趋戴之矣。上得天心，中得圣贤心，下得兆民心，夫是之谓一心。心一而天下一矣。天下之变无穷也，其大几有四：一曰救弊之几，二曰用人之几，三曰应敌之几，四曰行师之几。几之来也，变动不测，莫可先图，必寂然不动，然后能应也。其大法有三：一曰君臣之法，二曰父子之法，三曰夫妇之法。夫妇有法，然后家道正；父子有法，然后人道久；君臣有法，然后天地泰。天地泰者，礼乐之所以兴也。礼乐兴，然后赏罚中，而庶民安矣。

有实，而后有名者也。实如是，故名如是。实如是，而名不如是，则名实乱矣。名实乱于上，则下莫知所从，而危亡至矣。

人皆谓人生则有知者也。夫人，皆生而无知，能亲师取友，然后有知者也。是故知危者，然后可与图安也；知亡者，然后可与图存也；知乱者，然后可与图治也。以楚子文之忠，孔子犹曰“未知，焉得仁。”大哉，知乎！天下万事，莫先乎知矣。是以君子必先致其知。

人君刚健、中正、纯粹，首出庶物者也。人臣柔顺、利贞，顺承乎天而时行者也。

制井田，所以制国也；制侯国，所以制王畿也。王畿安强，万国亲附，所以保卫中夏、禁御四夷也。先王建万国，亲诸侯，高城深池遍天下，四夷虽虎猛狼贪，安得肆其欲而逞其志乎？此先王为万世虑，御四夷之上策也。王公设险以守其国，孔子之所以书于“习坎”之象也。城郭沟池以为固，孔子之所以答言偃之问也。自秦而降，郡县天下，中原世有边鄙之祸矣。悲夫！无怠、无荒者，二帝待四夷之上策也。

知言卷六

《易》、《诗》、《书》、《春秋》，今有其名耳，其道未尝知也。知之然后德进业修，而其道可行矣。公卿、大夫、士，今有其名耳，其位未尝定也。位定，然后才可尽，职可修而天下可理矣。《易》、《诗》、《书》、《春秋》者，圣人之道也。圣人之道若何？曰：圣人者，以一人理亿兆人之德性，息其争夺，遂其生养者也。

天地，圣人之父母也；圣人，天地之子也。有父母，则有子矣；有子，则有父母矣。此万物之所以著见，道之所以名也。非圣人能名道也，有是道则有是名也。圣人指名其体曰性，指名其用曰心。性不能不动，动则心矣。圣人传心，教天下以仁也。

诚者，天之道也。心涵造化之妙，则万物毕应。彼夫怀之以恩，令之以义，惮之以威，结之以信者，末矣。《易》曰："云从龙，风从虎。"此之谓也。

人君不可不知乾道，不知乾道，是不知君道也。君道如何？曰："天行健。人君不可顷刻忘其君天下之心也。如天之行，一息或不继，则天道坏矣。"

均是人也，有一人而生养千万人者，有千万人而生养于一人者。大《易》"天火"之卦，六二中正之人也，九五亦中正之人也。一人而同于一人。孔子曰："二人同心，其利断金。"不言五，失君道，不同于天下者，是一人者，所赖以生养天下，同天下之本也。故孔子曰："同心之言，其臭如兰。"尧之于舜，舜之于禹，禹之于汤，成汤之于伊尹，高宗之于傅说，武王之于周公，仲尼之于颜回，先主之于武侯，是也。虽然，二，柔者也。故有私昵之戒。君者，天之道也；臣者，地之道也。君道必谦恭尽下，则臣可以上纳其忠。是故天下地上而为泰，天上地下而为否。成象之谓《乾》，效法之谓《坤》。君意不先动，而臣先之，是谓失道。道失于初，求欲有终，难矣。故知道之臣，宁有死于其分，而无犯分以邀功也。

古者，举士于乡，自十年出，就外傅，学于家塾、州序。其学者，何事也？曰：六礼也，七教也，八政也。书其资性近道，才行合理，乡老、乡吏会合乡人，于春秋之祭祀鬼神而书之者也。三岁大比，乡老、乡吏及乡大夫审其性之不悖于道也，行之不反于理也，质其书之先后无变也，乃入其书于司徒，谓之选士。选士学于乡校，其书之如州序。三岁大比，乡大夫及司徒审之如初，乃入其书于乐正，谓之俊士。俊士入国学，春、秋教以礼、乐，冬、夏教以《诗》、《书》，以上观古道。乐正官属以时，校其业之精否，而勉励之。三岁大比，乐正升其精者于王，谓之进士。王命冢宰会天下之进士，论其资性、才行、学业，某可以为卿欤，某可以为大夫欤，某可以为士欤。卿阙，则以可以为卿者补之；大夫阙，则以可以为大夫者补之；士有阙，则以可以为士者补之。三年一考其绩，三考，黜其不职，陟其有功者。是故朝无幸官，野无遗贤，毁誉不行，善恶不眩，德之大小当其位，才之高下当其职。人务自修，而不侥幸于上；人知自守，而不冒昧求进；人知自重，而不轻用其身；人能有耻，而不苟役于利。此所以仕路清，政事治，风俗美，天下安宁，四夷慕义，而疆埸不耸也。

后之取士反此，分天下有德、有功者以地，而不敢以天下自私。于是有百里、七十里、五十里，不能五十里，邦国之制焉。于是有君朝、卿大聘，大夫小聘，王巡守述职之礼乐、法度焉。

于是有千雉、百雉、三之一，五之一，九之一之高城深池焉。于是有井邑、丘甸、县都之夫数焉。于是有十乘、百乘、千乘、万乘之车数焉。于是有伍两、卒旅、师军之制焉。于是有卿、大夫、司徒、乐正取士之法焉。

邦国之制废，而郡县之制作矣。郡县之制作，而世袭之制亡矣。世袭之制亡，而数易之弊生矣。数易之弊生，而民无定制矣。巡守述职之礼废，上下之情不通。考文案而不究事实，信文案而不任仁贤，其弊有不可胜言者矣！城池之制废，而禁御暴客，威服四夷之法亡矣。夫家之法废，则民数不可详矣。民数不可详，而车乘不可出矣。车乘不可出，而军师不隐于农矣。军师不隐于农，坐食者众，而公私困穷矣。

学，即行也。非礼勿视、听、言、动，学也，行之也。行之行之而又行之，习也。习之不已，理与神会，能无悦乎？学，行之上也，知之次也，教人又其次也。是以识前言往行，为学而已矣。扬雄何其陋之甚也！此大驳也，非小疵也。

七雄，诸侯皆自称王。以为王欤？则土无二王，四海之内，安得王而七也？以为侯欤？则地皆千余里，普天之下，安得侯而七也？王非王，侯非侯，立位不正，此孔、孟之所以难仕，然而仕者将以行其正也。不可正，则去矣。孔门诸子有仕大夫之家，有不仕大夫之家者，大夫之家可以仕，可以无仕者也。何谓可以仕？君臣之义不可废，故也。何谓可以无仕？知其不可教，故也。故冉求不能改季氏之德，孔子所以欲鸣鼓而攻之也。

利建侯者，文王之所以著于《屯》之彖也，所以著于《豫》之彖也。宜建侯者，孔子所以著于《屯》之象也。利建侯者，周公之所以著于《屯》之爻也。先王以建万国，亲诸侯，孔子所以著于《比》之大象也。封建之法，本于鸿荒之世，群雄之所以自立者也。法始于黄帝，成于尧、舜，夏禹因之，至桀而乱；成汤兴而修之，天下以安；至纣而又乱，文王、武王兴而修之，天下亦以安；至幽王而又乱，齐桓、晋文不能修，而益坏之，故天下纷纷不能定。及秦始皇而扫灭之，故天下大乱，争起而亡秦，犹反覆手于须臾间也。

黄帝、尧、舜安天下，非封建一事也，然封建，其大法也；夏禹、成汤安天下，亦非封建一事也，然封建，其大法也；文王、武王安天下，亦非封建一事也，然封建，其大法也。齐桓、晋文之不王，非一事也，然不能封建，其大失也；秦二世而亡，非一事也，然扫灭封建，其大缪也。故封建也者，帝王之所以顺天理、承天心、公天下之大端、大本也；不封建也者，霸世暴主之所以纵人欲、悖天道、私一身之大孽、大贼也。今人闻黄帝、尧、舜、禹、汤、文王、武王则尊之，贵之，以为圣人；闻齐桓、晋文则訾之、笑之，以为霸者；闻始皇、胡亥则鄙之，贱之，以为小人之雄尔。及圣人所行，则不从；而霸者、暴人之所行，则从之。历代不能改是。何也？弗思之甚也。

天地根于和，日月星辰根于天，山川草木根于地，而人根于天地之间者也。有其根，则常而静，安而久。常、静、安、久，则理得其终，物遂其性。故封建者，政之有根者也。故上下辨，民志定，教化行，风俗美，理之易治，乱之难亡，扶之易兴，亡之难灭。郡县反是。圣人周万务而无为，故博施济众，不期应于物而物应，功用配天地，悠久无疆，而人道立矣。

命有穷通，性无加损。尽其性，则至于命。贵贱，命也；仁义，性也。

知言附录

东莱云："《知言》胜似《正蒙》。"先生曰："盖后出者巧也。做出那事，便是这里有那理。凡天地生出那物，便都是那里有那理。五峰谓'性立天下之有'，说得好。'情效天下之动'，效如效死、效力之效，是自力形出也。五峰说'心妙性情之德'，不是他曾去研穷、深体，如何直见得恁地？"

仲思问："五峰'中'、'诚'、'仁'如何？"曰："中者，性之道，言未发也；诚者，命之道，言实理也；仁者，心之道，言发动之端也。又疑'道'字可改为'德'字。"答曰："亦可，德字较紧，然他是特地下此宽字。伊川《答与叔书》中亦云'中者，性之德。'近之伯恭云：'《知言》胜《正蒙》。'似此等处，诚然，但不能纯如此处尔。""又疑'中'、'诚'、'仁'，一而已，何必别言？"曰："理固未尝不同，但他圣贤说那一个物事时，且随处说他那一个意思。自是他一个字中，便有个正意义如此，不可混说。圣贤书便不用许多了，学者亦宜各随他说处看之，方见得他所说字本相。如诚如中如仁若便只混看，则下梢都看不出。"

仲思问："五峰云：'诚者，命之道也；中者，性之道也；仁者，心之道也。'窃谓天之所以命乎人者，实理是已。故言'诚者，命之道'，若'中者，性之道'，如何？"曰："未发时，便是性。"仲思曰："如此则是喜、怒、哀、乐未发，便是性。既发，便是情。"曰："然。此三句，道得极密。吕伯恭道《知言》胜似《正蒙》，如这处也是密，但不纯恁地。但'道'字不如'德'

字。”曰：“所以程子云‘中者，性之德’。为近之。但言其自然，则谓之‘道’。言其实体，则谓之‘德’。‘德’字较紧，‘道’字较宽。但他故下这宽字，不要挨拶著他。”又问：“言中则诚，与仁亦在其内否？”曰：“不可如此看，若可混并，则圣贤已自混并了。须逐句看他言诚时，便主在实理发育流行处。言性时，便主在寂然不动处。言心时，便主在生发处。”

李尧卿问：“‘诚者，性之德。’此语如何？”先生曰：“何者不是性之德？如仁、义、礼、智，皆性之德。恁地说，较不切，不如胡氏‘诚者，命之道乎’？说得较近傍。”李维申说：“合于心者为仁。”先生曰：“却是从义上去，不如前日说‘存得此心，便是仁’，却是。因举五峰胡氏语云：‘人有不仁，心无不仁。’说得极好。”又曰：“胡五峰云：‘人有不仁，心无不仁。’此说极好。人有私欲遮障了，不见这仁，然心中仁依旧只在。如日月，本自光明，虽被云遮，光明依旧在里。又如水，被泥土塞了，所以不流。然水性之流，依旧只在那里。譬如一个镜，本自光明，只缘尘，都昏了。若磨去尘，光明只在。”

五峰曰：“‘人有不仁，心无不仁。’既心无不仁，则巧言令色者，是心不是？如巧言令色，则不成说道：巧言令色底不是心，别有一人巧言令色。如‘心无不仁’，则孔子何以说：‘回也，其心三月不违仁？’”萧佐曰：“‘我欲仁，斯仁至矣。’这个便是‘心无不仁’。”答曰：“‘回心三月不违仁’如何说？”问者默然。久之，先生曰：“既说‘回心三月不违仁’，则心有违仁，违仁底是心不是？说‘我欲仁’，便有不欲仁底，是心不是？”

胡氏云：“格物则能知言，诚意则能养气。”问：“《知言》有云：‘佛家窥见天机，有不器于物者。’此语莫已作两截？”曰：“亦无甚病。此盖指妙万物者，而不知万物皆在其中。圣人见道体，正如对面见人，其耳、目、口、鼻、发、眉无不见。佛家如远望人，只见仿象，初不知其人作何形状。”问：“佛家既如此说，而其说性乃指气，却是两般。”曰：“渠初不离此说，但既差了，则自然错入别处去。道二，仁与不仁而已矣。犹今人言‘好底道理’、‘不好底道理’相似，若论正当道理，只有一个，便无第二个。所谓‘夫道，一而已矣’者也。”

因言[①]：“久不得胡季随诸人书。胡季随主其家说，性不可以善言。本然之善，本自无对，才说善时，便与那恶对矣。才说善恶，便非本然之性矣。本然之性，是上，其尊无比。故孟子道性善，非是说性之善，只是赞叹之辞，说‘好个性’！如佛氏云‘善哉’！赞叹之辞也。此胡文定之说某尝辨云：‘本然之性，固浑然至善，不与恶对，此天之赋我者然也。’然行之在人，则有善，有恶。做得是者为善，做得不是者为恶。岂可谓善者非本然之性？只是行于人者有二者之异，然后见善者是那本然之性也。若如其言，本然之善，又有善恶相对之善，则是有二性矣。方其得于天者，此性也。及其行得善者，亦此性也。只是才有个善者，便有个不善底。所以善恶须著对言，不是元有个恶在那里，等待你来，与你为对。只是行得错底，便流入于恶矣。此胡文定之说，故其子孙皆主其说，而致堂、五峰以来，其说并差，遂成有两性。本然者是一性，善恶相对者又一性。他只说本然者是性，善恶相对者不是性？岂有此理！然胡文定又得于龟山，龟山得之东林揔老。名常揔揔老，龟山乡人。龟山乡里与之往来，后来揔住庐山东林，龟山赴省，又往见之。揔老聪明，深通佛书，有道行。龟山问孟子‘道性善’，说得是否？揔老曰：‘是。’又问性，‘岂可以善

① 原为“举”，今依《朱子语类》卷 101 改为“言”。

恶言'？揔曰：'本然之性，不与恶对。'此语流传自他。然揔老之言，本亦未有病，盖本然之性，是无恶。及至胡文定，以性善为赞叹之辞，到得胡致堂、五峰辈，遂分成两截，说善底不是性。若善底非本然之性，那处得这善来？既曰'赞叹性好之辞'，便是性矣。若非性善，何赞叹之有？如佛氏曰'善哉，善哉'！为赞美之辞，亦是这个道理。好，所以赞叹之也。苏氏[①]论性，亦是如此。尝言孟子之'道性善'，犹火之能熟物也。荀卿言性恶，犹如火之能焚物也。龟山反其说而辨之曰：'火之所以能熟物者，以其能焚物故耳。若火不能焚物，何能熟？'东坡论性，说自上古圣人以来，至孔子不能已。而说中、说一，未尝分善恶言也。故自孟子'道性善'，而一与中始歧矣。尽是胡说！他更不看道理，只认我说得，行底便是。诸胡之说亦然。季随至今守其家说。"

因问文定却是卓然自立，所谓"非文王犹兴者"。先生曰："固是他资质好。然在太学中，也多闻先生、师友之训，所以能然。尝得颍昌一士人，忘其姓名，学问多得此人警发。后来为荆门军教授，龟山与之为代，因此识龟山。因龟山方识游、谢，不及识伊川。自荆门军教授入为国子博士，出来便为湖北提举，是时，上蔡宰本路一邑，文定却从龟山求书见上蔡。既到湖北，遂遣人送书与上蔡，既受书，文定乃往见之。入境，人皆讶知县不接监司。论理，上蔡既受他书，也是难为出来接他。既入县，遂先修后进礼见之。毕竟文定之学，后来得于上蔡者为多。他所以尊上蔡而不甚满于游、杨二公，看来游定夫后来也郎当[②]，诚有不

---

① "苏氏"，《朱子语类》卷 101 作"二苏"。

② 原为"即当"，今按《朱子语类》卷 101 改作"郎当"。

满人意处。顷尝见《游定夫集》，极说得丑差，尽背其师说。他更说伊川之学，不如他之所得。所以五峰临终谓彪德美曰：'圣门工夫要处，只在个敬字。游定夫所以卒为程门之罪人者，以其不诚、不敬故也。'诚如其言。"

问"'性无善恶'之说从何而始？"曰："此出于常摠。摠，南剑人，住庐山。龟山入京，尝枉道见之，留数月。因问孟子识性否？曰：'识。'曰：'何以言之？'曰：'善不与恶对言。'某观他之意，乃是谓其初，只有善，未有恶。其后文定得之龟山，遂差了。今湖南学者信重《知言》，又尝谓敬夫辨析，甚讳之。渠当初倡道湖南，偶无人能与辨论者。可惜！可惜！"

又读至于彪居正问心一段，先生曰："如何？"某谓不于原本处理会，却[①]些子发见。曰："孟子此事，乃是一时间为齐王耳。今乃欲引之，以上他人之身。便不是了。"良久云："'以放心求心'，便不是。才知求心，便已回矣。安得谓之放？"

因论湖湘学者崇尚胡子《知言》，曰："《知言》固有好处，然亦大有差失。如论性，却曰'不可以善恶辨，不可以是非分'。既无善恶，又无是非，则是告子湍水之说尔。如曰'好恶，性也。君子好恶以道，小人好恶以己'。则是以好恶说性，而道在性外矣。不知此理，却从何而出？"问："所谓'探、视、听、言、动无息之际，可以会情'。此犹告子'生之谓性'之意否？"曰："此语亦有病。下文谓'道义明著，孰知其为此心？物欲引诱，孰知其为人欲'？便以'道义'对'物欲'，却是性中本无道义，逐旋于此处搀入两端，则是性亦可以不善言矣。如曰：'性也者，天地鬼神之奥也。善不足以名之，况恶乎？孟子说性善云者，叹

① "却些子发见"，《朱子语类》卷101作"却待些子发见。"

美之辞，不与恶对。’其所谓‘天地鬼神之奥’，言语亦大段夸逞。某尝谓圣贤言语，自是平易，如孟子尚自有些险处，孔子则直是平实。‘不与恶对’之说，本是杨龟山与揔老相遇，论孟子说性，曾有此言。胡文定公往往得之龟山，故有是言。然揔老当时之语，犹曰‘浑然至善，不与恶对’。犹未甚失性善之意。今去其‘浑然至善’之语，而独以‘不与恶对’为叹美之辞，则其失远矣。如论齐王爱牛，此良心之苗裔，因私欲而见者，以答求放心之问。然鸡犬之放，则固有去而不可收取之理。人之放心，只知求之，则良心在此矣。何必等待天理发见于物欲之间，然后求之？如此，则中间空阙多少去处，正如屋下失物，直待去城外求也。爱牛之事，孟子只就齐王身上说，若施之他人，则不可况。操存涵养，皆是平日工夫，岂有等待发见，然后操存之理？今胡氏子弟议论，每每好高，要不在人下。才说心，便不说用心，以为心不可用，至如《易传》中，有连使用心字处，皆涂去用字。某以为孟子所谓‘尧、舜之治天下，岂无所用其心哉！何独不可以用言也’。季随不以为然。胡大时字季随遂检文定《春秋》中，有连使用心字处，质之，方无语。大率议论文字，须要亲切寻究，如伊川说颜子乐道，为不识颜子者。盖因问者元不曾亲切寻究，故就其人而答，欲其深思而自得之尔。后人多因程子之言，愈见说得高远。如是，则又不若乐道之为有据。伊尹乐尧、舜之道，亦果非乐道乎？湖湘此等气象，乃其素习。无怪今日之尤甚也。《知言》云：‘凡人之生，粹然天地之心，道义全具，无适无莫，不可以善恶辨，不可以是非分，无过也，无不及也。此中之所以名也。’即告子性无善无不善之论也。唯伊川‘性即理也’一句，甚切至。”

直卿言：“五峰说性云：‘好恶性也。’本是要说得高，不知却反说得低了。”先生曰：“依旧是气质上说。某尝要与他改云：

‘所以好恶者，性也。’”问：“《知言》‘万事万物，性之质也’。如何？”曰：“此句亦未有害。最是‘好恶，性也’，大错。既以好恶为性，下文却云‘君子好恶以道’，则是道乃旋安排入。推此，其余皆可见。”问：“与告子说话莫同否？”曰：“便是湍水之说。”又问：“‘粹然完具’云云，却说得好。又云：‘不可以善恶言，不可以是非判。’”曰：“渠说有二错，一是把性作无头面物事；二是失记。”问：“诚者，物之终始，而命之曰道。”曰：“诚是实理，彻上彻下。只是这个，生物都从那上做来。万物流形乎天地之间，都是那底做。五峰云：‘诚者，命之道；中者，性之道；仁者，心之道。’数句说得密，如何大本处却含糊了？以性为无善恶，天理人欲都混了，故把作同体。”或问“‘同行’语如何”？曰：“此却是乃就事言之。”

黄直卿曰：“他既以性无善恶，何故云‘中者，性之道’？”曰：“他也把中做无善恶。”

五峰言“天命不囿于善”。“不可以人欲对”。先生曰：“天理固无对，然有人欲，则天理便不得不与人欲对为消长。善亦本无对，然既有恶，则善便不得不与恶对为盛衰。且谓天命不囿于物，可也。谓其不囿于善，则不知天之所以为天矣。谓恶不足以言性，可也。谓善不足以言性，则不知善之所从来矣。好善而恶恶，人之性也。为有善恶，故有好恶，善恶字重，好恶字轻。君子顺其性，小人拂其性。五峰言‘好恶性也，君子好恶以道，小人好恶以欲’。是好人之所恶，恶人之所好亦是性也。而可乎？”

或问：“‘天理人欲，同体而异用’之说如何？”先生曰：“当然之理，人合恁地底便是体，故仁、义、礼、智为体。如五峰之说，则仁与不仁，义与不义，礼与不礼，智与不智，皆是性。如此，则性乃一个大人欲窠子。其说乃与东坡、子由相似，是大凿脱，非小失也。‘同行异情’一句，却说得去。”

或问：“胡氏曰：‘天理人欲，同体而异用，同行而异情。’”曰：“胡氏之病，在于说性无善恶。体中只有天理，无人欲。谓之同体，则非也。‘同行异情’，盖亦有之，如口之于味，目之于色，耳之于声，鼻之于臭，四肢之于安佚。圣人与常人皆如此，是同行也。然圣人之情，不溺于此。所以与常人异耳。”或又谓“圣贤不视恶色，不听恶声。此则非同行者。”先生云：“彼亦就其同行处说耳。某谓圣贤立言，处处皆通，必不若胡氏之偏也。龟山云：‘天命之谓性，人欲非性也。’胡氏不取其说，是以人欲为性矣，此其甚差者也。”

问：“五峰言‘天理人欲，同体而异用，同行而异情’。如何？”答曰：“下句尚可，上句有病。盖行处容或可同，而其情则本不同也。至于体用，岂可言异？观天理人欲所以不同者，其本原自不同，何待用也？胡氏之学，大率于大本处看不分晓，故锐于辟异端，而不免自入一脚也。如说性，便说性本无善恶，发然后方有善恶。孟子说性善，自是叹美之辞，不与恶为对。大本处不分晓，故所发皆差。盖其说始因龟山问揔老而答曰：‘善则本然，不与恶对。’言本然，犹可。今曰‘叹美之辞’，则大段差了。”

又一学者问：“‘以放心求心’，如何？”“他当时问得极紧，他一向鹘突应将去。大抵心只操则存，舍则放了。俄顷之间，更不吃力。他却说得如此周遮。”

问：“‘天理人欲，同行而异情’。胡氏此语精，若所谓‘同体而异用’，则失之混而无别否？”曰：“胡氏论性无善恶，此句便从这里来。本原处无分别，都把做一般，所以便谓之‘同体’。他看道理尽精微，不知如何只一个大本却无别了。”

问：“五峰言‘天理人欲，同体而异用，同行而异情’。先生以为，‘同体而异用’说未稳，是否？”先生曰：“亦须是实见此句可疑，始得。”先生曰：“今人义利处皆无辨，直恁鹘突去，是须还他是不是，若都做得是，犹自有个浅深，自如此说，必有一个不是处，今则都无理会矣。”

或问“五峰云‘天理人欲，同体异用’”。先生云：“如何天理人欲同体得？如此，却是性可以为善，亦可以为恶，却是一团人欲窠子。将甚么做体？却是韩愈说性自好，言人之为性有五：仁、义、礼、智、信是也。指此五者为性，却说得是。性只有一个至善道理，万善总天地人物，万善至好底表德。”

“胡五峰作《皇王大纪》，说北极如帝星，紫微等皆不动。说宫声属仁，不知宫声却属信，又宫无定体，十二律旋相为宫，帝星等如果不动，则天必擘破，不知何故读书如此不仔细？五峰说宫之用极大殊，不知十二律皆有宫。”又言：“宫犹五常之仁，宫自属土，亦不属仁也。又其云‘天有五常，座星皆不动’。今天之不动者，只有紫极垣、北极，五常座不动，其它常座如天市垣、太微垣、大火中星，帝座与大角星帝座，皆随天动。安得谓不动？致堂谓‘学，所以求仁也’。仁是无头面底，若将‘实’字来解‘求仁’，则可。若以‘求仁’解‘学’字，又没理会了。”

黄直卿云：“若如此说，一部《论语》，只将‘求仁’二字说便了也。”先生曰：“南轩：‘五峰说底是，致堂说底皆不是。’安可说如此？致堂多有说得好处。五峰善思，然思过处亦有之。”

谓胡季随曰：“文定、五峰之学，以今窃议来，只有太过，无不及。季随而今，却但有不及。”

又云：“看《知言》中议论多病，近疏所疑，与敬夫、伯恭议论，如‘心以成性’、‘相为体用’、‘性无善恶’、‘心无死生’、‘天理人欲，同体异用’、‘先识仁体，然后敬有所施’、

'先志于大，然后从事于小'，如'本天道变化，为世俗酬酢'，及论游、夏问孝之类，此类极多。又其辞意多迫急，少宽裕。良由务以智力探取，全无涵养之功，所以至此。然其思索精到处，何可及也？《知言》谓'天命为不囿于物'，可也；以为'不囿于善'，则不知天之所以为天矣。谓'恶不可以言性'，可也；以为'善不足以言性'，则不知善之所自来矣。《知言》中此等议论与其它好处，自相矛盾者甚多，却与告子、扬子、释氏、苏氏之言，几无以异。昨所以不免致疑者，正为如此。惜乎不及供洒扫于五峰之门而面质之耳。

《知言》之书，用意精切，但其气象急迫，又数大节目，亦皆差误。如'性无善恶'、'心为已发'、'先知后敬'之类，皆失圣贤本旨。"

跋

孟子以知诐、淫、邪、遁为知言。胡子之书以是名者，所以辨异端之言，与吾圣人异也。杨、墨之害不熄，孔子之道不著。故《知言》一书，于诸子百家之邪说，辞而辟之，极其详焉。盖以继孟子也。学者诚能深味其旨，则于吾道之正且大，异端之偏而小，若辨白黑，若数一二矣。萧君定夫以其所藏真稿示余，敬拜而书其后。

下编：五峰集

四库全书集部别集类五峰集提要

臣等谨按：《五峰集》五卷，宋胡宏撰。宏有《皇王大纪》已著录。陈振孙《书录解题》其集凡有二本，一本五卷，一本不分卷。此本题其季子大时所编，门人张栻为之序。凡诗一百六首为一卷，书七十八首为一卷，杂文四十四为一卷，《皇王大纪论》八十余条为一卷，经义三种为一卷，盖即所谓五卷之本也。所上高宗封事，剀切详尽，宋史已采入本传。其《易外传》，皆以史证经，《论语指南》，乃取黄祖舜、沈大廉二家之说折衷之，《释疑孟》则辨司马光疑孟之误，议论俱极醇。又有《与秦桧》一书，自乞为岳麓书院山长。盖桧与宏父安国交契最深，故力汲引之。宏能萧然自远，蝉蜕于权利之外，其书词婉而意严，视其师扬时委曲以就蔡京者，可谓青出于蓝而冰寒于水矣。

乾隆四十三年六月恭校上

总纂官 臣 纪昀 臣 陆锡熊 臣 孙士毅

总 校 官 臣 陆 费 墀

原序

五峰胡先生遗书，有《知言》一编，栻既序而传之同志矣。近岁，先生季子大时复裒辑先生所为诗文之属凡五卷以示栻。栻反复而读之，惟先生非有意于为文者也。其一时咏歌之所发，盖所以纾写其性情，而其他述作与夫问答往来之书，又皆所以明道义而参异同，非若世之为文者，徒从事于言语之间而已也。又惟先生粤自早岁服膺文定公之教，至于没齿，惟其进德之日新，故其发见于辞气议论之间，亦月异而岁不同。虽然，以先生之学而不得大施于时，又不幸仅得中寿，其见于文字间者，复止于如此，岂不甚可叹息！至其所志之远，所造之深，纲领之大，义理之精，后之人亦可以推而得焉。

淳熙三年元日

门人张栻序

五峰集卷一

古诗

题上封寺

百年身似客，浩荡世间游。人望青山好，梦魂偏我留。我家巫山十二峰，浮江直过巴陵东。潇湘水与苍梧通，环绕衡岳青冥中。扁舟白云不可渡，杖藜蜡屐乘春风。山光浮动可揽结，云舒霞卷飞烟虹。深岩大壑翠巘列，足力已到心无穷。群峰迤逦势不竞，上尽祝融五千仞。祝融峰高天更高，太空人世如牛毛。风云万变一瞬息，红尘奔走真徒劳。蓬莱羽化慕神仙，神仙渺茫何处传。雪山清净问因缘，未识乾坤造化权。独立高寒明月里，此心无着已怡然。从今识尽青山好，归向人间别看天。

送友人归荆南

瞬息光阴便百年，壮时无谓此身坚。莫随白日悠悠去，要见先民的的传。心耻文俳似班马，眼看青紫自头旋。望云飞鸟长天外，临水不知鱼在筌。沉吟岩野意不展，燮理一身居屡迁。愿学只知依孔圣，懒从禅客问因缘。圣门子贡最明达，肯使宫墙但及肩。天生我才朴更拙，未逢良匠入雕镌。清漳见公二十载，论仁一句期超然。致知两字足功力，方信能行穷化先。南山文会未振起，公今远去岷江边。闻说豺狼卧当路，日向黄昏休更前。况复江城动鼙鼓，四时烽火长相连。征轮决去曳不止，男儿性命绝可怜。晓月子规惊别梦，冥冥空有泪痕溅。临岐相赠要切语，慎勿使我空华巅。

简彪汉明

斯文久寥落，我欲问苍天。苍天默无言，复欲问古先。古先群圣人，去我三千年。纷纷儒林士，章句以为贤。问之性命理，醉梦俱茫然。皓月隐重云，明珠媚深渊。近得程夫子，一线通天泉。荡涤净尘垢，逸驾真无前。自从丧乱来，鼙鼓声阗阗。日事干戈末，那寻孔孟传。湘中彪夫子，有志穷益坚，读书文字表，至善时一迁。老去不自止，直欲求纯全。问我曾点意，乘风舞雩颠。行年付造化，笑问青铜钱。默契天地心，谁能泥青编。

西林寺廓然堂有怀

超然峰头秋气清，廓然堂延秋月明。我乘清秋弄秋月，中有所感思冥冥。峰势凌苍穹，上有烟林封。去天不盈尺，路断心忡忡。堂空人何在，澹然思无穷。寂寂本心流太空，虚名过耳如松风。惆怅祸乱波流洪，目极征鸿淡淡天，万古消沉向此中。

和江子玉二首

无奇试学居盘谷，谁信断弦胶可续。湘天冷落数家村，曩时曾枉旌麾沐。潺湲阶下碧溪横，柳静风微幽意足。知君文武济时才，旧时军律寒生栗。文书脱略是人师，应有魏昭能换粥。我无真乐送芳年，怅望颜回屡空腹。凄凉指日秋风高，愿更同来写心曲。

白驹皎皎来空谷，希声绝世人难续。异端蜂起乱群风，摆脱敝衣聊一沐。悠然良夜得酣寝，觉来无欠亦无足。不蹈红尘陌上花，自种青云陇头粟。呜呼夫子大圣人，七日藜羹食无粥。休争得失等鸡虫，克己乐善充身腹。风云变化会有时，微吟袖手清溪曲。

圃景大吟呈伯氏

青鞋黄帽侵晨起，杖策徐行听流水。云轻淡月欲明时，竹里清风开太始。山钟间发催天曙，庙鼓连声动群耳。东山青树映霞明，西岭朱楼渺烟里。樵夫荷斧晨出山，渔子携鱼午趋市。静看岐路人营营，独坐小亭秋靡靡。已知物理时常改，因见天工神不死。胸中浩荡一乾坤，世上荣枯均泰否。悠然种植得佳趣，春意生生自无已。

寄题向伯元敦止堂

君不闻伊挚初耕有莘野，禄之弗顾千驷马。春作秋成随老农，贫贱甘心万人下。一朝幡然感三聘，五就成汤五就夏。悠悠如云行太空，竟使三风变为雅。东西南北赖来苏，天下农夫谁似者。又不闻傅说安身操板筑，远离世间名与禄。那知商帝梦中形，远近搜求不容伏。草茅夕起朝为相，俾后从绳正如木。四海俊乂咸风从，跛扈诸侯尽臣仆。功成止见颜容改，了了壮心无反复。平生懒性愿退藏，退藏恐遂成荒唐。因求古人作鉴戒，管宁华歆情所当。齐名遁迹俱锄菜，掷之不顾为人量。诗书俎豆化辽海，威武富贵何披猖。初年虚名大可耻，末路高风纾思长。有志君当学伊傅，忘情我不傲羲皇。愿如幼安有终始，进退一致宜加详。

云月

朝看南山云，暮看西山月。云物时有无，月魄递盈阙。月明云昭章，云散月奇绝。屈伸至理中，莫道吾生拙。

南山即事

南山崇崇几千丈，今晨忽被蛮烟蜒雾埋其高。安得万里飘风一吹散，见巍峨苍翠解我心郁陶。郁陶心匪他，为爱南山高。

题杨氏猗猗阁二首

望处积云深，妙见此君心。中虚抱元气，不受一尘侵。嗟哉人生逐利名，鸡犬放去犹知寻。我爱坐君阁，游戏猗猗林。明月照我怀，清风吹我襟。消磨胸中沉着病，无愧卫武生于今。

林生何猗猗，挺立似豪杰。新稍一直上青冥，本末便与春风彻。嗟哉流俗人，交义随情决。寒霜落千山，我爱此君节。眷焉题阁心，万变不磨灭。

苍天

苍天映清水，下见白云飞。天水从何来，飞云更何依。人生亦如此，融结中有机。此机即天命，吾心端不违。

碧泉兴作

即事有感，因续魏武之诗

对酒当歌，人生几何。往者如江，来者如河。往来无尽，弗移弗那。奉身理物，何少何多。天长地久，我生靡它。乐此泉兮，于山之阿。

题谈氏濯缨亭

茶陵水似沧浪清，我行征骖登小亭。孔圣去矣不可见，野人有歌谁复听。孟子能推孔圣心，寥寥斯意有谁寻。中原可惜无人问，此日聊为梁父吟。

观建安七子诗

作文发妙理，经国厉远图。游目建安中，才子足欢娱。王刘与应阮，精神可交输。西南落汉日，扬益奋两隅。山河裂地轴，星象分天衢。八师遇有姚，万世垂楷模。一元均大化，五服拥皇都。悠悠彼七子，流光失其孚。飞觞宴婉娈，鼓瑟吹笙竽。主人敬爱客，徒尔相扬揄。魏祚竟不长，诒谋止斯须。逡巡数十年，刘石横八区。所以汉高帝，谩骂轻文儒。

小圃将成

我爱青山好，衡山镇南极。连峰叠翠西池西，五峰新亭面相直。乔岳峥嵘天地中，飘零身寄衡山侧。衡山之峰七十二，奔走芙蓉尽供职。紫盖峰头走日东，不朝芙蓉理莫测。芙蓉峰巅栖白鹤，今人不见双飞翼。应是赤霄随风游，远向青田谋雁食。逍遥九皋鸣闻天，奇踪只许群仙识。平生苦无适俗韵，置身大禹巡方域。云舒烟卷试怀抱，月下风前得消息。四时有酒兼有花，百年无丧亦无得。尽教人作画图传，杖藜见我看山色。

送琏老

湘中隐山[①]古道场，复有峨嵋道人住。昔日三生藏里来，今朝十二峰前去。杖锡飘然别故人，笑望梅花理征路。我曾问公五宗派，电扫群生小见解。直指万法无尽身，坐觉灵光满沙界。辨舌

① 原为“应中”二字，中华书局本《胡宏集》据陆抄本改“中”为“山”。

横放倾天河，峥嵘整顿禅宗坏。吁嗟我生在儒门，儒门大业无人论。滔滔姑想天之下，衣冠满目如云屯。焚香再拜愿圣主，一统三教清乾坤。

水心亭

水从灵涧来，清泚不可污。经过我亭下，妙见涓涓处。见处事如何，欲说岂无路。百丈生潮头，一勺本性具。经纪大地间，形势中国著。江汉荆襄望，河渭关洛固。衡山折底柱，触石堆滟滪。沄沄三千丈，洋洋四海布。岂有不岩阻，盈科演然去。岂有不堤防，润下涣无住。畇畇青山田，渺渺均溯注，荡荡白虹舟，飘扬任奔翥。来者无终穷，济者无量数。周流造化功，妙体不竞愫。寄语观水人，事不在章句。

同伯氏还乡

江村沙暖蒌蒿长，味比枸杞新甘香。茁茁荻芽生近渚，紫花台莱初未尝。白羊乌牸俱在牧，茅舍竹篱是故乡。人生未必须富贵，万里且愿身康强。径买官场旧醅酒，共醉春风殊未央。

桃源行

北归已过沅湘渡，骑马东风武陵路。山花无限不关心，惟爱桃花古来树。闻说桃花更有源，居人共得仙家趣。之子渔舟安在哉？我欲乘之望源去。江头相逢老渔父，烟水苍苍云日暮。投竿拱手向我言，桃源之说非真然。当时渔子渔得钱，买酒醉卧桃花边。桃花风吹入梦里，自有人世相周旋。酒醒惊怪告俦侣，远近接响俱相传。靖节先生绝世人，奈何记伪不考真。先生高步窘末代，雅志不肯为秦民。故作斯文写幽意，要似寰海杂风尘。不然川原远近蒸霞开，宜有一片随水从东来。呜呼神明通八极，岂特秘尔桃源哉！我闻是言发深省，勒马却辞渔父回。及晨遍览三春色，莫便风雨空莓苔。

独坐

卜居幽胜衡山绕，五峰西望青冥杳。乍聚乍散看浮云，时去时来送飞鸟。卷舒自在都无情，饮啄天然类不扰。我生何似鸟与云，掉头心向人间了。

律诗

梅花呈孙奇父诸公

万里春回过短墙，孤标亦似殿年芳。萧疏月下天然瘦，澹宕风前自在香。寒色重时花正发，暖烟才禁实先尝。越人不向梁台路，画角一声堪断肠。

题友人养素轩

少时情意在沧洲，壮岁还知学孔丘。万事只嫌心有病，百年不作梦中游。紫泥诏下人须在，黄卷人开我自收。耻向红尘浪奔走，看云消尽意横秋。

春日郊行

东郊野马烂氛氲，聊驾柴车问讯春。远草绿沉烟雾里，高花红照绮罗新。迎风柳占莺啼处，带雨泥融燕觜匀。动植自私还自足，天边愁杀踏青人。

和韩叔夏碧泉

灵源一派似河倾，隐映长天万古情。林影淡摇秋月冷，涧翻先凝玉壶清。旧栽沿岸柳阴合，新种数株梅子成。谁引人来问消息，只缘山外有流声。

题法轮寺

春色初收夏气清，路分松桧入峥嵘。深盘岣嵝千峰下，远抱潇湘一线明。大众总迷身在处，三关除却道方平。山林若是有情住，何异红尘争利名。

郭氏嘉山亭

衡山何似洛城居，不久从来亦不余。赤县人希旧勋业，清闲身自富诗书。搜罗神化观周易，略去玄黄陋太初。最是忘机湘水上，风轻日淡看游鱼。

湘中馆

馆瞰潇湘画不成，波澜入海是通津。风吹枕席清无梦，烟覆江城晓变春。柳色几回轻别首，梅花偏见远征人。谁能不逐红尘去，到处分明认得身。

和范公授二首

贫病离居莫厌侵，满床黄卷静披寻。情通不碍天机妙，行到方知学海深。宇宙一身虽小小，乾坤万象总森森。分明此意人难会，长望青衿肯嗣音。

紫盖峰前作小圃，日亲圃事，情见乎辞，呈伯氏兼简彦达先生

有志从来不浪忧，只忧心不似前修。敷菑未竟已头白，待获忘情在晚秋。自觉才疏胜北海，又无经学震西州。甘为稼圃南山下，长谢周公愧孔丘。

和伯氏

为园非是学樊须，锄罢归来又读书。董子不窥缘底事，陶公成趣爱吾庐。华枝瘦日应抬举，草色回春莫划除。长遣个中消息在，此生何处不安居。

水石

水石平生性所便，栽花种柳亦天然。春风花发游人见，秋月云收照我员。玩意陇云情自逸，放怀天理道无偏。坐消白石千峰下，长啸一声箕斗边。

碧泉九日有感二首

祝融地势东南俯，西北星辰拱汉关。冷落山河凭玉几，凋残名物损朱颜。西风凛凛鹏空搏，朔雪飘飘雁亦寒。正恐中原消息断，问谁曾到五陵间。

云日韬光山水幽，亭亭风送雁来秋。当时祓禊千华好，今日登临万叶愁。刻蜡桂香环远路，缕金莲色乱方舟。丹青妙处身知在，不作浮鸥信浪流。

吴承远讯登山

胸中无滞是神仙，行止由来各有天。洞里道人心快快，云间游子自翩翩。尘怀已逐山风扫，好意都从梅蕊传。回首七香车上客，大家归去莫流连。

和王师中三首

谁惊河冻履秋霜，今日金汤古坏墙。未见主人来北道，但闻群盗去南塘。忧时我不嗟留滞，访道公能适莽苍。绛帐早移收岁晚，吟风弄月动衡湘。

衡阳一带飞清霜，梅李争春开出墙。萱草乱生封远岸，柳梢摇影滗回塘。午从三径春光动，晚看千峰冥色苍，一止一行皆自得，愤时堪笑屈沉湘。

岁寒孤节厉冰霜，汲古门开数仞墙。朔塞烟云封赤县，阳关杯酒绝青塘。无才空自忧当世，不宰应难怨彼苍。独坐独行求伴侣，涧莼山蕨愿同湘。

和人

天柱新诗缺嗣音，几回开卷静披寻。缈绵今古乾坤大，盘亘华夷海岳深。每爱踌躇兴事意，不将勉强会天心。中原未必生涯尽，只恐吾人老自侵。

谒虞帝祠

有姚心妙赞乾坤，尧禹兴亡赖两存。蒲坂旧都西望远，苍梧陈迹事难论。九官效职群英聚，二女宜家圣德尊。万代君王模范表，吁嗟一庙破荒村。

别吴卫道

学业应须见本根，语言无用苦评论。醇醪自昔怀公瑾，药石谁今识孟孙。凭仗嬉游试功力，堤防色厉却淫昏。临岐大愧无相赠，聊写芜词示法门。

别全当可

一别贤关二十年，人间万事尽悠然。堪嗟烽火干戈地，元是衣冠礼乐天。骑马相逢南纪道，离尊同举大江边。此时景色如秋色，自古丹青妙莫传。

书院即事

为无经济学，万里筑幽栖。波涨青冥阔，柳垂春色低。烟花薰小院，风竹掩丹梯。便是神仙宅，世人应未迷。

碧泉独步

淅淅秋风动，前桥晚步还。小鱼冲岸侧，白鸟立溪湾。明月照秋水，淡烟笼远山。此时知造物，怜我一身闲。

因双井咏水仙而作

双井咏水仙，有“妃子尘袜盈，盈体素倾城”之文，予作台种此花，当天寒风冽，草木萎尽，而孤根独秀，不畏霜雪。时有异香来袭襟袖，超然意适，若与善人君子处，而与之俱化。乃知双井未尝得水仙真趣也。辄成四十字为之刷耻，所病词不能达诸君一笑。

万木凋伤后，孤丛嫩碧生。花开飞雪底，香袭冷风行。高并青松操，坚逾翠竹真。挺然凝大节，谁说貌盈盈。

示二子

此心妙无方，比道大无配。妙处果在我，不用袭前辈。得之眉睫间，直与天地对。混然员且成，万古不破碎。

体道识泰否，涉世随悲欢。滞迹红尘中，情寄青云端。早年勤学道，晚节懒为官。心活乾坤似，机员身自安。

泉上

晨起步林丘，路经泉上头。天边日色下，水底浪花浮。沙净蒲芽绿，风牵荇带流。澄澜立白鹭，细浪逐轻鸥。翠鸟来还去，修鱼跃更游。动成春色好，愈觉道情幽。田舍知何处，江湖兴未收。徘徊不忍去，暝色冷如秋。

五峰亭

凿山置亭榭，开沼放波澜。松竹希微绿，菱莲次第丹。风烟富清远，气象薄高寒。媚此千金躯，舍彼百虑攒。神岳精灵动，人寰波浪漫。乐生忧亦集，徒倚遍阑干。

挽孙奇父

英雄割据裔，少年事豪俊。名胜翻然交，仁义以身徇。南州作吏师，西洛陪先进。情高尚礼乐，代季见戎陈。王师频溃遁，我愤婴疾疢。草庐卧江汉，僚幕资才俊。昭昭心自知，蹇蹇步不迅。乘风忽远去，炎岭善持慎。先君有愿怀，丈人践忠信。相从寓衡山，时许窥墙仞。胸中学海深，舌本词源浚。老矣犹诗书，饥来只薇菽。马革誓裹尸[①]，气凛如秦蔺。无力献庙堂，使得致忠荩。据古论孔周，及今佐尧舜。吁嗟民多瘼，惨戚天不憖。茕茕辅车行，遥遥渚宫殡。治命能不渝，有子孝而顺。

绝句

宠辱

宠辱无休变万端，阿谁能向静中看。消磨利欲十分尽，免得临机剖判难。

读王国风

是谁行迈闵宗周，泪洒西风病不瘳。幸对南山无尽景，眼看云物手搔头。

蚕食

蚕食人间我厚颜，命成奇数故偷闲。不知世上山河大，终日徘徊百水间。

春事二首

横翠桥南柳色稀，过桥春事那人知。君如就我问消息，新种海棠开两枝。

---

① 中华书局版《胡宏集》称此句陆抄本作“诛反诛天骄”，清抄本作“语及诛天骄”，而存素堂本作“诛及诛天骄”。

走马寻春西复东，夭桃零落委残红。可怜日暮天低处，但有梨花弄晚风。

和伯氏

风高吹散日边云，绿水初回沙际春。逝者如斯长不住，汨罗愁绝笑灵均。

渔子二首

潇湘烟雾隐千重，风月矶纶在在同。笑傲飞帆名利客，扣舷都入暝歌中。

小舟游漾占江天，家在芦花一缕烟。最是好风明月夜，棹讴相应亦忘筌。

赠人

孝弟须知是本根，万般功行且休论。圣门事业无多子，守此心为第一门。

次刘子驹韵二首

忙中不识本来心，一点灵光自在明。只向静中寻底事，恐遭颠沛不员成。

心由天造方成性，逐物云为不是真。克得我身人欲去，清风吹散满空云。

绝句二首

念良朋之难得，叹俗学之失真，因成二绝。

湘上初见故乡人，万事不论惟论心。要识此心真面目，不知君意向沈吟。

章句纷纷似世尘，一番空误一番人。读书不贵苟有说，离得语言才是真。

陈平

陈平相业定何如，应对知君智有余。不佐汉兴三代业，区区心事六奇书。

项王

快战焉知霸术疏，乌江亭上独欷歔。万人三尺俱无用，可惜当年不读书。

韩信

功成全仗汉家兵，真是英雄不藉人。禽了项王知退步，定骑箕尾上天津。

中秋对月忆伯仲

人在西南分楚越，天转金风更凄切。此时何事最关情，团圆独对中秋月。

日照圃中

发白逢春兴更长，等闲花木亦芬芳。有时倚杖迎风立，日照川原细草香。

碧泉书院偶书花木所有七首

自到湘南不见花，传闻金谷旧人家。手培数本珍如玉，买得红尖一寸芽。

妙手挥斤合杳冥，交加生气便相停。栽培自剔根芽蠹，要见山川旧典刑。

武陵春色片云红，红绽功归暖日烘。青帝也应长作主，莫教随水又随风。

青松未结茯苓英，杞菊春风亦已生。药物岂能增大数，栽培扶我暮龄行。

海棠初破红如滴，杨柳新回绿似挼。把酒只愁春莫去，望云时问日如何。

荼蘼袅袅弄柔条，亦自经冬解不凋。更有异香含素蕊，小槽能使客魂消。

白沙波底石苔青，水草摇摇自在生。红日半竿人世闹，倚阑亭上晓风轻。

和僧二首

西风吹我对秋光，要挽银河万里长。洗尽世人烦恼障，大家无事得清凉。

自觉生缘遍大千，闭关终日看炉烟。有人会得个中意，一语不彰天下传。

四月八日示澄照大师

今朝浴佛事如何，清净心田也洗么。尘垢不知何处得，古来明月照江波。

偶书

一丘自足更何营，万里神州长在眼。莫愁风景异山河，晴天云荫清峰晚。

和马大夫辟佛五首

真谛休谈欲度人，度人先自正其身。天伦弃掷如萧梗，反认他亲作己亲。

诸子随流本既分，西天更有一般僧。高谈性命称仁者，支遁悠悠莫可凭。

三纲亡有辨夷华，一处分明万不差。可怪弃君逃父客，妄谈心印自雄夸。

天开学海在明伦，中有妙处谁能臻。风波浩渺不得度，倾向浮屠去问津。

贪真不去只谈空，近代禅林盛此风。忧世最怜秦地老，指迷端有洽中公。

和僧碧泉三首

清泠空色似秋澄，疑集群仙拥万灵。深处有香春不断，波间藻荇四时青。

人似春花自在开，本无根蒂孰栽培。一番零乱一番长，不是前花去又回。

山根泉发澜生凝，亭上风微浪自平。汩汩长年流不住，无言千古意分明。

和伯氏闻雁

随阳群雁逐云低，望断孤鸿万里飞。不为江湖稻粱乐，几时大许送春归。

绝句三首

朱元晦寄诗刘贡父，有风藉溪先生之意，词甚妙而意未员，因作三绝。

云出青山得自由，西郊未解如熏忧。欲识青山最青处，云物万古生无休。

幽人偏爱青山好，为是青山青不老。山中云出雨乾坤，洗过一番山更好。

天生风月散人间，人间不止山中好。若也清明满怀抱，到处氛埃任除扫。

和刘子驹存存室

动中涵静是天机，静有工夫动不非。会得存存存底事，心明万变一源归。

靡草

阴阳妙合互藏精，万物森然各有神。靡草露机坤是复，野龙交战指迷津。

雨急

雨急落花零乱，风微吹草蒙茸。花亦何心怨雨，草都无意酬风。

披襟

小小池台亭榭，披襟风月清明。不向情边造作，知音遍满乾坤。

书怀四首

秋风送尽炎威，日色凄凉半掩。皇天不断春工，红我芙蓉万点。

含笑花开洲上，忘忧草发台边。底事当忧莫忘，忘时便是无天。

台上忘忧草发，洲前含笑花开。世路颠冥堪笑，旁观心自休哉。

来时见花开，去时见花落。花落花开一任风，吾生处处皆真乐。

忆伯氏三首

又见雁南飞，远行人未归。西风吹白发，肌瘦不胜衣。

又见雁南飞，行人几岁归。朔风吹病体，独对雪霏霏。

又见雁南飞，远人音信稀。东风吹梦去，一见貌颀颀。

偶书四首

道抱阴阳妙，天行日月长。花开千种丽，叶下一般黄。

青山万古色，几人曾赏心。萧萧木叶下，我坐复沉吟。

独坐千峰下，偶焉起徘徊。有谁相共笑，遥见隔溪梅。

衡岳望嵩少，屹然河汉间。浮云自来往，谁肯拓关山。

题齐云阁

道人南山来，万里青云开。去念见本性，聚散真悠哉。

张良

六国亿万人，谁是报仇者。壮哉博浪沙，一击震天下。

绝句五首

实弟以诗来督作会文，又因大原侄寄声，欲作不逮。此文人狂客所为，非素所望也。今以五绝奉寄，虽小阻高兴，若能从而绎之，则有味也。

我病死无日，经书更穷年。少年宜若厉，诗酒勿留连。

苦参道难学，放肆事容易。入脚不可深，骎骎成自弃。

天道方愈怒，在人宜敬身。望于经史内，严自作工程。

岁月叹逾迈，入门事业难。战兢曾子意，岂可遂阑珊。

我祖生文定，杰然继真儒。门风早衰飒，吾弟意何如？

五峰集卷二

书

上光尧皇帝书

臣闻二帝三王心周无穷，志利天下，而己不与焉。故能求贤如不及。当时公卿大夫体君心，孜孜尽下，以进贤为先务。是时上无乏才，而山林无遗逸之士。士得展其才，君得成其功名，君臣交欢，而无纤芥形迹存乎其间。逮后世衰微，心不及远，志不周物，据天下利势而有轻疑士大夫之心。于是始有遁世不返，宁贫贱而轻世肆志者；于是始有奔走于名利之途，纳交于权势之门以侥幸富贵者。二者虽有间矣，而均为不仁。然则孔子所干者七十二君，有近于侥幸富贵矣；孟子不见诸侯，有近于轻世肆志矣。而后世仰慕以为宗师，而不以为不仁，何哉？圣人仁以为体，义以为用，与时变化，无施不可。学圣人者，以仁存心，以义处物，相时而动，亦岂必于进退哉？臣生而愚直，力慕高远，以圣人之道为必可行，以圣人之政为必可复，以天下之衰为必可振。抑又身逢乱离，穷处山林，阅人世之纷纭，知天心之神化，口诵古先之文，心推今日之事，静观兴替，动见几微，方戎马之凭陵，痛王纲之不振。陛下宵衣旰食，招延多士，讲论治道。臣于斯时潜光独善，有怀不陈，岂不负臣素心？上辜圣世，失仲尼、孟轲之旨哉！辄忘微贱，谨用所闻，揆天下之事，陈王道之本，明仁政之方，上干天听。

臣闻治天下有本，修其本者，以听言则知其道；以用人则知其才；以立政则知其统；以应变则知其宜。何谓本？仁也。何谓仁？心也。心官茫茫，莫知其乡。若为知其体乎？有所不察，则不知矣。有所顾虑，有所畏惧，则虽有能知能察之良心，亦沦没于末流，浸消浸亡而不自知。此臣之所大忧也。夫邻敌据形胜之地，逆臣僭位于中都，牧马骎骎，欲争天下，臣不是惧，而以良心为大忧者。盖良心者，充于一身，通于天地，宰制万物，统摄亿兆之本也。故孔子作《春秋》，必书元立本，以致大用；孟子告诸侯，必本仁术，以行王政。元即仁也，仁，人心也。心，一也，而有欲心焉，有道心焉。不察乎道，而习于欲，则情放而不制，背理伤义，秉彝仆灭，懿德不敷于行，而仁政亡矣。是故察天理，莫如屏欲；存良心，莫如立志。陛下亦有朝廷政事不干于虑，便嬖智巧不陈于前，妃嫔之佳丽不幸于左右时矣。陛下试于此时沉思静虑，方今之世，当陛下之身，事孰为大乎？孰为急乎？必有歉然而馁，恻然而痛，坐起彷徨不能自安者，则良心可察，而臣言可信矣。坐大廷而朝群臣，守是心而推之于事；退便殿而幸便嬖，亦守是心而推之于事；入燕寝而御妃嫔，亦守是心而推之于事，凡无益于良心者，勿可为也。念兹在兹，持之以久，优柔自进，则邪说横议将逆于耳，正言笃论将当于心，智虑日益高明，功名日益光大。邻敌之侵庶几可禁，叛逆之臣庶几可灭。苟不察心之病而大变焉，则身不能自信，何足以孚民心，动天意哉？孟子曰："至诚而不动者，未之有也。"不诚，未有能动者也。昔舜以匹夫为天子，瞽瞍以匹夫为天子父，受天下之养，夫岂不足于穷约哉？而瞽瞍犹有不悦焉。自常情观之，舜可以免矣，而舜戚然有忧之。举天下之大，无足以解忧者，惟自强不息，以成其仁。

其忧不得乎亲之切，乃如此恭。

惟太上道君皇帝，身享天下之奉，几三十年。渊圣孝慈皇帝，生于深宫，享乘舆之次，以至为帝。一旦劫于金人，远适穷荒，衣裘失司服之制，饮食失膳夫之味，居处失宫殿之安、妃嫔之好。动无威严，辛苦垫隘。其愿陛下加兵北伐，震之以武，心目睽睽，犹饥渴之于饮食。庶几金人知惧，一得生还，父子兄弟，相持以泣，欢若平生，引领东望，九年于此矣。

夫以臣之踈贱，念此痛心，当食则嗌，未尝不投箸而起，思欲有为。况陛下当其任乎？而在廷之臣不能对扬天心，充陛下仁孝之志，反以天子之尊，北面事仇。陛下自念，以此事亲，于舜何如也？且群臣智谋短浅，自度不足以任大事，故欲偷安江左，贪固宠荣，皆为身谋耳。陛下乃信之，以为必持是可以进抚中原，展省陵庙，来归两宫，亦何误耶？夫金人何爱于我，其疑我谋我之心，乌有限制。土我土，人我人，然后彼得安枕而卧也。苟顺其所欲而不吝，名号、土地、人民、货财以委之，正是以肉投虎，肉不尽，其博噬不已。臣不知陛下何负于群臣，而群臣误陛下乃至于此。

自初年至于今，益已久矣。义士之心，益已怠矣。百姓之心，益已安于乱矣。陛下不早自为计，广揽英雄以自辅翼，绳心之愆，纠心之谬，忧不如舜力行不倦，以感动天下。臣恐四方豪杰，有以窥朝廷浅深无肯为国家尽力者也。抑臣又闻之，汤有天下，圣贤相继，臣服诸侯五百余年。及纣一为淫虐，周武兴兵誓众，乃以为世雠，诛之不赦。自常人观之，武王之举，岂不过欤？而孔子定书，取以为后世法者，盖作民君师，代天而为之子，其自任不得不如是也。

今海内大乱，二圣播越，元元叩心归命，陛下威福大权岂异人任？蕞尔女真，深入诸华，劫迁天子，震惊陵庙，污辱王家，害虐蒸民。此万世不磨之辱，臣子必报之仇，子孙之所以寝苫枕戈，弗与共天下者也。其宜为仇，孰与纣？而陛下顾虑畏惧，忘之不敢以为仇。臣下僭逆，有明目张胆，显为负叛者；有协赞乱贼，为之羽翰者；有依随两端，欲以中立自免者。夫既为人臣，而敢持二心，干纪逆节，反行天道，其宜诛也，孰与纣？而陛下顾虑畏惧，宽之不敢以为讨。岂不与武王之志异哉？守此不改，是祖宗之灵，终天暴露，无与复存也；父兄之身，终天困辱，而来归之望绝也；中原士民，没身涂炭，无所赴诉也。陛下念亦及此乎？故以和，则失事亲之道，而害随之；以战，则得事亲之道，而利随之。其是非至易明也。然不求于本，故大论纷纷，至今未定。孟子曰："天下之本在国，国之本在家，家之本在身。"修身本于正心，正心本于诚意。所谓诚其意者，毋自欺而已。朝廷之上可自欺也，而四方不可欺也，而天地鬼神不可欺。善恶之应，急于影响，不可不察也。

伊尹曰："皇天无亲，惟德是辅。民心无常，惟惠之怀。"又曰："作善，降之百祥；作不善，降之百殃。"臣愚，愿陛下察天理，存良心，以身先群下，深忧如大舜，自任如周武，不牵于姑息之仁，不慑于强暴之威，立复仇之心，行讨乱之政。积精积神，神而化之，与民更始，实宗社无疆之休也。岂特纾目前之祸而已哉！

臣闻三纲，人之本性；神化，天之良能。尧、舜、禹、汤、文、武，恭己尽性，德合于天。一言一行，当物情之精，中民心之会。利用出入，民所共由。故精神感通，折冲万里，天下心服，莫测其用。《易》曰："圣人以神道设教，而天下服。"此之谓也。若夫德不能尽伦，而三纲废缺，昧于神化，而政不能尽制，乃以智术利势相倾者，则臣妾而已矣。

夫天下万事，各以类应，君万民而为臣妾行者，必有臣妾之耻。自周平王东迁，王者迹熄，诸侯交侵，然先圣之遗泽尚存，五霸犹能明大义，奉而尊之，然文武之道，自此日敝，强侯之风，自此浸兴。是以秦得逞其智力，灭六国，君天下，原其父子君臣之际，莫有当于礼义者。陵夷之渐，实始此耳。立甫十三年，天下共起而亡之。汉鉴其弊，法古先之余烈，崇尚经术，留意三纲，政治醇简，用智术而不专，行利势而不纵。王道虽微缺，而正论未衰也。是以终汉之世，无侵陵之祸。自此以降，如曹魏、晋、宋、齐、梁、陈、隋，得尊位者，皆本于篡弑，以三纲为虚假，以神化为茫昧，以智术为纪纲，以利势为权柄。前后相因，莫之能革。故五部云扰，愍怀迁死，神州陆沈，蹙足江表，终不能申大义，逾河而北定中原也。李唐因隋失道，起义兵，平暴乱，太宗创业，虽有英雄之略，身致太平，然三纲不立，家道内乱，纲纪不张，继世因仍又甚焉。故禄山、思明豕突上京，窥窃神器；吐蕃、回纥，连年侵暴。赖忠臣之力，仅克兴复。迨安史少衰，而藩镇跋扈，陵夷至于五代，强臣制朝廷之命矣。迹其行事，皆其类应，非偶然也。

昔孔子作《春秋》，正君臣之辨，其旨深且远，可不察欤？及本朝开基，太祖皇帝受命，市不改肆，得之以大功，受之以天命，纲本既正，神化斯孚。削平僭伪如指诸掌，西北二边，虽有动摇，终焉稽首。及丞相王安石轻用己私，纷更法令，不能兴教化、弭奸邪心以来远人，乃行青苗、建市易、置保甲、治兵将，始有富国强兵，窥伺边隅之计。弃诚而怀诈，兴利而忘义，尚功而悖道。人皆知安石废祖宗法令，而不知其并与祖宗之道废之也。邪说既行，正论屏弃，故奸谀敢挟绍述之义，以逞其私，下诬君父，上欺祖宗，诬谤宣仁，废迁隆佑。使我国家父子、君臣、夫妇之间，顿生疵厉。三纲废坏，神化之道泯然将灭，纲纪文章扫地尽废。遂致邻敌外横，盗贼内讧，天师伤败，中原陷没，二圣远栖于沙漠，皇舆僻寄于东吴。嚣嚣万姓，未知攸底。祸至酷也！若犹习于因循，惮于变更，不大划革，以返三纲之本，邪说横议者不废，干纪逆节者不诛，法不守道，诛不守义，昧神化之良能，长智术利势之心，行簿书期会之政，文繁实寡，伪长丧真，上下相蒙，莫肯致察。大吏弃置法令，小吏贪冒无耻，奸赃遍于郡县，元元无所告诉。意愁心结，思所以自达[①]于上者，非智术利势无由也。于是亿兆之心交骛于智术利势矣。

上以利势诱下，下以智术干上，犯法者不必诛，乱政者不必退，是非由此不公，名实由此不核，赏罚由此失当，乱臣贼子由此得志，人纪由此不修。以臣干君，以贱干贵，子不听于父，弟不听于兄，边隅不听于中国，天下万事倒行逆施，人欲肆而天理灭矣。残贼之政暴著，天下危亡之忧日以益甚。孟子所谓“由今之道，无变今之俗，虽与之天下，不能一朝居也”。将何以异于先朝，求救祸乱而致升平乎？

然上而公卿之议，下而士大夫之论，习以残贼为常，更为当今之乱，将卒不精练，兵甲不坚利，馈饷不丰给，城池不高深之过也。昔商纣百克而卒无后，项羽百胜身死人手，秦仓以资刘、项，隋洛口以资李密，楚城郢而昭王出大城，陈蔡不羹而干溪之师溃。故孟子曰：“城郭不完，兵甲不多，非国之灾也。田野不辟，货财不聚，非国之害也。上无礼，下无学，贼民兴，丧无日矣。”臣是以愿陛下深念三纲，潜心神化，明修政事，大

① 原为“远”，中华书局版《胡宏集》据清抄本改为“达”。

革风俗，使卓然与熙宁之政相反，则中国之道立，而边鄙之叛逆可破也。

昔孔子匹夫耳，天下无主，犹以身当天运，作《春秋》，承帝王之烈，行二百四十二年南面之事，讨乱贼，扶持三纲。况陛下居得为之位，天开圣性，明于《春秋》，又有能为之资乎？诚能更加圣心，勿牵制于文义，毅然讨乱贼，定名分，正三纲，穷神化，日新厥德，九重朝诚，四海暮应，岂与汉唐行智术利势，与英雄角力角智而后臣之，葸葸然常恐臣妾之轧己者比乎！德格皇天，恩施万姓，四方归命。丰功伟绩，何忧乎豫贼，何畏乎金人耶？

臣原其要，亦曰举斯心加诸彼而已。陛下念之，父兄之望，天下之愿也。传曰："天生民而立之君，使司牧之，勿使失性。有君而为之贰，使师保之，勿使过度。"是以尧为天子，不乐尊位，而忧先辅佐。辅佐之重，同于天地。必也相知以心，相辅以仁，外托君臣之分，中结朋友之义，吉凶成败相与同之，死而不变，然后为尽其分矣。岂以言合意，行顺旨，不问诸左右，不询于大夫，不访于国人，格天下公议而用之乎！

陛下自登天位，所命辅相多矣，然皆用之骤，退之速。岂其失于易，有未慎而然乎？岂其以私己，好恶不以天下之公而然乎？岂其悦人之佞，恶人逆己而然乎？昔成汤之于伊尹，高宗之于傅说，皆一举而终其身，既得久于其位，故政令纲纪有常而不紊，可变而不变。此其所以能创业兴衰者也。陛下今欲任辅相，以二君为法可矣。臣尝思之，陛下所以不然者，其以未知群臣心志才德，将广揽遍试以识其贤不肖，而后决进退之欤？臣恐计之疏也。昔禹思天下有溺者，犹己溺之，孜孜不倦，惜此[①]寸阴。况陛下大

① 清抄本与陆抄本中"此"字均作"失"。

仇未报，叛臣未诛，封疆日蹙，危乱交至，义之不可以已，孰若大禹？迫切于心，不可以怠，孰若大禹？陛下诚蓄乾元之德，施刚果之用，以大禹之事，反求诸心，则轻重缓急可知，必不肯一日苟安其居矣，又何忍以九年之久，尝试群臣哉！

臣恐憧憧往来，朋从尔思，不足以伤贤于耕乐之陋也。臣以在廷之臣，类皆苟媚，道寻常之言，理细微之故，虚延岁月，曾不能因时先事，发愤慷慨，一为陛下明陈斯道，致行期义而黄金横带坐于庙朝，更出迭入，传呼辅相，孰有赤心许国，不以浮名浮势动其心者！大臣如是，则人主最病。臣原其本，亦人主之诚不至，而自病也。曷不改更心虑，恭默思道，积诚于内，感通英贤，进而任之，使久于其位，责以功实，无为坐费岁月，弃机会，纵仇逆而不治，使义士闻之而解体，英雄闻之而动心也。群臣亦知以是为忧，为陛下言之乎！

夫欲成王业者，必用王佐之才。所谓王佐之才者，以其有王者事业素定于胸中也。故一旦得君，举而措之，先后有序，纲施纪布，望道期功，如臂运指，莫不从心。今夫弈之为数，小技也，规势不先定，犹不能取胜，况欲兴衰拨乱？倚任辅相，而用尝试其术之人，侥幸以望成功，必不可得矣。

夫辅相者，百官之精选，人才之所自进，政事之所由定。陛下轻以授人，使各以类进，则执政、侍从之臣可知矣，外台耳目之寄可知矣，郡县民之师帅可知矣，所以寄阃外，却敌折冲者可知矣。廊庙非其人，则浅近之言日进，理义之论不闻，而是非乱于天下矣。监司非其人，则刺举之政不行，黩货怀奸，舞文弄法之吏，得以臆逞，履正奉公，清修惠化之士，无以自进，而名实乱于朝廷矣。守令非其人，则政繁赋重，民力殚竭，而盗贼起于困穷矣。将帅非其人，则仇敌外纵，衅孽内生，而披枝伤心之祸萌矣。故人主之职，在论一相。

昔燕，齐敌国也，昭王得一乐毅，而犹能以弱燕破强齐，而克仇报怨。今中原陛下之旧，一则金人，一则齐楚。以名，则中外非敌；以义，则叛逆之臣不可与我抗也。诚得贤士，举而任之，使尽其职，则天下之善何所不进。正名定罪，任天下武勇，起义兵，从西北思归之士以诛暴乱，何所不克。

臣历观前古，天下未有无臣之世，患在人君好臣其所教，而不好臣其所受教。则盛德之士，不可得而官矣；好柔佞而恶刚直，则守正之士不可得而用矣；安龌龊而忌英果，则高才之士不可得而使矣。陛下必欲致士，能绝是三者，勿萌于心，绌权数，仗诚信，忘利势，与天下之士相期于道义，则真儒命世之才，将为陛下出焉。或不若是，则訑訑之声音颜色，拒人于千里之外。士止于千里之外，而谗谄面谀之人，窥隙乘间，侥幸竞进。权在辅相，则党于辅相；权在阉宦，则党于阉宦；权在将帅，则党于将帅。欲固其宠，遂相挤陷，不论人之贤否，不计事之是非，不顾国之安危，苟可以倾人而便己者，无不为矣。陛下亦安能人人而察之哉！

古者，圣王制爵位，所以明等级也；制宠禄，所以奉名器也。以此防民，犹有尸位素餐惟利之徒，弃君如土梗弁毛，莫之恤者。况人君自以爵位宠禄为己私，则天下安知爵位为明等级之义乎！安知宠禄为奉名器之礼乎！君以富贵蓄其臣，臣以富贵怀其君，而百官皆不知其职矣。在官者无他事，大抵转相承奉，务以荣进为先，欲纲纪文章之不堕，祸乱衅隙之不滋，其可得乎！

夫官人之义，以其贤也，以其才也。用其贤才，盖为民也。唐虞三代，莫不为事设官，为官择人。君无姑息之命，臣无希冒之心。当斯时也，上法一而百度张，下心清而万事理，远迩肃安，封疆靖固，四方归命，而无狂狡之忧。譬之人身，血气强盛，肤革充盈，自然阴阳之寇不作，而邪厉之气不能干也。今世则不然，为人设官，为官造事。冗滥交错，仰食县吏，侵渔百姓，坏风俗，乱政事。往中原时，提封万里，郡县以百千计，论者犹以为将不胜其弊。今地益狭隘，州县无几，士大夫自西北而东南者，不知其几千万人矣；自东南而官者，不知其几千百人矣。郡县荒残，百事宜简，而官吏猥众，上官大吏各私其亲，不遵法制，移易往来，曾无定止，互相攘夺，不顾是非，受贿纳赂，法禁不行，奸豪得志，暴虐日敷，根本摇动，大命将泛，流荡而不可止。天下无事，食君之禄；天下有变，拱手圜视而不能救。则又有乘时侥幸，冒功射利，为国结怨于民，而增益祸乱者。

陛下操予夺之柄，握刑赏之威，胡不自为深计，黜阘冗之官以俟英贤，夺冒滥之职以屈高士。大计若干职，定置若干员，于今在官者，按实功罪，诛赏必行。任官称职者，使久于其位。过恶已彰者，编之于民，终身不齿。志气不立，事业不修者，皆赐罢。其有学行未成者，归之于学。庶几官约事省，为政有经，民听不惑，而危亡可救矣。

或者以为行此之政，则必大致烦扰。

夫人心为金人、豫贼驱才，岂不殆哉！臣痛之曰：夫国之所恃而上之所保者，亿兆之心也。若夫士大夫乘君子之器而为小人之行者，乃生民之蠹，国之贼耳。汰而黜之，则得民心，所去者寡，而所安者众；所去者奸恶，而所安者良善。计道义，权轻重，则所为失人心者，乃在彼而不在此矣。

昔纣为天下逋逃主，以有亿兆夷人，而武王以三千人灭之。纵使仇敌得吾逋逃之士，是皆不忠不孝商纣兆人比耳。适足为吾取胜之资也。苟或恐惧，动于浮言，不黜衰敝之士，则衰敝之政不更，而衰敝之俗不革，乱不息，威不震，而讨逆复仇之兵未易举矣。延日引月，下陵上替。陛下春秋鼎盛，明并日月，威若雷霆，乃行小不忍而弃大谋，高拱以成土崩之祸，生奸雄心，臣窃为陛下惧焉。

臣闻尧授舜以天下，其付托丁宁之言曰："众非元后何戴，后非众罔与守邦。钦哉！慎乃有位，敬修其可愿。"夫众所愿者，饱食暖衣，仰有所事，俯有所育而已。后体元而仁覆天下，则众得所愿而归戴之；后不体元，为政不仁，无以保天下，则民择仁厚而归之，其心岂有常也？故大禹力平水土，拯民之垫，以有天下。桀不能守，灭德作威，而民归于商。稷降播种，以救民饥，至文武而有天下。幽厉不能守，肆行暴虐，而民归于五伯。此已然之明验也。

本朝宗祖，厚养天下，当时父老蒙恩被泽者已死，已亡。后来子孙自王安石为政，崇尚掊克，与民争利，狱讼繁滋，民不得安息。加以庸邪继轨，阉宦握兵，求便其私，不为国计，内修宫室，治苑囿，外拓边疆，筑城立栅。常赋不充，移易经费；经费不充，始有横敛；横敛不充，公私俱匮。天下力竭财尽，虽有感恩戴德之私，迫于威虐，如火销膏，祖宗之泽日益斩矣。故金人未动，而方贼已称兵于江表，群盗已充斥于太行。及其内侮，民无杀敌保家之志，望风奔溃，乘时为盗，发其乱心，侥幸富贵以偷安。须臾远近继起，连年未定。然则民心果有常，而祖宗之泽果可恃乎？陛下亦自强于为善可也。

往中原时，国家全盛，提封万里，乡邑聚落，财物阜丰，所在百姓以亿计，犹不能堪上命。以及败乱，迨今地益狭隘，皆寇盗剽掠之余，贼杀之残也。生者流离，死者暴露，哭泣之声未绝，伤夷者未起，怨恨愁痛，感伤和气。故长星亘天、日食、地震、川腾海溢、雷电雨雹、愆时失序、水冰竹枯，灾异荐臻。

陛下即位，厉精求治，九年于兹。若之何民犹未安，而天犹未应乎？臣深探其本，盖陛下体元之功未加焉。是以听善不明，择善不审，执善不固，官人失贤，行政失理。虽有爱民之心，屡下宽恤之诏，而有司壅遏，大命不能承流宣化，实惠不施于民。诛之如禽兽，取之如渔猎，发求无度，科敛无已，胁之以势，劫之以威，官得其一，吏隐其九，号呼苍穹，天听悠远，惨毒切于肌肤，冻馁迫于忧虑。其致败乱岂与中原比哉！必天有其意焉者矣！[①]虽军旅日兴，粮饷器械资于民，金帛甲车资于民，不发求科敛，则军旅坐困，无以御敌。发求科敛，而民益困，邦本先蹙，于军旅何有哉！

然则奈何？亦选明正沈毅之士，天子亲擢，置于中台，勤加劳问，任以为朝廷、天下耳目，勿使为辅相权势鹰犬。信而听之，听而行之，以靖朝廷。然后明白、公正、精强之士，出使郡县，察举可任，功赏可责，可以平政理讼，革邪归正，奸盗不逞，使民有所赴诉矣。虽有不得已而调敛，均平无颇，尽入于公，用于有益，民孰不愿输也哉？孔子曰："均无贫，和无寡。"如是，而军实不充者，未之有也。

虽然，此可以救目前之急耳。必欲足食足兵，为久远可行之计，则莫若治其本矣。三代之时，税以出粟，赋以供车，无关市之征，无盐铜之利，无榷酤之法，无称贷之益。而[②]天下财力日忧不足，海内有变，则剥肤椎髓，痛酷惨急之威猛于虎，烈于火，绝其生生之路，取之犹不足给，何三代不尽利而富，后世尽

① "必天有其意焉者矣"一句，清抄本作"必又有甚焉者矣"。

② 此处当有"后世"之类脱字。

利而穷乎？臣窃思之，财者，天地有时，四民致功者也。取财于天地则无穷，取财于四民则有尽。古者，溥天之下，四民而已。民无不食其力者。自汉唐以来，游手滋众，上无制以革其滥，下无学以权其弊。兵不本于农，人不食其力，为之者寡，而用之者众。臣请举其大者，夫兴师十万，日费千金，靡然骚动者七十万家，而后十万之师举。是故圣人教兵于乡遂，以行师动众为毒天下，而未尝轻用之也。历代兴废，制虽不同，然皆隐兵于农。及李唐中季，渐坏旧章，兵农始分，全家坐食，是日日毒天下无时而已也。况今海内大乱，土地狭隘，国用空竭，民力凋敝，而被甲者无虑数十万家，家以五口为率，乃有数百万端坐待哺于农民者矣。

夫国之有民，犹人之有腹心也；国之有兵，犹身之有手足也。手足虽病，心能保之。心腹苟病矣，四肢何有焉！是故欲富国者，务使百姓辟其地；欲强兵者，务使有司富其民。国无治乱，时无丰凶，政无经权，莫不以辟土地、养人民为本。今乃行诛剥之政，纵意侵民，以奉冗卒，使田莱多荒，万民离散。此臣之所未解者一也。

夫释氏之道，上焉者以寂灭为宗，以明死生为大，行之足以洁其身，不足以开物成务。下焉者转罪业，取福利，言之足以恐喝愚俗，因以为利而已矣。魏晋以上，为僧有禁。梁陈以下，曾无限制。今僧徒遍天下以百万计，问其力田积粟，输赋税以实仓廪，则不知；问其利器械，以供上用，则不知；问其披坚执锐，为国爪牙，则不知。故凡问以实用有益于天下生民者，则曰非吾事也，吾所事者，为国焚修，祈天祝圣，以救度一切众生耳。自祖宗以来，德大包荒，于道无所弃，亦崇信之。道君皇帝虽有改更，旋复其旧。然水旱屡兴，蝗螟荐起，戎马生郊，王师伤败，则祈天之效安在乎？二圣北征，皇宗远徙，陛下巡遊，靡克有定。则祝圣之效安在乎？盗贼蜂起，贼杀人父兄、子弟、夫妇，流血成川，死于锋镝者以亿万计。则救度一切众生之效安在乎？其为欺妄，岂不昭明！而或者以为朝廷固知其无用，而度牒之入亦有助于国家，且度牒一时之得几何？而农工商贾之子孙，既为其徒，则不耕而食，不织而衣。高堂大厦，雕镂文章，以自居处；役徒众，致滋味，以自奉养而终其身，其费岂特十倍度牒哉！夫为政以均平天下，而坐纵夫庸愚欺诞之奸，化诱善良，失国家丁壮，灭绝天伦，坏乱人纪，百万群居，蠹生民之衣食。此臣之所未解者二也。

古者天子、三公、九卿、二十七大夫、八十一元士，降及诸侯、卿大夫、府史、胥徒，皆有等差，官不逾事，禄不逾数，故民不疾上，而下无怨劳。汉世而下，官名滋众，无其职而置空名，无所事而尸厚禄。公卿大夫既多，而府史胥徒之属之家，亦不下数十百万人矣。农人力作，自春徂冬，一岁之间，未尝休息，乃不得免于冻馁之患。而膏粱子孙，游手末艺，舞文弄法者，依势侵民，食其膏脂，耗蠹邦本，既不能立大正之心，施刚果之用，沙汰罢黜，省费宽民，今复无故广增祠职，俸禄优厚，财用窘急，日益重敛，求千万人之誉，而失亿兆之心。此臣之所未解者三也。

陛下诚能听臣之计，扩仁民之心，行不忍人之政，申明军法，大加选练，高立标格，宁使入选者寡而厚其资，经以精则足用，以寡则易使，斥去罢羸，散归南亩，大兴屯田。罢度牒天下僧尼、道士，收其产业，即今存者令岁纳复身钱一万，其肯改过，归民聘娶者，随口给以公田，使各食其力。罢废冗滥之官，自西北而东南，饥寒无以自存者，亦随口给以公田，使各食其力，不出三年，财用必充。

唐刘晏曰：“理财当以养民为先，户口众多，赋税自广。”使晏不晓财计，则可使晏而少知理财之道。有已行之验，则其言必不可违矣。

夫与民亲者，莫如郡县之官，天子所与共治天下者也。今类皆以干逐废弃者居之，岂为民父母视民如伤之意哉！

臣愚谓宜重其任，择其人使久于其位，期以成功。且申戒察视之官，廉问纠劾一路之广，赃吏而监司发者，罪守贰；守贰发者，黜监司；自中台发者，监司郡守俱赐罢终身，以不胜任废。

立是法而必行，庶几陛下之仁得加于百姓，邦本安隆而讨逆复仇之兵可振矣。昔魏武侯浮西河而下中流，顾谓吴起曰：“美哉！山河之固。此魏国之宝也。”起对曰：“在德不在险。君若不修德，舟中之人皆敌国也。”魏氏失于不知本，吴起失于不知末。夫道有污隆，势有强弱，因时处事，体用不遗，本末并行，然后为得也。是故圣王明于天险、尊卑之分，贵贱之等，定天下之制，而奸邪莫能越；明于地险、山川、丘陵以为阻，城郭沟池以为固，而暴客莫能干；险设如是，然后能守其国矣。不然，天险废乱，虽潼关何有于秦？地险不修，虽仁义何有于赵？金人入据太原，天下要害之地，始欲弃而不守，终虽救而不力，遂致崩陷。敌乃幸胜，席卷而南，若蹈无人之境，连年深入，所向无坚城，上下震动，南掠衡湘，东至于海，民无所庇。自古边境之祸，未之有也。去年之战，敌无必前之心，诸将侥幸一胜，非有奇谋伟略，真可以破坚阵、摧强敌也。然将相受赏，荣禄兼极，天下皆喜，臣独惧焉。

昔田单以即墨破燕之余卒，有死之心，无生之气，遂破燕复齐。及齐已定，有生之乐，无死之心，则攻狄不下。夫亿兆之情，本乎一心，而君者，心之元也。三军之志，同乎一气，而将者，气之元也。今君臣上下，狃于无故之胜，心志骄佚，不复长虑，淮南膏腴，寿春名郡，盱眙古县，所宜高城深池，名将坚守，以遏敌人进取之道，而下流有屏蔽矣。今乃弃废不省，失经画之远图，有退缩苟安之志。人情虽阻，启敌人心。此臣所惧者一也。

安陆、武昌，上流腋肋，亦宜遣将以兵镇理，凿深池，筑高城，积糗粮，治守备，如中原时西北边城，固以待贼。彼若不顾死亡，越城而进，则以一军扼其前，城中出轻骑抄其后，随宜设变，使彼欲进不可，求退不能，虽有驰突之骑，使不得纵，此乃用我之长，制其短也。今漫然不以为意，虽长江天险，人力不施，何以守之？秋深贼至，临难遣将，必复抢攘，人心不先定，而战胜不可必。一有蹉跌，则大事去矣。此臣所惧者二也。

襄阳上流门户，北通汝洛，西带秦蜀，南遮湖广，东瞰吴越。欲退守江左，则襄阳不如建邺；欲进图中原，则建邺不如襄阳；欲御强寇，则建邺襄阳乃左右臂也。何以言之？长江万里，贼至下必趋采石，中必趋武昌，上必趋襄阳。以臣料之，金兵辽远，所在凋敝，多发兵则粮饷艰绝，其能来者不过数万。以分则势弱，诸将各拥大众，自是制之。彼若屯聚而进寇下流，则我以襄阳之兵，直趋汴洛；寇中流，则我以上下之兵更出迭入，交至以罢之；寇上流，则我以淮上之兵入青徐，批亢捣虚，左右牵制，使贼内顾不得，专意外伐，然后我得宽于难，内可以修政事，外可以观时变，蓄养精锐，进讨乱贼，平定中原，此事之机也。今乃委置襄阳，戍以轻兵，不修攻战之备，不兴屯田以充军实，千里萧条，人无固志，假令贼以轻兵犯淮南，翠华至重，人情惶骇，其势必以重兵临江抗御。贼乃以精锐破襄阳，走江陵，掠舟船，顺流而下，水陆并进，长沙以东，必从风而靡。临江将士乃摇心矣。以摇心之将，敌乘胜之军，百战百败[①]，人心离散，虽有孙吴之术，不能以取胜。此臣所惧者三也。

杨幺为寇，起于重敛，吏侵民急耳。本农亩渔樵之人也，其情不与他寇同。故治之之法，宜与他寇异。陛下诚能选宽厚有谋之臣，为江湖间守，少给以兵，大施恩信，招抚流散，务农重谷，道化善良，诛锄奸宄，号令清一，明白可信。不出期月，杨幺之徒，必大震坏。然后用其乡导，选精锐禽之，易于反掌。今陛下赫然震怒，命大将统数万之兵，武震以慑威之，使彼惧而知悔，自相残戮，归命天子，实陛下神武，非草野微臣之所敢知也。如其不然，惧而协谋，舟船便利，随方抗敌，威不能制，恩不能怀，平荡之功，不可以岁月冀。大军久聚，所费不赀，诛剥遗民，侵肌及骨，死亡流散，不复聊生。北马秋高昧死复至，内敌外寇，相因而起，虽有良平之智，不能为谋，此臣所惧者四也。

陛下详择，举而行之，去危就安，天下幸甚。昔颜回问为邦，孔子不告以威福之柄、制驭之方，乃曰："放郑声，远佞人。郑声淫，佞人殆。"言之不足，至于再言，圣人之意可见矣。夫言不以正，悖道妨义，而持之有故，言之成理，足以悦人心、惑天下者，皆郑声也。岂必钟鼓云乎哉！郑声浅陋卑污，听之易知，言之易从，悦之者众。上无道以揆之，则天下披靡，遂成风俗，而奸邪、机巧、才佞之士，于是始得投间攘臂，肆行于其间，错乱名实，颠倒是非，盗窃威权，其身荣而天子危矣。中正之人，不阿意，不诡随，据道而言，证经而论，方其犯颜敢谏，有如不恭，

① 原为"胜"，中华书局版《胡宏集》依据陆钞本改为"败"。

面折廷争，有如沽激。夫以蝼蚁之命，犯雷霆之威，自非诚心爱君，岂能如是哉！正孟子所谓“其兄关弓而射之，则已垂涕泣而道之”。不待勉强而亲之，心发于中，自然恋恋不期苟免，如待赵人之疏也。若夫佞人之于君，安同其荣，危避其难，视君如国人矣。君天下者何惮不弃彼而取此耶？举中正之人，错诸邪枉之士，则民心服，而有志必成；举邪枉之人，错诸中正之士，则民不服，而仇益相陵，盗益肆暴，宗社有危亡之忧矣。

陛下即位以来，中正邪佞更进更退，无坚定不易之诚。然陈东以直谏死于前，马伸以正论死于后，而未闻诛一奸邪，黜一谀佞。何摧中正之易，而去奸邪之难也！此虽当时辅相之罪，然中正之士，乃陛下腹心耳目，奈何以天子之威，握亿兆之命，乃不能保全二三腹心耳目之臣，以自辅助，而令奸邪得而杀之，于谁责而可乎！臣窃痛心，伤陛下威权之不在己也。

虽然，生不能用，死念其忠，既褒其身，又恤其后，臣见陛下天地之量，日月之明，改过不吝，日新其德，自今能主张腹心耳目之臣矣。存此心而不替，尧、舜事业固[①]优为。有君如此，岂忍负之？

臣言已在前矣，陛下听之，天下之福，臣之望也。

夫自尧舜以至于今，上下三千年，盛衰治乱，载在典籍，可法可戒者，非不备也，非不明也。而继世创业之君，治乱相循，不能自免者，仁与不仁而已矣。

陛下幸听臣言，反求诸心，神而明之，施于有政，灭仇雠，诛叛逆，恢复中原，仁覆天下，乃其功矣。惟陛下加圣心焉，勿使臣徒为此空言而已也，实宗社幸甚！

---

① 清抄本与陆抄本“固”下有“可”字。

与秦桧之书

癸亥春，尝拜起居之间，自是遵禀传业之诲，不敢失堕。上搜羲、炎、姚、姒之遗文，中考商、姬、孔、孟之大训，下观两汉，遍阅历代，以及五季，数千年间治乱之迹，正如风云感会，来无定形，去无定体。得其道者昌，失其道者亡，故大要治乱，必本于人。

稽诸数千年间，士大夫颠冥于富贵，醉生而梦死者，无世无之，何啻百亿！虽当时足以快胸臆，耀妻子，曾不旋踵而身名俱灭，某志学以来，所不愿也。至于杰然自立志气，充塞乎天地，临大节而不可夺，有道德足以赞时，有事业足以拨乱，进退自得，风不能靡，波不能流，身虽死矣，而凛凛然长有生气如在人间者，是真可谓大丈夫矣。某读其书，按其事，遐想其人，意其胸中所存，澹然直与神明通，不可以口传耳受也。方推其所存于数千年文字之中，茫乎昧乎，未能望其藩篱，窥其门户，又况其堂奥乎！业当从事于斯，不敢半涂而废，此某之所以逡巡历年，若自弃于门下，未能进而求仕者也。窃伏思念四十三年矣。

先人即世，忽已十载。惟是，布衣藜杖，寻壑经丘，劝课农桑，以供衣食。不如是，则啼饥号寒，且无以供粢盛、奉祭祀，将飘零惨淡，无以成其志矣。积忧思与勤苦，而齿落发白，夙兴冠栉，引镜自窥，颜色枯槁，形容憔悴，身之穷困，如此足矣。

去年复哭子，而今年又丧妇，自嗟薄命，益不敢有意荣进。然立身行道，扬名后世，以显父母，圣人之训也。苟泊然无意于是，甘与草木同腐，则何以为人子，岂先人平日教诏之所望耶！

矧今圣明在上，而相公丈端秉化权，念及寒微，下询所欲，傥于是时不显寸长，思自振耀，则真自弃矣。

昔孔子成人之美，今相公丈曲敦故旧，欲先人身后不即衰落，将使某兄弟各遂其志，愿人以所长表见于世，此诚莫大之德。若用不以其才，则丑拙陈陋，非所以成其美矣。

长沙湘西岳麓山书院，元是赐额，祖宗时尝命山长主之。今基址皆在，湘山负其背，文水萦[①]其前，静深清旷，真士子修习精庐之地也。至道二年，潭守李允则修而广之，乞降书史以厚民风。天圣八年，漕臣黄总奏乞特授山长进士孙胄一官，当时皆从之。今若令潭守与漕臣兴复旧区，重赐院宇，以某有继述其先人之志，特命为山长，依州县监当官给以廪禄，于以表朝廷崇儒广教之美。

凡学舍诸生不乐近城市，愿居山间者，并听之。俾舒卷数百千年之文，行思坐诵，精一于斯，人一己百，人十己千，庶几愚而能明，柔而能强，可以继古人之后尘，而为方来之先觉矣。

与吴元忠四首

久伏盛名之下，朝野异道，无缘祗谒，徒怀仰慕之心。

中春，丈人造朝，家兄侍行，某独将诸房，远寓穷山。至中夏，王师讨曹成于临贺，成军崩溃，所过残暴，奔避崎岖，幸免死亡。窃思寇盗纵横，使吾民至于此极者，以州郡敝而不振，而方伯久无其人也。日夜延颈威明之至，扫除凶奸，封殖善良，有如饥渴。夫难得而易失者，时之会；易失而难得者，事之几。然几会之来，无有终极。圣贤、英雄之所以凝神睇视而不敢忽者也。自靖事之初失几会，以至于今，大乱日滋。

圣主忧勤劳思，分江南根本之地，以委元勋盛望之臣，此天下重任也。所绕之封，北跨汉沔，西距瞿唐，东尽衡山，奄有北

① 原为“荣”，盖“萦”之误，今改正之。

海。以地则广，而形势易张；以体则大，而威声易布；以权则重，而智计可行。挟此三者，何事不济？然荆峡单残，衡湘罢敝，岳鄂武陵，群盗之区，八桂五羊，民方喜乱。以政则紊，启奸宄之心；以兵则弱，招外寇之侮；以财则匮，有内溃之虞。当此三者，求济实难。苟相公恃前三者之虚名，则患必至；理后三者之实患，则功可成。虽然，理之有道，在乎得贤而已矣。得贤有道，在乎公心而已矣。公心有道，在乎循理而已矣。理一昭明，虽天地变化，了然胸次，况乎一时之会、一时之几而有不得者乎！相公诚能留心于此，则敌仇可灭，而中原可定。不然，几何其不举天下而一掷也。

某少习干时之业，长闻大学之方，性本迂疏，志与时左，自分逸于山林，望云消意，临水观心，以适己事而已。矧今在疚，岂欲求名！然遭时不竞，危亡之虑，国家惟同。辄恃父兄之契，敢陈愚者之衷[①]。

窃以国本固，则寇可息；寇可息，则家可保。今之读书入官者，莫不知民为邦本，本固邦宁。然至于行事，则或失之远者，类皆以急于近切小利，而忘经国远图也。相公学兼本末，政通先后，岂如今日之仕者？然受天子之命，入封境之内，已逾月矣，未有以慰远民之望，何也？夫欲除弊政，必除弊人，弊人不去，虽有仁心仁闻，而民不被其泽。欲以已乱，而乱日滋；欲以捍寇，而寇内兴，必矣。

现今秋成，某耳之所实闻者，科役繁重，邵阳富民尽室以逃，目之所实见者。灌阳、清湘贫民流转，困于籴贵。举此二郡，他处可知也。将来之虑，必有不可胜言者矣。相公居上流重地，宗

---

① 原文为“表”，中华书局本《胡宏集》据陆抄本和清抄本改为“衷”。

社安危系焉。外寇强大，而根本如此，愿相公念之。某方在疚，心无他营，所以获进言者，居今之世，譬如乘敝舟，泛沧海，风涛汹涌，未知攸济。而相公操楫者也，苟有所见，岂敢隐情。

奔走区区，百事荒废，岂有以上裨谋议之末？然口诵古人之书，目睹今日之事，心维天下之理，深考拨乱致治之术，未有若得贤为耳目之要也。夫耳目者，心之所以流通也。若夫目形具而不能见，耳形具而不能闻，则亦奚用夫耳目之官哉！内虽有大公至正之心，孰与宣之？外虽有蒙蔽欺绐之事，孰与知之？是一身遂废，坐而待毙也。

相公奄有四路，提封广远，既不可州州县县而至，而州县之间，欺诞之风，习而未改。相公以一人之身，当数百千官吏之欺蔽，苟不明目达聪，窃以为未易治也。方今山林之士，岂无其人？相公推诚仗信，以友道咨之，必能有所裨益，广求其类而耳目通矣；耳目通则事情判矣；事情判则政可行矣。昔齐威王一烹阿大夫及其左右，而旌即墨大夫，齐国大治，称于天下。此无他，耳目聪明，而赏罚当。

以相公旧执化权，得天下之贤才众矣，今某辄复进言，多见其不知量也。然泰山不弃土壤，故能成其大；河海不却细流，故能成其深；王公不择众庶，故能成其德。是以周公握发吐哺，而诸葛武侯孜孜求启，告于下僚也。不然，何以成功一时，而垂光千载？相公其听之。

昔孔子作《春秋》，明纪法，以绳诸侯，重用兵，戒兴土木之役。使相公听孔子之言，不治兵乎？则无以捍寇敌；不兴土木之役乎？则无以保地利。将兴土木之役而治兵乎？是孔子之言无用，而以无道行之也。

夫事有缓急，势有轻重。知所先后，则近道矣。循道而行，则危可安，乱可治；悖道而行，则危遂倾，乱遂亡。故古人论兵，则以足民为要，而兵甲犀利非所先也。论治则以亲贤为急，而城池高深非所急也。矧夫壮丽宫室，欲以示威者乎？

相公所统四路，荆峡坐亡于解潜，鼎澧自残于昌禹，湘中罢敝于张掞，八桂败坏于许中。惟五羊寇所未至，差为完实耳。今秋旱干广远，疾疫盛兴，死亡流散者，不可胜数。正是安卑陋，甘粗粝，勤瘁救民之时。而闻诸道路，谓相公大治屋宇，市炭铁枪，杖牛羊之皮，追发丁匠，虽远亦及。某窃以为抑末也。本之未立，如之何？

自古战争，强弱成败之势，明著史册，可考而知矣。鲁公伯禽宅曲阜，当治定之时，而徐夷作乱，侵逼东郊，是寇之在门庭，侥幸万一者也。兵不亟用则寇滋，城不亟城则失险，而无以卫社稷矣。故伯禽虽在创巨痛深之中，出师誓众，征师与筑役同日并举。圣人定书，取以训后世，而莫之非也。相公承大乱之后，缉破亡之邦，事与此异，而势有未可者。一失民望而离其心，虽有甲兵，谁与用之？虽有城郭，谁与守之？虽有广室大厦，相公其得高枕而卧乎？某故愿先收群策，以易乱政之人。先易乱政之人，以附百姓之心。民心既附，然后用之，以守则固，以战则胜矣。岂复有怨愤叛亡之虑哉！

与明应仲书

天下之难平者，莫难平于时事；天下之难见者，莫难见于人情。自北人内侵，神州板荡，帝室阽危，至于南邦九年矣。圣主忧勤愿治，未见其效，谅必内自省曰："岂于时事有未当欤？岂于人情有未察欤？古人起匹夫，不五六年遂定天下。今乃若是其难乎？"是以奋大辱之积志，临遣信使，分行州郡，考时事，察人情，将断自宸衷，以大有为于天下。而阁下首膺此选，其任岂轻也哉！

伏想登车揽辔，慨然有愿佐圣主，澄清海内，垂功名于竹帛之志，精勤周尽，不为苟简文具之事。风声所至，州郡官吏矍然相聚，恐不为簿书期会之政也。某是以乐有献焉。

且阁下入湘中，事之明白易行者，可平矣；情之愤郁不通者，可平矣；而事有亏国体、伤民心者，则不可得而平也。频年盗贼遍天下，屠害所在以百计。呻吟者未绝，伤夷者未起，流亡滋甚，户口灭耗。虽赦令比下，所以告戒恤民者甚悉，徒文具而已，岂不亏国体、伤民心哉？今阁下虽欲正其亏伤，是重欺[①]吏民，增其不信，而非将命之本意也。必欲正之，盍反其本矣。

阁下入湘中，吏之清修有惠化者，可知矣；吏之奸赃无廉耻者，可知矣；而吏有欺者，不可得而知也。频年亦尝有御史出使矣，其所荐者不必赏，其所劾者不必罚。以为不足信，则曷若弗遣？以为不足从，则曷若弗问？遣矣，问矣，而卒无所惩劝，是不核实，是文具之事也。夫上之化下，疾于影响，欺诞之风，习以成俗，又何罪焉？今阁下虽欲察其欺诞，必大致烦苛，诖误吏民，而非将命之本意也。必欲正之，亦盍反其本矣。夫所谓本者，何也？正天子之心也。阁下职居言责，出观外政，傥不能察小以知大，观微以知著，原天下之本，必归诸天子之心而正之，窃恐是于此而非于彼，得于东而失于西，不可得而治也。

昔孟轲氏，圣人之徒，命世之英也。当天下分裂，用兵争战

① 中华书局版《胡宏集》依据清钞本改"欤"为"欺"。

之际，尝卑管仲合诸侯、匡天下之功，而必伊周自处矣。考其规诲时君之言，则未尝有奇谋伟略也。齐王曰："吾好色、好货、好勇"，而不非之，又有公刘、太王、文、武之事导之，不忍一牛之死，则以为仁术而可以王。又曰："我非尧舜之道，不敢陈于王前。"而天下后世皆以为真得尧、舜、文、武、仲尼之传者，岂非定天下之术，无以易此乎？不然，是直迂诞之论。其曰："以齐王而定天下，犹运之掌"，又足信耶？

阁下读古人之书，必希慕古人矣。归辅天子，使合乎尧、舜、文、武之心，则事之难平者，迎刃而解矣；情之难见者，迎目而分矣。其于定天下之乱，必谋谟于庙堂之间，而折冲于千里之外矣。无或如今之人，泛然毛举州郡之事，以塞责而已。某自荆襄避寇，漂流傍岭，守分安贫而无求，惟抱孤忠，愤国威之未振耳，故敢僭易。

与高抑崇书

宣和之末，先君至京师，诸俊秀谒祭酒杨公，公首以阁下为称。

迨阁下召自闲废，有成均之命，窃自计曰："太学者，明人伦之所在。今天下方无三纲，斯人其不来？"既而闻至，则受命。又自计曰："天下方无三纲，斯人之所以来乎！"及闻有退诗赋、进经义之请，又自计曰："此建明人纪之渐也。"此请既行，日月久矣，寂无所闻。及见请行幸太学之表，某心惕然，不意阁下有斯请，而有斯言也！

自中原失守，銮舆南渡，行幸之所虽无定计，然尚仇敌而不为之臣也。及今柄臣擅国，违天逆理，专事阿党，利惑君心，阻塞义理之路，而汲引庸佞，戕伐国本，以奉事仇敌，袭旧京败亡之道。

昔秦楚敌国，怀王不反，楚人怜之，如悲亲戚。盖忿秦之以强力奸诈其君，使不得其死，其痛胜于加之刃也。太上皇帝，我中原受命之主，劫制敌人，生往死归，此臣子痛心切骨，卧薪尝胆，宜思所以必振者也。而柄臣者乃敢欺天罔人，以大仇为大恩乎？昔宋公为楚所执，及楚子释之，孔子笔削《春秋》，乃曰："诸侯盟于薄，释宋公。"不许荆蛮之人制中国之命也。太母，天下之母，其纵释乃惟金人之命，此中华之所大辱，臣子所不忍言者也。而柄臣者乃敢欺天罔人，以大辱为大恩乎？

大宋基业封疆，皆太祖、太宗收用英俊，勤恤民隐，躬擐甲胄，与天下均其劳苦以得之。又累圣严恭寅畏，不敢荒宁而守之者也。今关、河重地，悉为敌封；园陵暴露，不得瞻拜；宗族拘隔不得相见；土地分裂，人民困苦，不得鸠集；冤恨之气，外薄四海，不得伸雪。而柄臣者方且施施然厚诬天下，自以为有大功乎！阁下受其知遇，何不恳恳为之言乎？言而或听，天下国家实幸也。

晋朝废太后，董养遊太学，升堂叹曰："天人之理既灭，大乱将作矣。"则远引而去。今阁下目睹忘仇灭理，北面向敌，以苟宴安之事，犹偃然为天下师儒之首，既不能建大论，明天人之理以正君心，乃阿谀柄臣，希合风旨，求举太平之典，又为之词云云。欺天罔人孰甚焉！是党其恶也。人皆谓阁下平生志行扫地尽矣。数十年积之，而一朝毁之乎？

《春秋》之义，诛国贼者，必先诛其党。历观往古，人君以无道行者，犹不能终，况人臣而敢肆然以无道行之乎！一旦明天子监乱亡之祸，赫然震怒，以咎任事者，呜呼危哉，岂不与董养异哉！阁下不及今翻然改图，必与之俱矣。

某素以阁下为一世人物，心所期望，义不得默，惟留意以无负名贤知许。

与曾①吉甫书三首

方今圣学衰微，士风卑陋，可与共为仁者极少。自非得真积力久、名世大贤作而振之，则人道何由而立？然遊河南之门，得其指归者，零落殆尽，今之存者，虽未获亲炙，叩其所安，然言论风旨，传闻于人者，亦似规矩宽纵，不加严谨审。如是，则后学将安所止也？只如王学士说佛氏："实见道体，差了途辙。故不可与入尧舜之道。"大意虽是，而言语则有病矣。何以言之？某窃观子夏所谓君子之道，孰先传焉，孰后倦焉，譬诸草木，区以别矣。又伊川曰："冲漠无朕，万象森然已具，未应不是先，已应不是后，如百尺之木，自根本至枝叶，只是一贯，不可谓上面一节。事无形无影，却待人去安排，教入途辙也。"既云途辙，则只是一个途辙，若佛氏贯见道体，则途辙何缘有差？故伊川谓佛氏略见道体。今王氏乃改"略"为"实"，既以为"实见"，又言"差了途辙"，岂不迷乱学者哉？

伏读来教，谓佛氏所以差了途辙者，盖由见处偏而不该耳。见处偏，践履处皆偏。大抵入道，自有圣人所指大路，吾辈但当笃信力行，其它异同，一笔勾断。窃仰所见分明、亲切，足为后学津梁，正先人平日期望之意也。然吾丈又一书，既言"自可欲之善，至于圣神若大路"，然何疑？何殆？却又言："至于未发时一段，须力行以造极，自然明见。"窃疑前后似相抵牾，不知精意何如，伏幸垂教。

① 原文为"僧"，显然错误，今改正为"曾"。

杨先生《中庸解》谓："中也者，寂然不动之时也。"按子思说：喜怒哀乐未发谓之中。则是杨先生指未发时为寂然不动也。顷侍坐时尝及此，谓"喜怒哀乐未发"，恐说"寂然不动"未得。吾文曰："杨先生如此解，某悚然愧惧。"

窃谓于先觉所言，但当信受奉行，遂不复启齿。今来教举尹先生之说亦如是，某反复究观，茫然莫知所谓。"心性"二字，乃道义渊源，当明辨不失毫厘，然后有所持循矣。窃谓未发只可言性，已发乃可言心。故伊川曰："中者，所以状性之体段"，而不言"状心之体段也"。心之体段，则圣人无思也，无为也，寂然不动，感而遂通天下之故是也。未发之时，圣人与众生同一性，已发则无思无为，寂然不动，感而遂通天下之故，圣人之所独。夫圣人尽性，故感物而静，无有远近、幽深，遂知来物。众生不能尽性，故感物而动，然后朋从尔思，而不得其正矣。若二先生以未发为寂然不动，是圣人感物亦动，与众人何异？尹先生乃以未发为真心，然则圣人立天下之大业，成绝世之至行，举非真心耶？

某虽粗承过庭之训，而未尝广交天下之英，寡陋为甚。矧今孤露，苟不肆言，激精微之论，以祛蒙除蔽，则将终身如是而已矣。故此言非敢直抵二先生，所以求教也。

二先生，万夫之望，百世师表！所言但当信从，不可妄疑其失。然审问明辨，《中庸》之训也。有所未明，不敢但已。承举先君子之言为诲，怆然内伤，如见颜色。

惟先君子所谓"不起不灭"者，正以静亦存、动亦存而言也，与《易》"无思无为"、"寂然不动，感而遂通天下之故"，大意相符。非若二先生指"喜怒哀乐未发"为"寂然不动"也。

某愚谓：方“喜怒哀乐未发”，冲漠无朕，同此大本，虽庸与圣无以异也。而“无思无为”、“寂然不动”乃是指《易》而言，《易》则发矣。故“无思无为”、“寂然不动”，圣人之所独，而非庸人所及也。惟“无思无为”、“寂然不动”，故“感而遂通天下之故”，更不用拟议也。“喜怒哀乐未发”句下，还下得“感而遂通天下之故”一句否？若下不得，即知其立意自不同，不可合为一说矣。恐伊川指性、指心，盖有深意，非苟然也。“心”、“性”固是名，然名者，实之表著也。义各不同，故名亦异，难直混为一事也。尹先生指“喜怒哀乐未发”为“真心”，既以“未发”，恐难指为“心”。

（人）〔又〕读前教，盖尹先生所论“已发”、“未发”，却偏指“未发”为“真心”，故某疑其不然。今蒙坐诲，若见“真心”，则“已发”、“未发”皆真，自是释然无疑矣。来书又云“政使不见自真”，窃所未晓，惟不以烦渎为罪。

与刘信叔书五首

天家暂寓江南，自东海至西蜀，延袤几万里，而太尉控制之地，辟如人身，适当腰膂。腰膂强，则手足举，而元首兴矣。

昔自晋及南朝，荆州财赋、甲兵当江左之半，真天下重任也。由丁未岁以来，屡遭屠破，赤地千里。逮乙卯岁，群盗尽帖之后，州县建置，二十有五年矣。今犹极目蒿莱，开垦不及十之二三者，由前此执国命者以为茧丝，不以为保障也。是以民户输纳之数少，而上供之数多，举此一端不遣，民何由来集，而望蕃庶耶？

太尉，国家谋士信臣也，宜以其实为上言之，若得徭役遂希，赋敛遂薄，劳来安集，数年之后，便可富庶，而士马精强，以之守御、攻伐无不如志矣。所以敢言之者，为太尉天下人望，而某尝蒙眷顾之重故也。

伏闻载岁天宠，增俸放[①]田，上思旧勋，致此恩数，深原其旨，可为太尉贺，又可为天下忠臣义士贺也。上晦养海滨二十余年，必有汉祖欲东之意，将行周宣六月之事，所以慨然发中，旌礼勋贤，为起用之渐。太尉平日发舒有期矣，天下忠臣义士，行有风云之会，岂不可贺？虽有尊主庇民之心，然战战兢兢者，曾参所以全其身；栗栗危惧者，成汤所以大其业。推此心也，发而为思，愚望太尉以圣贤此心为宝，宝而持之，一旦当事，任则贤才可进，人心可收，中原可定，边人可服，而君父之仇可报可雪矣。

治道以恤民为本，而恤民有道，必先锄奸恶，然后善良得安其业；而锄奸恶之道，则以得人为本也。荀卿有言："弓良，然后求劲焉；马服，然后求良焉；士必悫，而后求智能。"若忠诚不足，虽有材用，譬诸豺狼，不可迩。新幕属向沈，其父忠毅公临难死节，闻于天下。渠未尝忘夺大辱之积志也，然耻忘攀附奇蹇，至今忠信诚悫，遇事不苟。若蒙知察，不以常人遇之，渠必欣然愿居幕府，决能有补于高明，庶几可以比方董幼宰、徐元直乎？不然，未必不逡巡不就矣。太尉开某使言，故敢僭越。

岳庙百五十年间，天降之灾者再矣。某窃尝探讨天道与人事本于一理，在天为皇天上帝，在人为大君，岂有二哉？大君有二，

① 清钞本将"放"作"颁"。

则人事乱矣。五岳视三公，此三代之制，不可改也。五岳与皇天上帝并为帝，则天道乱矣。又况岳神者，总集一方之诚，通天通地，变化莫测，今乃为之象貌，为之立配，为之置男女，屋而贮之，亵渎神明，不亦甚乎！礼官能乘天灾，遂建此议以复古制，则大善矣。不然，劳民费财，岂易得成？既已请于朝，能少俟之，奉命从事，庶几无失也。太尉高明，何资愚者之见，以蒙谦下之命，不敢不献其衷。

荆湘之间，有主户不知爱养客户，客户力微，无所赴诉者。往年鄂守庄公绰言于朝，请买卖土田不得载客户于契书，听其自便。朝廷颁行其说，湘人群起而窃议，莫不咎庄公之请。争客户之讼，有至十年不决者。某因躬耕之际，稽诸天道，察诸人情，则贵贱之相待，高下之相承，盖理之自然也。蜂屯蚁聚，亦有君臣之义，况人为万物之灵乎？是以自都甸至于州，自州至于县，自县至于都保，自都保至于主户，自主户至于客户，递相听从，以供王事，不可一日废也。则岂可听客户自便，使主户不得系属之哉？夫客户依主户以生，当供其役使，从其约束者也。而客户或禀性狼悖，不知上下之分。或习学末作，不力耕桑之业，或肆饮博而盗窃，而不听检束。或无妻之户，诱人妻女而逃。或丁口蕃多，衣食有余，稍能买田宅三五亩，出立户名，便欲脱离主户而去。凡此五者，主户讼于官，当为之痛治，不可听其从便也。而不可不听客户之从便，则有一焉。

夫贵以贱为本，高以下为基者也。是以虽天子之贵，而保民如保赤子，况主户之于客户皆齐民乎？故主户之于客户，当为之安立生业，劝其耕耨，平其收敛，哀其忧而贺其喜，使之生足乐而死无憾，则世世服役，虽逐之不去矣。若主户者不知保爱客户，呼之以奴狗，用之以牛羊，致其父母妻子，盼盼相视，栲然丧其乐生之心，忘其怀土重迁之真性，惟恐去之不速者，则主户之罪也。夫如是者，官当戒斥主户，不受其诉，使知反身思善，各务保爱客户，一切细民均被天子之泽，咸乐其生矣。其有补于政教，岂不大哉？

如愚言或可采，当官者能合议，画为条目，行下一路，以称明天子倚仗仁贤、教养斯民之意，不胜幸甚！

与原仲兄书二首

顷观来书，颇推信释氏，此误之大者，某[①]辄有献焉。

河南先生，举世皆以为得圣人之道者，其[②]言曰："道外无物，物外无道。"是天地之间，无适而非道也。兄不事科举，杜门读书，有晨昏之奉，室家之好，嗣续之托，交朋友，使奴隶，夏葛冬裘，渴饮饥食。必如是行之，而后慊于心。此释氏所谓幻妄粗迹，不足为者，曾不知此心本于天性，不可磨灭，妙道精义，具在于是。圣人则寂然不动感而遂通，而百姓则日用而不知耳。盖不可以有适莫也。

今释氏不知穷理尽性，乃以天地人生为幻化。此心本于天性，不可磨灭者，则以为妄想粗迹绝而不为，别谈精妙者谓之道，则未知其所指之心，将何以为心？所见之性，将何以为性？言虽穷高极微，而行不即乎人心，兄以为最亲切，得无未之思乎？

昔孔子下学而上达，及传心要，呼曾子曰："吾道一以贯之。"曷尝如释氏离物而谈道哉？曾子传子思，亦曰"可离非道

① 原文为"其"，今据陆钞本改作"某"。

② 原文为"某"，今据文意改为"其"。

也”。见此，则心迹不判，天人不二，万物皆备于我，反身而诚，天地之间，何物非我？何我非物？仁之为体要，义之为权衡，万物各得其所，而功与天地参焉。此道之所以为至也。释氏狭隘偏小，无所措其身，必以出家出身为事，绝灭天伦，屏弃人理，然后以为道，亦大有适莫矣，非邪说暴行之大者乎？

方今圣学衰微，自非真积力久之儒辞而辟之，则天下之祸未易息矣。昨寄《答曾漕书》去，兄以书来曰："叔以主张名教为心，其论甚正。"名教，释教，岂有心于分别？惟其是而已矣。释教是也，名教非也，而欲主张名教，则私心矣。言岂能正乎？名教是也，释教非也，则言必名教矣。岂有心于主张耶？其有心于主张者，贰以私心也。言贰岂能正乎？大人所言，盖任理而言，以辟邪说，非苟以主张名教为心而已也。

兄力学有年，行义信于乡党，后进之所矜式，愿益弘圣人之正道，勿过听释氏之邪说，时赐警诲，某之愿也。

昨蒙报教，反覆十读，谨思自得之至言，博求之大论，以为学道之规程，知言之蹊辙，不敢忘也。至于致疑圣人，以为未尽；推信释氏，以为要妙。则愚意之所未安。

释氏与圣人，大本不同，故末亦异。何以言之？五典，天所命也；五常，天所性也。天下万物皆有则，吾儒步步着实，所以允蹈性命，不敢违越也。是以仲尼从心而以不逾矩为至，故退可以立命安身，进可以开物成务。圣人退藏于密，而吉凶与民同患，寂然不动感而遂通天下之故，体用合一，未尝偏也。不如是，则万物不备。万物不备，谓反身而诚，某不信也。释氏毁性命，灭典则，故以事为障，以理为障，而又谈心地法门，何哉？纵使身心休歇，一念不生，以至成佛，乃区区自私其身，不能物我兼忘，与天下大同也。以其不识本宗，故言虽精微，行则颠沛，其去仁远矣！正是小智自私之流，谓之大觉，可乎？若大本既明，知言如孟子，权度在我，则虽引用其言，变腐坏为神奇，可矣。若犹未也，而推信其说，则险、诐、淫、荡、奇、邪、流、遁之词，善迷人之意，使之醉生梦死，不自知觉。故伊川谓学者于释氏，"直须如淫声、美色以远之"，非苟言也。

兄在家有孝弟之行，居乡有信善之实，行之于身而安，施之于父母、妻子而顺，于性命之理得矣，奈何又弗察而推信之耶？不知释教有圣人所未尝言者何道？言而未尽者何事？乞一一见教。

至如《文中子》谓："佛为西方圣人，施之中国则泥。"夫圣人与天地合德，其生则有方所，其道岂有方所，而施之中国则泥哉？且其教，天竺国人自不可皆从之，其泥而不可行，施于四夷、八蛮皆然，何独中国？使天伦可已，秉彝可灭，则有行而不泥之方矣。然乌有是哉？

肆笔纵言，尚幸垂诲。

与陈应之书

顷蒙颁惠先集，伏读再三。见谏议虽去言路，犹知无不言，言无不尽，剔抉奸邪，披其根而破其胆，坐是流离，至死不悔，大名扬于天下，昭若日月。执事遵守洪业，故得简在。上心复寮宥密，虽不当言责，然后为国家深思远虑，固当异于人也。

某窃谓今日之事，名与实反，言与事乖，忘仇而曰爱民，降敌而曰和戎，方衰而曰中兴。执此以为国是，坚不可破，有动摇者，窜逐随之。忠臣义士，虽欲建言，亦何恃而敢？夫壅塞言路，行于治安之时尚且不可，况今日危急存亡之秋乎？

某之愚计以为，上春秋已逾鼎盛之时，自汴都横溃，皇宗北徙，枝叶未茂，维城之助，有识为忧，而储副未建，何以系天下之望？若群臣密谋，以此义达于左右前后，有思虑其力可以回天者，使明知利害者多，然后言上，东宫倘得早建乎！于是广搜天下之英俊，使与居处出入，庶乎有变通之道，于将来可以弭祸乱而救危亡也。则谏议忠于国家之志，益昭明光大矣。

某少壮之时，自知禀赋蹇薄，颓心荣进，又更历艰难，念益灰冷，惟忠与孝出于天性，鉴观前代，揆今日之事，愚实寒心，中夜抚膺，慨然兴叹，敢以愚虑告于知己，真如河滨之人将负土以塞孟津者，力虽不逮，是心岂可忘也！

与樊茂实书

丙午岁暌异至戊子，才一通问，以迄于今。仰惟进德，不可量也。

伊洛老师为人心，切标题，“天理人欲”一句，使人知所以保身、保家、保国、保天下之道。而后之[1]学者多寻空言，不究实用，平居高谈性命之际，亹亹可听，临事茫然，不知性命之所在者，多矣。察院学该本末，必无偏而不起之处，以为今日之事何如也？天理存乎？不存乎？人欲肆乎？不肆乎？天理绝而人欲消者，三代之兴王是也；假天理以济人欲者，五霸是也；以人欲行而暗与天理合者，自两汉以至于五代之兴王盛主是也。存一分之天理而居平世者，必不亡；行十分之人欲而当乱世者，必不存。其昭然如日月，断然如符契。大纲隳坏，人欲滔天，未有如斯时者也。察院将何以救之？

呜呼！世道穷矣，而国储君副未定，若能积其诚意，孚于上

① 原文为“知”，盖抄录时口诵致误，今改正为“之”。

下，大论朝发，东宫夕建，辅之以智虑、谋略之士，庶[1]有变通于将来乎！

某年余半百，多病已衰，不足为世用矣，所以区区进言者，蝼蚁天性，疾痛切身，不得已也。有言责者，不得其言则去，此守官者之常式耳。君子以康济为心，言不苟发，期于必中；事不苟言，期于有成。可以革蛊成新，则为之；可以表正天下，则为之。一身之去就，轻如鸿毛，不足计。

公其勉旃，以慰朋从之望。

与汪圣锡书

人传除目，知公渐登华近，可以行志，喜而不寐。

大丈夫得路，固将辅是君，而济斯民也。若随行逐列，汩没尘中，不知大虑，则与常人何异哉！为天下者，譬诸为大厦，大厦将倾，必迁地易乡，筑正柱石，更抡栋梁，然后可也。而主人谦退未遑，祇欲修一榱，易一桷而已，是果有益于大厦之倾乎？践履动摇，其倾必速。都司谓今日之事势何如也？《易》"穷则变，变则通"，"通"，然后可久。若能密赞于万化之原，使国有储而君有副，辅之以端人正士，庶几有变通于将来，不然，则天下孰敢有夏少康之望哉？由今之道，守今之术，以东南无根本藩垣之故，而欲与金人持守中原，是诚可为寒心。

某年龄虽未，齿发已衰，迩来疾病益侵，待尽而已。所愿如都司辈人，舍头目脑髓，为天下布施也。虽然，舍之易，舍之而有益为难。故圣人在睽乖未合之时，有见恶人之弘大，有遇主于巷之忠诚，不直情径行求必济，不阿谀苟合而但已。都司以为何如？

---

① 中华书局版《胡宏集》据陆抄本于"庶"后加"几"字。

与沈元简书

窃惟古圣人之言，无不入时事者。孟子亚圣，故其言与圣人相似。其言曰："圣人之于天道，命也。有性焉，君子不谓命也。"今日宋室衰亡，金人强盛，天子卑微，邦昌尊显。以人事言之，倒行逆施，不可之甚者也。然"无平不陂，无往不复"，天道如此，一盛一衰，运行不已以成命。惟圣人参和天地，以沦于时。命之一偏，而失天性之大体，必自理于衰微之内，以须兴盛之复，如夏少康，坚忍自立于寒蹙之时，而不委诸命是也。是故卉木之凋落，所以滋根也；龙蛇之蟠蛰，将以王神也。根滋然后发生有望，神王然后变化莫测。今也花叶虽落，而根不滋；牙角虽蛰，而神不王。委于命而不理其性，察院将何以救之？

某窃谓治乱兴废，循环无端。本无定体，顾在忠臣义士变化如何耳。今日事之大且急，有如国储者乎？孰能奋不顾身，建此大议乎？昔司马文正居官下位，犹敢发于平时，况今日耶？事君有定，辅以端正、深思远识之士，庶几有变通于将来。不然，天下之事，诚可寒心也已。

古人立朝，扶颠持危，发言动听者，其言不枉[①]，其事不苟，至诚乎于上下，奠而后发，发而必中。察院积学醇深，何用愚者进言？然千虑一得，想贤者亦愿闻也。

与向伯元书

穷居杜门，躬理耕植。时读经史，以求寡过。所恨离索，无

① 原为"狂"，中华书局版《胡宏集》据清抄本改为"枉"。

讲论之益耳。知代者未来，利害可以兴除者，计仁者犹不倦也。

经界，真良法也。其初依大禹九等之法，乃为尽善。主议者坚执三等，以为简易，事既行矣，今再有旨，令去害民者。

若于今所定三等中分为九等，虽有一时之烦劳，既定则为久远之利，惠及一路，其德岂小哉！又不知令逐县均税乎？逐乡均税乎？欲逐县均，须是深思博访，晓然见逐乡民户纳税远近、难易，然后一县之税可均也。若逐乡均，则一县之税，诸乡不同等，须于砧基簿总田上中下处，各书其税数可也。上田一亩，税若干升合，中下亦如之。若不如此书，则民户不知分合承税数，税数出于乡司轻重之手，而民受其弊矣。

与丁提刑书

论为学者，贵于穷万物之义；论为治者，贵于识百职之体。孔子曰："学之不讲，是吾忧也。"夫圣人何忧？学者，所以学为治也。讲之熟，则义理明；义理明，则心志定；心志定，则当其职而行其事，无不中节，可以济人利物矣。反是，则其害岂可胜言？圣人心在天下，岂得不以为忧？

明公持节登车，来临泽国，有澄清之志，有爱民之诚。惜乎讲之不素，未得宪台之体也。宪台者，法令之所在也，纲纪之所凭也。行法令，振纲纪，莫大于举才能，刺奸宄，使盗贼屏息不敢作，刑狱清明得其情而已。今明公不然，大揽七郡、一监、三州、六县之词讼，而毕听之，窃恐失其职也。古人有言曰："庖人虽不治庖，尸祝不越尊俎而代之。"明公愤郡守县令之不治，哀在下细民之冤苦失职，慨欲使之各得其所者，何不审察守令之行事，博采于舆言，治有善最者，举而扬之，则莫敢不劝矣。

与黄继道书

侍郎以明哲之资，抱经济之学，不知以今之世，为何等世也？务引责难，天下望焉。某虽未获承教，然寄示《语解》之德，不可忘，故不敢不尽其忠。

孔子曰："成事不说，遂事不谏，既往不咎。"虽"成事不说"，"遂事不谏"，然事既未往而犹在也，可但已乎？朝中熙洽安居，无一兴作，而远方自困敝极矣。上下相蒙，不知其终，此愚者在闲旷，犹寝食不能以自安者，况参法从当论思献纳之任者乎！

愿进忠嘉，以慰天下之望。

与折允升书

辱书，不意令祖母倾逝。

《礼》曰："父在，为母齐衰服。"在齐衰中，不敢见其父者，不敢以丧礼见也。父为至尊，至尊在，则不得伸其私。尊于嫡母如此，于妾母则又不得如此矣。

与张敬夫

愚无知，而贤者过听，以为似有所闻，可与论学，下问以为仁之方。世衰道微，及此者鲜，过望幸甚！第某孤陋，不足以发贤者之深思也，然蒙谦下之诚，不敢虚辱，请试道愚见私意，害仁贤者之言是也。

如令尹子文之忠，似不可谓之私意，而孔子不以仁许之；如陈文子之清，亦似不可谓之私意，而孔子亦不以仁许之。仁之道大，须见大体，然后可以察己之偏，而习于正。乍见孺子入井之时，孟子举一隅耳，若内交，若要誉，若恶其声，此浅陋之私，甚易见也。若子文之忠，文子之清，而不得为仁，则难识也。敬夫试思之，此言或有理。幸深思之，则天地之纯全，古人之大体，庶几可见乎！

又寻常士子讲学，举疑义欲相滋益，其不复嗣音者多矣。向以子文、文子不得为仁之义闻于左右，左右久而不忘，复以见教，此所以加于人一等也。来教曰："仁岂易言哉！须会于言意之表，而的然有见焉，可也。"此言诚是也。某反复来教，以左右未能进于此者。然则欲进于此，奈何左右试以身处子文、文子之地，按其事而绳以仲尼之道，则二子之未知者，庶几可见，而仁之义可默识矣。孤陋据所到而言，未必是也，惟留意裁察，幸甚！

又示谕子文、文子之说，善矣。然犹是缘文生义，非有见于言意之表者也。子思曰："思事亲，不可以不知人；思知人，不可以不知天。"仁也者，人之所以为天也。须明得天理尽，然后克己以终之。以圣门实不与异端空言比也。空言易晓，实际难到。所以颜回、仲弓亚圣资质，必请事斯语，不敢以言下悟便为了也。敬夫高明谦下，愚见及此，不敢不告。然亦未必便是极致也。有以见教，却望毋惜。

又，学圣人之道，得其体必得其用。有体而无用，与异端何辨？井田、封建、学校、军制，皆圣人竭心思致用之大者也。秦汉而下，兴者虽是英雄，亦岂能胜于圣人哉！改制立法，出其私意，一世不如一世，至于近世，坏乱极矣。欲复古者，最是田制，难得便合法，且井之可也。封建，择可封者封之，错杂于郡县之间，民自不骇也。古学校之法，今扫地矣。复古法与今法相增减亦可也。军制，今保伍之法犹在，就其由增修，循使之合古，行之二十年，长征兵自减，而农兵日盛。但患人不识圣人因天理、合人情、均平精确、广大悠久之政，不肯行耳。图尽是死法，无用也。心之精微，笔舌岂能既哉？其法具在方册，只是散乱不成条理，精考精思，便自可见。

又，时蒙不弃，访以大道，殊激颓衷。夫理不穷，则物情不尽；物情不尽，则释义不精；义不精，则用不妙；用不妙，则不能所居而安；居不安，则不能乐天;不能乐天，则不能成其身矣。故学必以穷极物理为先也，然非亲之，则不能知味。惟不知味也，故终有疑，必待人印证也。左右既进乎实弟，必敬以持之，高明博厚，日进无疆，圣门有人，幸甚！幸甚！

又，不意尊夫人倾背，伏惟孺慕号绝，何以堪居！然先王制礼，归于一者也。所以消息以道，毋过摧伤，勉襄大事。古之人进德修业，正在难处之间，要不失至理而已。

又迭蒙相公亲翰之赐，又蒙特遣名医为之切脉察病，而叔父处又传致钧念之厚，下情感戴，不可言陈。窃伏自念，所以得此者，岂不以其粗能安贫守道，或不玷其先人故乎！大君子顾盼浚进，成人之美，幸甚！幸甚！

愚望相公推此心，广收天下真才实能忠信之士，使无遗弃，以俟明天子赫然震怒，欲匡天下，图仕旧勋，则拔茅连茹，使各尽其器用，临时无乏，使之嗟而中原可复矣。此固相公之素有，区区之意，自不能已耳，不敢专札尘渎告代次，致此愚诚。

又，比得款论，窃识左右胸中正矣，大矣。大体既是，正好用功，近察诸身，远察诸物，穷竟万理，一以贯之，直造寂然不动之地，然后吉凶与民同患，为天之所为矣。此圣门事业也，敬夫勉之哉！则又有进于左右者，尧授舜，舜授禹曰："人心惟危，道心惟微。""微"，言微妙也；"危"，言无常也。故孔圣自十五志于学，积十五年工夫，然后敢以自许。自是而后，每积十年工夫而一进，未至从心所欲不逾，方才纯是道，心与天无二。故《中庸》称孔子之德，终以天地之所以为大结之，更不称仲尼也。

今之学者少有所得，则欣然以天地之美为尽在己，自以为至足矣。就世俗而言，亦可谓之君子，论于圣人之门，乃是自暴自弃耳。左右方妙年，所见大体已是，知至矣，当至之；知终矣，当终之。则曾颜地位，何[1]患不到？敬夫戒之哉！乾乾不舍，工夫深后，自然已不得也。今且当以速成为戒耳。

某病渴已十余年，又见中外兄弟皆不寿，心常不自保。道学不明，卒至禽兽，逼人甚矣，未有能振起者。敬夫资禀颖异，故乐以告，不自知其愚也。有不中理，却幸指摘，当益思其所未至。

又，辱示《希颜录》，足见稽考之勤，辄忘固陋，肆笔写其[2]所闻，未必皆当也。敬夫所得，却以见告，至望！

先贤之言，去取大是难事，如《程子语录》去取[3]："颜子，合下完具，只是小，要渐渐充扩之。"[4]此乃常人，非颜子也。既是小，则如何谓之完具？若论秉彝，则人人完具也，何独颜子？颜子所以资禀过人者，正以其大，便有一个合德于天地气象也。此段正先生所谓"一两字错，便转了，只知得他意"。此类是矣。又如《正蒙》云："颜氏之进，则欲一朝而至焉，可谓好学也已。"似如此迫切，亦说颜子未着也。《文中子》之言，诞漫不亲

① 原脱"何"，中华书局版《胡宏集》据清钞本添加。

② 原文为"真"，中华书局版《胡宏集》据清钞本、陆钞本改为"其"。

③ 原无"取"，盖已脱失，今据文意添加。

④ 《二程遗书》卷三"颜子合下完具，只是小，要渐渐恢廓。孟子合下大，只是未粹，索学以充之"。胡宏盖用当时另一流传程氏抄本，所以文字有差异。

切，扬子云浅陋不精通，《庄子》“坐忘”费力，“心斋[1]”支离；《家语》如“不容，然后见君子”，恐亦未免于陋也。敬夫猛勇精进，诸人有未到处，他日当自见，以下喻谦勤，故不敢不摘其一二也。

又，《庄子》之书，世人狭隘执泥者，取其大略，亦不为无益。若笃信君子，句句而求，字字而论，则其中无真实妙义，不可依而行也。其说夫子奔轶绝尘事，类如此矣。如关西夫子说颜子之叹，于颜子分上虽未精当，然正学者之所当有事也，与“欲一朝而至”迫切之语，盖不同矣。龟山“如”字之解，左右之论是也，某之意，《希颜录》[2]如《易》、《论语》、《中庸》之说，不可瑕疵，亦须真实见得，不可瑕疵，然后可也。其它诸说，亦须玩味，于未精当中求精当。此事是终身事，天地日月长久，断之以勇猛精进，持之以渐积薰陶，升高自下，陟遐自迩，故能有常而日新，日新而有常，从容规矩，可以赞化育，参天地而不过也。

与彪德美

辱示以所见，甚慰。此事真要端的有着落，空言泛泛，何益于吾身？上蔡先生“仁”、“敬”二字，乃无透漏之法门，惟益勉旃，以副所望。

又，“形而上者谓之道，形而下者谓之器”。不知公如何分，须是指摘分明说出，难为模糊说也。看《通鉴》有得，毋惜以一二精义见教，吾徒幸不蔽固于俗学，圣贤事业幸有一线路，可以

---

① 四库版《五峰集》原文为“齐”，本“斋”字之误，今予改正。

② 原文为“希颜子”，中华书局版《胡宏集》据清钞本改“子”为“录”，使“希颜子”成为“《希颜录》”。

究竟，惟不志于功利，死而后已者，可与共进此道耳。吾友勉之！

又，“形而上者谓之道，形而下者谓之器”，更曾细观《语录》，入思虑否？“阴阳，亦形而下者”，此语如何？理趣须是自通贯，随人言语是不可也。某见侯[1]先生说此句，信以为是，更不致思。前日顿省，犹未是也。经可易读乎？如尹先生语解，亦未可轻易，使高明之人，有蚍蜉撼大树之笑也，如何？

某年齿往矣，虽摧颓而志方欲振耀，所望直谅之友，左提右挈，庶几不丧素志乎！勉之，勉之！交相警戒，可也。

又，“寂然不动，感而遂通天下之故”与“未发”、“已发”不同，体用一源，不于“已发”、“未发”而分也，宜深思之。

又，所见果分明，不必虚为谦让，若未分明，正要提起熟讲，然后可望上达。天命至微，自非亚圣、大贤，孰敢便为已贯通？惟是念念不忘，庶几日日有功，不至坠堕也。

又，左右书词有得有失焉。志近思得也迫切，则苦而不可久；悔过而不能释去，则局束而不可大。欲速如圣贤，以未见近功[2]而自谓，恐终身[3]不能至。则大非所望也。孔子曰：“无欲速，无见小利。”不特为政，学亦如是也。孟子曰：“心勿忘，勿助长。”此养心之要道。今欲进学而不终，其去仁也远矣。吾友勉乎哉！

又，学问之道，但患自足自止耳。若勉进不已，则古人事业决可继也。史书自威烈王三十三年而下，其年纪、世次、兴亡，大致尝略考之矣，自是而上，及鸿荒之世，所可知者，则未尝深

---

① 原为“候”，据史实改为“侯”。

② 四库原文为“切”，今据清钞本、陆钞本改为“功”。

③ 四库本“终”之后无“身”字，今据陆钞本加入。

考之也。今博取群书，取其中于理、不至诬罔圣人者，用编年为纪，如《通鉴》然，名之曰《皇王大纪》。考据三代虽未精当，然亦粗有条理，可辨王伯，不至纷纷驳杂，如前史所记也。

又，黄、沈有《论语说》，某因其说，亦有数段学问，不可不讲，讲看便见病败也。前辈凋零殆尽，续之使不绝，正在后辈。吾徒其可以此事若存若亡乎？直须如粥饭，不可少一顿，可也。又况欲张而大之乎？呜呼！执书册，则言之；临事物，则弃之。如是者，终归于流俗而已矣。切不可不戒也。

又，社祭礼秩视三公，不知有何经可以为证？伐鼓于社，以助阳也，非责社也。变置者，更新坛位，尽敬焉耳，非责罚也。更试思之，有可见告者，无吝反复。明道所谓“不有益于此，必有益于彼”，不可寝默但已也。又闻有相从欲学文者，须依东坡之法，令熟读《左氏》、两汉、韩、柳之文，则他日所成就，必大有可观者。因是虎变，亦未可知也。若苟且近功，譬如万户棋子争胜负，能提先手超迈等伦乎？

又，天帝精义，须自有说，但恐思之未至耳。不可便以《孝经》之言为不是，须反复思索，可也。帝喾郊稷，却似无可疑者。太王为狄所攻，屈己事之，岂得已哉！可谓之乐天乎？

又，郊祀之礼，建正之义，考之颇详，然恨未精也。如蜡祭，既谓合聚万物而索享之，则何可谓以八神为主？社主报啬，其祭在春，首见于何经？地固配天，谓当立北郊方丘，与天分庭抗礼，恐于义理不然，更思以见教。三王建正不易月，《通鉴》纪秦、汉已遵用矣。《大纪》中固已纪实，更精者《通鉴》可也。

又，“思曰睿，睿作圣民”。岂可放下？若放下时，却是无所事矣。无所事，则妄人矣。若太劳，则不可，诚如教语也。

又，老人、病人、衰人，有死之道，然以目前观之，死者亦未必便是老人、病人、衰人，盖修短有数，一定而不可变，虽圣人与造化同于修短，亦听之，未尝别致力也。此所以为圣人欤？在众人则不奈何著死耳。凡事皆然，不特死生也。饮水、曲肱，安静中乐，未是真实乐，须是存亡危急之际，其乐亦如安静中，乃是真乐也。此事岂易到？古人所以惟日孜孜，死而后已也。读书一切事，须是有见处方可，不然，汩没终身，永无超越之期矣。众人汩没，不自知觉，可怜！可怜！

又下谕：卫所以为变风之首者，伊川云："以卫首坏王制，并邶、墉之国，故也。"尝考卫顷公之薨，在夷王末年。夷王之世，方下堂而见诸侯，未见诸侯有相吞并者。伊川云"卫首并邶、墉"，据《诗》而言，可信也。故各系其国以见卫之罪也。《文中子》为[①]小雅为周之盛者，言其初也。季子以为周之衰者，言其末也。"其从如云、如雨、如水"，恐先公之说得其要也。何以言之？盖民从君者也。君从之，然后臣民从之。圣人之法，常在于端本清源，岂可舍本源而就末流乎？

又《关雎》序云："不淫其色。"故伊川言："淫其色，非后妃之事。求淑女，诗人之意也。"此虽先生之说，然录者亦多误，未可全信也。先生之说何以未可信？为《关雎》之诗，言后妃之德故也。若是诗人之意，即非后妃之德矣。后妃之德，以不妒忌为至，故乐得淑女，以配君子。忧在进贤，不淫其色，进其贤而已。非以貌，不使君子淫其色也。在后妃分上，大有意味。使后妃有是德，则人君不修内行等事，一切消磨扫除尽，虽欲发，而不可得。此《易》之所谓"女贞"者也。深考此说，则伯氏之非苟发矣。

---

① 中华书局版《胡宏集》疑此"为"字或当作"以"字。

又《大纪》工夫不敢辍首，盘古不可移也。事则信以传信，疑以传疑。理则可存者存，可削者削，近于三皇之世，载些语言，甚有意思。俟回[①]见求益也。来书末后所赞鄙言，因事愤发，既以自警，又以奉告。若不于此省悟着工夫，真可惜逡巡枉过一生也。临死而后悔之，则无及矣。德美当有见处，不可为事物所驱役，不知觉也。大抵情所重处，便被驱役，自以为是，而不知区区于一物之中。可惜哉！人本与天地同德，乃自弃于一物，可惜哉！某为此言者，非谓德美为事物驱役也，大概相警发耳。其为事物所驱役，不为事物所驱役，惟德美自知之，某不得而与也。勉之！勉之！

又，井田、封建，施仁恩之大纲也。商鞅、王莽事甚明白，在所不论。董子限田之策，欲渐近古，而唐时府兵之制，亦师古者也。更能将历代田税制度精考，幸甚！

周之宗庙只在镐，却于经无可据之文，而在洛，却有可据之事。当时周公营洛邑，郊于此，社于此，烝于此，诸侯朝于此，祼太室、行封赏于此。似宗庙在洛，无疑也。故康王命毕公之文，直以洛邑为王室。唐虞五载一巡狩，周制六年，王乃时巡。车徒简易，非如后世有千乘万骑，辨严之难也。四时来朝享，何难之有？洛在畿疆之内，无告行之礼，若适诸侯，则告行亦非难事也。诸侯来朝享，礼必行于庙，报功行赏亦必于庙，则洛邑固已朝诸侯、行封赏矣。故曰：以“宗庙在洛，无疑也”。惟告朝一事，思天子以祝文，遣使命东郊大臣代告，疑亦可也，但无经文可证耳。主命之文，为出疆设祭祖祢，告命为主，事有主名，非可泛行他事为文，况祭祀必于宗庙，而可行于疆外乎！或谓设虚庙于洛，

① 清钞本作“面”。

载主在于是，遇时祭则祭，如烝于文王、武王是也。礼曰：“当七庙、五庙，无虚主。”则庙不可虚设矣，则所谓四岳之下皆有庙榭。

又曰：“明堂见于太山。”不知据何经而云然乎？成周宣榭火，是周东迁，平王都于此矣。其有固宜，又何可引以为证也？切更思之。

又，郊社之义，谨按孔子曰：“礼者，义之实也。”王者祭天于郊南，面阴也。阴气者，地之体也。天尊地卑，王者父天母地，不敢悖天地之大义也。郊特牲，而社稷太牢，具牛、羊、豕为太牢，太牢固非特牲，又安知其非牛羊乎？礼有以多为贵者，有以少为贵者，王者父天母地，不必事事同，然后为礼。天无二日，土无二王，家无二主，尊无二上，自有等降也。只如人事，父母其孝爱之心则一，其事则不可同矣。礼以节文为主，若无节文，乃非礼也。《周礼》成于刘歆，歆是不知三纲之人，其书不可引以为证。孟子之言，有激而云耳，当以活法观，若以死法观之，则得乎天子而为诸侯，得乎诸侯而为大夫，诸侯、大夫莫非有功于民，乃得为诸侯大夫者。以得乎天子，诸侯而为诸侯、大夫成甚说话！谓变置社稷，如天子变置诸侯，若欲变置土谷，则土谷不可变置；若欲变置勾龙周弃，则一世伟人英①灵在天，不可以比无道诸侯，诛责而变置之也必矣。

又，旱干水溢，人君当反躬修行，今反加诛罚，于鬼神果何义耶？《曲礼》下篇曰：“天子祭天地，祭四方，祭山川，祭五祀，岁遍。”来教谓：“《礼》曰：‘天子祭天，祭社稷，祭五祀。’”出于何篇也？《曲礼》下篇又曰：“诸侯祭方祀，祭山川，

① 原为“矣”，中华书局版《胡宏集》据陆钞本和清钞本改为“英”。

祭五祀，大夫五祀，岁遍。士祭其先。”《王制》曰：“天子祭天地，诸侯祭社稷，大夫祭五祀。”夫天，固诸侯之所不得祭。地，虽为母道，又妻道也，臣道也。天子大社，封五色土，诸侯各以其方色。是诸侯虽祭地，而比之天子则有等矣。诸侯方祀，殆为是乎？夫诸侯之不敢祭天，犹支庶人之不敢继祖也。诸侯之得祭地，犹支庶人之各母其母也。又按孔子曰：“祭帝于郊，所以定天位也；祀社[①]于国，所以列地利也。又曰：“礼行于郊，而百神受职焉；礼行于社，而百货可极焉。”又曰：“郊，所以明天道也；社，祭土而主阴气也。”又曰：“夫礼必本于天，殽地降命。命降于社之谓殽地。”又曰：“社，所以神地之道也。地载万物，天垂象，取财于地，取法于天，是以尊天而亲地也。”故教民美，报焉。礼虽无明文，犹当以义起，况顺于理义，又有明文如此之多乎？更加深思，博观天下之义理，可也。

又，示谕数端，皆列圣因革大致也。漫具鄙见，幸却指其未到。建正自黄帝、尧、舜皆建寅，夏后氏受禅，因而不革也。商之所以建丑，周之所以建子者，为天道至微，所以因时易命。改建所以发明三阳之义，以诏天下后世。其旨深远，不可浅近看也。二帝而上，恐未有是也。服色恐是随五德之运，禹平水土，北方黑，故尚黑；汤征伐，西方金，故尚白；周亦征伐，火克金，故尚赤。不只以物生之色为上也。

忠、质、文之更尚，承忠之弊，以敬。太史公之言非是。忠与质相近，大抵虞、夏质，殷、周文，殷人以木辂为先，辂是尚质也。周之五冕皆玄冕，朱里延纽，五采缫，十有二就，皆五采，王十有二，玉笄朱纮，其文可知也。圣人欲乘殷之辂，服周之冕，

---

① 原为“地”，中华书局版《胡宏集》据《礼记·礼运》第九改为“社”。

是文质参用也。周以王辂为先辂，今乘殷之辂谓之变，周之文从殷之质，亦可也。

礼、乐之仪章器数，须有本文为之记，可也。不可谓之经，以其是有司之事耳。若礼之理乐之义，则存乎《易》、《诗》、《书》、《春秋》之中矣，故通谓之六经。

贡赋，王畿之内，谷粟自足用。若夫礼、乐制度，所须之物，则取之九州、四海，然后足。故任土作贡，各以其所出，不必云取其美物以当谷税也。

又，鲁惠欲以私爱立桓公，隐公承父之志，不立乎其位可矣。今既居其位，又以让桓，则与有罪矣。《传》说未可非也。

首止之盟，义系于齐桓之会王世子，而不系于王世子会齐桓。无亏之杀，义系于宋襄，而不系于齐人。齐昭杀孝公之子，三《传》不载，未详其事，不可鉴也。春秋之时，天子无号令，甚矣！卫惠既死，王命讨之，虽为后时，然犹胜终不讨也。齐桓承王命而不动大众，亦得轻重之宜矣。为卫侯者，即日因齐桓之京师，请归罪于司寇，以忠孝盖前人之愆，可也。齐师以是日至，直以是日与之战，甚矣。故义系于卫，而非系于齐也。圣人权轻重，不失毫厘，君子积数十年探讨，之心而为之传，岂苟然也！

凡有疑，则精思之；思精而后讲论，乃能大有益耳。若见一义即立一说，初未尝求大体，权轻重，是为穿凿。穿凿之学，终身不见圣人之用。

又，承讨论“《春秋》学”，某未能得髓，何足以辱公问？姑道所见：大一统之法，奉天子正朔是矣，恐不更当用首年也。商周必改正朔者，三阳之发，天道至微，圣人推而行之，其用妙矣。但人未之思耳。非止于易民观听也。易月之意，无可疑者。圣人制作，万世不易之典，其中大有革而不因者。曾易月之可惮乎？一个“春”字，便是行夏之时，正次王，王次春，则立意又别也。以周书考之，嗣子，即位于初丧者也。逾年之制，方欲讨论深思，只是国史于此年之首，方记即位之事也。春秋之法，大复仇，然不为复仇而作也。复仇，春秋法中一事耳。幽王宠褒姒，黜申后，废嫡子，立伯服，破灭宗周，其罪甚大。故其父子间，圣人所难言也。及其赗仲子，蹈履车之辙，然后书而深罪之也。然则圣人所以不以复仇责平王者，其意所见，殆与书“晋弑其君州蒲”之类相近似乎！故谥法名之曰“幽”、“厉”，虽孝子慈孙，不能改也。隐公若不自立，使诸大夫具事本末请王命，则可免矣。《传》谓“隐，无正者”，正谓不请王命耳。故仲氏以“摄”为无正，为非义之所存也，故纪侯之去，与其他出奔者不同，故仲尼以“去国”书之，而不书“奔”。故不与其他失国者一例，以名书之也。可谓权轻重，不失毫厘矣。伊川先生未成书，故不能无毫厘未尽善处也。

公子郢虽当立，孔子正名，必须请王命，然后为正也。田常弑君，告于哀公，哀公使告三子，孔子岂得不告？告而从，则必请王命，王若能从鲁请，兴义师，便为平定天下之端，不为东周矣。

又“首年”之义，恐不可泥于一说，诸侯奉天子正朔，便是一统之义。有事于天子之国，必用天子之年，其国史记，政必自用其年，不可乱也。当时诸侯纪元，乃是实事，与后世改元者不同也。圣人于“元”上见义，若诸侯无元，则亦不成专君矣。如元、亨、利、贞，《乾》、《坤》四德在他卦亦有之，不可谓《乾》、《坤》方得有元，他卦不得有也。《易》载其理，《春秋》见其用，恐义亦当如此也。

祔礼必行之于庙，但皆不见其制度。《书》中有康王受命一事，恐或可推，但无征不信，不敢遽立说耳。

“圣人释栾书，归弑于一国之人”。若圣人事亲，在手当诛一国之人乎？不然，《春秋》亦空言耳，宜更思之。

窃意《春秋》当以复仇责平王，而圣人不责之，意亦别有说乎？不然，愚说亦有味也。

隐公不请王命，固不是；请王命，而有得国之意，亦不可。若革先君之不义，请王命而立宗人之贤者，疑亦可也。道固多端，不可执一也。若纪侯者，非齐侯无道暴横之甚，则多守其国者也。去太王则远甚，亦贤于其他自取灭亡者也。故圣人书法如此。舜之为子，烝烝乂不格奸，不可与常人比并而论也。

天下有大义，亘古亘今，不可磨灭，要在识之而已。

以众授齐侯，亦圣人与狂狷之意，非尽善也。无情反复，然心之精微，言岂能宣涉？着言语便有滞处，历圣相传所以不专在言语之间也。

又，先儒之说，须傍附义理，不可轻破，要在自以意观之。所谓以田为地统者为是。二，阳也；偶便是坤矣。若阴则从阳者也，岂可以为统乎？明者，阳也；晦者，阴也；见者，阳也；不见者，阴也。寅正，三阳发见，明孰加焉！故先儒谓夏数得天，百王所同。圣人南面而听天下，必以此为正也。

与孙正孺

贫家绝禄，又供远费，会计岁入不赡，正以为挠，辱下喻。

寻常亦为公忧之，然闻公每言才亲生产作业，便俗了人。果有此意否？古之人盖有名高天下，躬自锄菜如管幼安者；隐居高尚，灌畦粥蔬，如陶靖节者。使颜子不治郭内、郭外之田，则饘粥丝麻将何以给？又如生知将圣，犹且会计升斗，看视牛羊，亦可以为俗士乎？岂可专守方册，口谈仁义，然后谓之清高之人哉！

正孺当以古人实事自律，不可作世俗虚华之见也。以先世之契，不敢不尽言。

又，“大抵行贵精进，言贵简约”。敬夫之言，真有益于左右者也。便可于此痛加工夫。平仲云：“心者，万化之原，至理之所在。”此是笼统语，非端的见者也。何以明其然？天也，命也，性也，岂不可如此言乎？余所立言，皆如此也。道学须用博学、审问、慎思、明辨，然后力行，则不差耳。

又，礼者，因人情而为节文者也。不知此庶母者，平日事先人，其礼秩何若，其功劳何若。若重则从重，轻则从轻，似不必虞，不必作主，为之服缌。既葬而除，岁时若当祭之，则为位可也，更自随轻重裁处可也。苟非其人，道不虚行。先王制礼，只是大概斟酌，得中正，在当人耳。

又，左右资禀过人，大要学问充扩之，须日知其所亡，月无忘其所能，汲汲焉如不及，然后可耳。光阴易失，故大禹所以惜寸阴也。

辱许，顾我少留，幸甚！惟恐不肯留耳。虽然，相守着亦不济事，古诗云：“与君一夕话，胜读十年书。”若左右积思积疑，有不决处，则一夜话，真胜读十年书。不然，虽某竭其愚，而左右未能脱然省悟，处则亦空相守也。切望深察。

又，和公所以眷存契末者，甚厚，甚勤。而某适以畏阴湿，不能副其意，深怀不足也。

敬夫特访陋居，一见真如故交。言气契合，天下之英也。见其胸中甚正且大，日进不息，不可以浅局量也。河南之门，有人继起，幸甚！幸甚！

又，仁之一义，圣学要道，直须分明见得，然后所居而安。只于文字上见，不是了了，须于行持坐卧上见，方是真见也。更须勉旃！光阴易失，摧颓之人，亦有望于警策也。

与谈子立

向谋之仙墅，果否？人但恐立志不坚确，树立不终久，自退步耳。若志意坚定，树立日丰厚、久长，则所居即为胜地，亦何必依名山大川也？

见处要有领会，不可泛滥，要极分明，不可模糊，直到穷神知化处，然后为是耳。道学衰微，风教大颓，吾徒当以死自担，力相规戒，庶几有立于圣门，不沦胥于污世也。

又，礼缘人情而为之节文者也。既葬而反虞，虞必作主，祔者以上祔于庙也。夫丧三年，则凶事也，三年之外，则四时祭享为吉矣。父在，有母之丧，不敢见其父者，不敢以丧礼见也。宗庙，祖宗尊者之所安也，未除丧而祔，而以丧礼入庙，可也。故伊川先生以为，必三年而后祔，礼也。卒哭谢吊者，有轻重远近，或往或不往，度吾之情何如耳。古人居丧，百事皆废，虽不往，岂不可乎？礼曰："送形而往，迎精而返。"精，在我者也，心诚，则得之矣。此则知鬼神之情状。

子立其勉之。

与毛舜举

伯氏为题斋名曰"不息"，其意盖曰："天之所以为天者，至诚无息而已。君子不息，所以法天也。"人以穷理尽性、[参] 赞化育天地之事期我，我其可不自强耶！此事在谢先生《论语》中说得甚力且分明，可反复熟看，直俟看得入神，不在语言文字间，然后为真得也。

吾友勉之。

五峰集卷三

杂文

邵州学记

延平陈公正同，天资忠信，克世其家。作守于邵，小心恭畏，布诏行令，以明伦为先务。叹郡庠[①]庳下，亵于嚣尘，考按厥始，乃元符中因皇华馆之旧也。公曰："嘻！此岂尊师重道之礼，其何以明施天子德政乎？"士子合词曰："神霄废宫，地势高明，栋宇宏丽，今为戒坛寺。其徒二三人，坐视废颓，而加之拆毁。请更以奉先圣。"公大悦，从之。咸以[②]劝，以金谷给力役，民不知而学宇一新。既告成蒇事，移书某曰："子为我记之。"某以朴学无文，辞不获命，敢援《春秋》不书修泮宫之义，敬为公书。

夫为是学者，非教士子美食逸居，从事词藻，幸觊名第，盖将使之修身也。身修然后人伦明，小民亲而人道立。故学在天下，不可一日废。愚尝远探鸿荒，天地方开辟，未有文字，而黄帝已学于太真矣。至唐虞，始设官作命，建教人之所，三代兴王，肇修人纪，乃新其名。迨周之季，人不说学，诸夏衰落。天生孔子，发愤忘食，讲学成经，然后人知所立。后世人主，欲保其大业，未有不尊崇师道者也。

---

① 原作"产"，中华书局版《胡宏集》据清钞本改为"庠"。

② 清钞本作"自"。

今天子临御万几之余，手写诸经，不厌不倦，至诚无息，风动天下。内兴太学，外诏郡邑，咸崇庠序，夫子被王者服，巍然当坐，群弟子以公侯环列，春秋二时，受天下盛礼。在昔黄帝、尧、舜、禹、汤、文、武，真居天位之君也，乃有所不如，其故何哉？成一时之勋业有限，而开万世之道学无穷也。

若直守流行于世数卷纸上语，而不得其与天地同体、鬼神同功之妙，则非善学矣。其合于天地，通于鬼神者何也？曰：仁也。人而克仁，乃能乘天运，御六气，赞化工，生万物，与天地参。正名为人。若徒掇拾章句，驰骛为文采，藉之取富贵，缘饰以儒雅，汲汲计升沉，领光景，以快情遂欲，夸妻妾而耀乡里者，是吾弃我经天纬地，建三才，备万物，至大至妙，不资之身于一物之小也。其不仁，孰甚焉！

孟子曰："仁也者，人也。合而言之，道也。"仁之道，非便儇娇厉，耳剽口诵之所可得；必刚毅笃实，主忠行恕而后可至。君子平居尚论，莫不有效古人横身济世之愿，而莫能致知用力于仁。一旦得仕，所行非所志，所习非所业，势利诱于前，风俗驱于后，患害生于左，咻尼起于右，则必伥伥然冥行而陷于荆棘。虽功高当代，智足以谋，勇足以决，譬犹杞梓连抱而心朽蠹，良工抡材，必不敢以柱六寝、梁五门、栋明堂太室矣。又况初无志愿，而游冶于词艺，糜烂于富贵，虽侏儒店楔，亦孰敢倚而用之？故孟子论：人而不仁，则不能保其业而全其躯。此天下之大戒也。

有能怿斯言而知味，悟俗学之失真乎？廓然大观，解其胶固，骞然高举，拔于卑陋，潜心夫子之文章，期得夫子之道于文章之表，尚志不自弃，亲师求性初，取友资器利，情欲之妨于理义者，消忘之；气质之戾于中和者，矫正之。无须臾不敬，无毫忽自欺，则庶几可以言仁矣。

人仁，则道立。广大无疆，变通莫测，作绝世真儒于百代之下，续孟氏不传之学，以待有司之举。发六经精微，论百家得失，陈当世之要务，何施而不可？

虽然，此特导其源，开其端耳。譬诸卉木，培拥发生，凌云照日，则在乎人焉。游于斯，食于斯，惟为己之学是务，然后识公修崇是学，期望于士子者，远矣，大矣。

斯道也，与天地相并，造化相关，亘万世而长存。视石上之芜词，又何足为不朽！

复斋记

《易》卦有《复》，孔子曰："复，反也，所以返本复始，求全其所由生也。"人之生也，父天母地，天命所固有也，方孩提，未免于父母之怀，及少长，聚而嬉戏，爱亲敬长，良知良能在，而良心未放也。逮成童，既冠，嗜欲动于内，事物感于外，内外纷纠，流于所偏胜，故分于道者日远也。此大学所以不传，而人心之所以流漫、支离不可会归于一欤！

扶风马君，名其种学积文之所曰"复斋"，不汩于流俗，慨然有志于大学之道，因予友彪子也来求言，予安能知？然从事于斯，如老农之服田力穑也久矣，请试言其耕耨收获之功焉。

夫人生非生而知之，则其知皆缘事物而知。缘事物而知，故迷于事物，流荡失中，无有攸止。自青阳至于黄发，茫茫如旅人，不得归家而安处也。今欲驱除其外诱，不失其赤子之心，以复其所由生之妙，则事事物物者，乃人生之不可无，而亦不能扫灭使之无者也。儒者之道，率性保命，与天同功，是以节事取物，不厌不弃，必身亲格之，以致其知焉。夫事变万端，而物之感人无穷，格之之道，必立志以定其本，而居敬以持其志。志立于事物之表，敬行乎事物之内，而知乃可精。目流于形色，则知[①]自反而以理视；耳流于音声，则知自反而以理听；口流于唱和，则知自反而以理言；身流于行止，则知自反而以理动。有不中理，未尝不知，知之未尝复行，此颜子所以克己复礼，不远复而庶几圣人者也。及其久也，德盛而万物一体，仁熟而变通不穷，岂特不为事物所迷乱而已哉？视听言动，皆由至理，形色音声，唱和行止，无非妙用，事各付事，物各付物，人我内外，贯而为一，应物者化，在躬者神。至此，则天命在我，无事于复，而天地之心可一言而尽矣。复之道于是为至焉，马君勉之哉！毋惊焉，而谓予言之狂也，必顾名思义，与其友朋牵连而复于道，然后为称矣。

马君名宁祖，字奉先。

有本亭记

绍兴庚戌岁，先君子自荆、郢趋吴、越，遇腹心之疾，不至而返。徜徉游行，遂至湖南，横涉清流，顾而叹曰："此非沧浪之水乎？何其清之甚也！源可寻而濯我缨乎？"则命门弟子问津于居人。于是傍西山之阴，逶迤而入，不及百步，苍然群木之下，翠绿澄净，藻荇交映，俗以其色故号为"碧泉"。

登山四顾，乃洞庭之南，潇湘之西，望于衡山百里而近，盖太古夷荒未辟之墟，而泉出于盘屈石山之下，凝然清光，微澜无波，沄沄而生，平岸成溪，放乎远郊。却步延目，溪虽清浅，而有长江万里之势焉。先君子徘徊不能去，拂石倚笻而坐，喟然而兴曰："水哉！水哉！惟其有本也，故不舍昼夜，仲尼所以有取耳。吾老矣，二三子其相吾志！"乃求得其地。夷榛莽，植松竹，

① 原为"志"，据下文当为"知"，今改正之。

山有为樵牧所残者，养之；流有为蒿壤所壅者，疏之；岩石之为草木所湮没者，辟之。未及有成，而先君子长弃诸孤！

今也免丧而不死，慨念先君子，道学德行，渊源溥博，不可涯涘。其移见于天下，皆应时而出者也。惟其身有之，是以感是水而崇之。藐然不肖，深自思念，仰望先君子，智之不及至远也。然守遗体，奉遗训，期确然自守，不敢与流俗同波，故作[①]亭源上，名曰“有本”，表着其所愿学，以无忘先君子平生之言，此于盘盂之铭、几杖之戒，庶几我先君子之志，不陨于地，亦若是泉之流衍，亘万世而不穷也。

后之人毋念[②]尔祖，尚其嗣之。

不息斋记

绍兴二十有九年春，友生毛子请曰：“以谟斋房，衡麓先生名曰‘不息’，惟义之奥，至今十年，若存若亡，请先生辞而达之。以比盘盂、几杖之铭戒，庶几可以朝夕从事。”予闻其言，喟然叹曰：先兄既为子名，我其可不敷畅厥义，以励子志？然难言也。

子试察夫天地之间，有一物息者乎？仰观于天，日月星辰不息于行也；俯察于地，鸟兽草木不息于生也；进而观之，朝廷之上，卿士大夫不息于爵位也；退而观乎，市井之间，农、工、商、贾不息于财货也。滔滔天下，若动若植，是曾无一物息者矣。今予兄以不息教子，无乃使子泯泯然与万物同波，沦胥以亡乎？将何以收子之放志，丧万物而正之邪？惟子知其有道也。

---

① 原文为“伯”，中华书局版《胡宏集》据清抄本改为“作”。

② 疑“念”或当为“忘”。

子其审听吾之言乎？日月星辰，虽不息于行，而息于象；鸟兽草木，虽不息于生，而息于形；卿士大夫之不息于爵位也，而同息于名；农、工、商、贾之不息于财货也，而同息于利。夫有所息，则滞于物。滞于物者，不全于天。不全于天者，虽日月星辰不能以自化，而况于六尺之躯乎？

噫！六尺之躯有神妙，而人不自知也。圣人诏之曰：人者，天地之心也。此心宰制万物，象不能滞，形不能婴，名不能荣辱，利不能穷通，幽赞于鬼神，明行乎礼乐，经纶天下，充周咸遍，日新无息，虽先圣作乎无始，而后圣作乎无穷，本无二性，又岂有阴阳，寒暑之累，死生古今之间哉！是故，学为圣人者，必务识心之体焉。识其体矣，不息所以为人也。此圣人与天地为一之道。

大哉言乎！舜禹知之乎！吾徒其可以日月至焉而已乎？孔子曰："学而时习之"，此不息之端也。言有尽旨无穷，有志于道者可忽诸？

程子雅言前[①]序

天生蒸民，必有圣贤为之耳目。自尧而上，如黄帝、伏羲，虽时有见于传记，不可得而详其事矣。自尧而下，有大舜，有伯禹，商有汤，周有文王，群圣相继，中覆载而立定，海宇之民，政教列乎史官，事业光乎百代，分也。独吾夫子，穷不得居天位，道德之积与天地同大，道德之发与日星并明，凡在斯人，莫不争慕，有不言而化者，有闻一言而悟者，作新人才，力侔造化，裁成六经，以配无穷，亦庶几尧、舜、文王之功矣，命也。及颜氏子死，夫子没，曾氏子嗣焉。曾氏子死，孔子之孙继之，于其没

① 原为"全"，中华书局版《胡宏集》据清钞本和陆钞本改为"前"。

也，孟氏实得其传。孟氏既没，百家雄张，著书立言，千章万句，与六经并驾争衡，其间最名纯雅，不驳于正统者，莫如荀、扬。然荀氏以不易之理为伪，不精之甚也。扬氏以作用得后为心，人欲之私也。故韩子断之曰："轲之死，不得其传。"

呜呼！甚矣，夫子之穷也！既无位，以摅其急行斯道，既没之后，传数世而遂绝者，且百年矣。

呜呼！甚矣，夫子之穷也！天于斯文，何其难哉！

或曰：然则斯文遂绝矣乎？

大宋之兴，经学倡明，卓然致力于士林者：王氏也，苏氏也，欧阳氏也。王氏盛行，士子所信属之王氏乎？曰：王氏支离。支离者，不得其全也。曰：欧阳氏之文典以重，且韩氏之嗣矣，属之欧阳氏乎？曰：欧阳氏浅于经。浅于经者，不得其精也。曰：苏氏俊迈超世，名高天下，属之苏氏乎？曰：苏氏纵横。纵横者，不得其雅也。然则属之谁乎？曰：程氏兄弟。明道先生，伊川先生也。

或者笑曰："其为言也不文，世人莫之好也；其制行也仿古，世人莫之信也。其讲道也惟开其端，其言治也不计其效。盖迂阔之至也。曷足以为斯民耳目，纂尧、舜、文王、孔、孟之绪乎？而子属之以传，过矣！"曰："言之不文，乃发于口，而门人录之，传先生之道，泽及天下，是其乐也。传之其人，又其次也。修饰辞华，以矜愚众，非其志也。行之仿古，不徇流俗，必准之于圣人也。讲道启端，不骋辞辩，欲学者自得之也。治不计效，循天之理，与时为工，而期之以无穷也。若夫中春风日，拂拂融融，盖其和也。风冽而霜凝，盖其肃也。山之定止，万货滋生，盖其德也。川奔放而来无尽，盖其应也。四时更代，盖其变化也。莫知其所以然，盖先生之神明不可得而测也。其为人也，可谓大而化矣。吾将以之为天。

呜呼！其不及尧、舜、文王之分，则又命也。虽然，倡久绝之学于今日，变三川为洙泗之盛，使天下之英才有所依归，历古之异端一朝而谬戾见，比于孔子作《春秋》，孟子辟杨、墨，其功大矣。属之以传，又何过哉！

予小子恨生之晚，不得供洒扫于先生之门，姑集其遗言，行思而坐诵，息养而瞬存，因其所言，而得其所以言，因其所以言，而得其言之所不可及者，则与侍先生之坐，而受先生之教也，又何异焉？故此书之集，非敢传之其人也，姑自治而已。

程子雅言后序

风气有醇漓，故真元不常会，则圣人不世出。道时有不明，贤智过乎大中之表，愚与不肖陷乎卑污之陋，统纪纷错，而天下始病矣。

自尧、舜之盛，暨乎孔子，风气浸漓，上无明王，下无贤佐，至道泯然其将绝，苟非载以文而指示焉，则后世虽有间气英明之士，亦且惑于异端，天下几何其不流而入于禽兽也！圣人有忧之，为之作六经。

六经，指道之大路，而《语》、《孟》，又指入六经之关要也。彼舟楫之作，虽十步之川，人人咸知得舟而后济。夫六经，济天下之大舟也。治身而不循六经者，丧身；治家而不循六经者，亡家；天下陵荡，纪纲摧圮，未有不由弃六经之言者。或以为孔子没而朱、翟肆，孟氏死而黄、老盛。六经安在其有益？《易》曰："神而明之，存乎其人。"昔王莽诵六经以灭身，霍光闻一言而建殊绩。以孔子之言可因，是思而知矣。

自秦焚书坑儒以后，章句紊乱，六经之义浸微浸昏，重以本朝丞相王安石，专用己意训释经典，倚威为化，以利为罗，化以革天下之英才，罗以收天下之中流。故五十年间，经术颓靡，日入于暗昧、支离，而六经置于空虚无用之地。

方其时也，西洛程伯淳，其弟正叔，二先生者，天实生之，当五百余岁之数，禀真元之会，绍孔孟之统，振六经之教。然风气仍[①]衰而未盛也，故明道先生早世，先进高第相继以亡。伊川先生以一己之力，横制颓波，是以六经之文，犹有未赞者，而先生已没。然大纲张理者亦多矣。十余年间，后进高第亦从而逝，故先生之文，散脱不类，流落四方者，率皆讹舛，天下所传无完本。

予小子既深知天下之于六经，如无舟楫之不可济，倘不为之类集，则罪人也。用是汲汲以成之，然其言质素而不华，理平淡而无奇。无文之言，犹璞玉也，雕琢者在于玉工，吾能存之而已。无欲之理，天理也。非存纯粹精一之心，操弘大毅然之志，未易得也，我则行之。

试言读此书之法，为同志起予之益乎！反复乎句读，神明乎心体，知六经为启[②]我之要，与其滞泥训诂、传注之末，不知六经之旨，漫然放诞，不切于身者，犹王莽、霍光之有间，其初一间而已。可不慎哉！又况不为霍光而睎孔、孟者乎！必潜心于此书，妙如伯乐之相马，然后足以振历古之衰敝，破王安石之奸说。嗣先圣之志，守先王之道，以待后之学者，绵绵不绝，尚足以助风气之盛，而兴太古之淳也。

---

① 原为“未”，中华书局版《胡宏集》据清钞本改为“仍”。

② 原为“守”，中华书局版《胡宏集》据陆钞本、清钞本改为“启”。

周子通书序

《通书》四十一章，周子之所述也。周子名敦颐，字茂叔，春陵人。

推其道学所自，或曰传太极图于穆修也，修传先天图于种放，放传于陈抟。此殆其学之一师欤，非其至者也[①]。希夷先生有天下之愿，而卒与凤歌、荷蓧，长往而不来者伍，于圣人无可无不可之道，亦似有未至者焉。程明道先生尝谓门弟子曰："昔受学于周子，令寻仲尼、颜子所乐者何事。"而明道自再见周子，吟风弄月以归。道学之士皆谓程颢氏续孟子不传之学，则周子岂特为种穆之学而止者哉？粤[②]若稽古，孔子述三王之道，立百王经世之法；孟轲氏辟杨、墨，推明孔子之泽，以为万世不斩。又谓孟氏功不在禹下。

今周子启程氏兄弟以不传之学，一回万古之光明，如日丽天，将为百世之利泽；如水行地，其功盖在孔、孟之间矣。

人见其书之约也，而不知其道之大也；人见其文之质也，而不知其义之精也；人见其言之淡也，而不知其味之长也。顾愚何足以知之？然服膺有年矣，试举一二语为同志者启予之益乎！患人以发策决科，荣身肥家，希世取[③]宠为事也，则曰志伊尹之所

---

① "也"字原无，中华书局版《胡宏集》据陆钞本、清钞本、《图书集成》之《宋四子钞释》等补加。

② 原为"奥"，中华书局版《胡宏集》据《丛书集成》之《宋四子钞释》和《南宋文录录》本改为"粤"。

③ 原无"取"字，中华书局版《胡宏集》据《丛书集成》之《宋四子钞释》和《南宋文录录》本补加。

志，患人以知识、闻见为得而自尽，不待贾而自沽也①，则曰学颜回之所学。人有真能立伊尹之志，修颜回之学，然后知《通书》之言包括至大，而圣门事业无穷矣。故此一卷书，皆发端以示人者，宜度越诸子，直与《易》、《诗》、《书》、《春秋》、《语》、《孟》同流行乎天下。是以叙而藏之，遇天下善士，尚论前修而欲读其书者，则传焉。

横渠正蒙序

斯文施设乎二帝、三王之政，笔削于孔子、孟轲之书，其教亦备矣。然轲没未几，而遭焚坑之祸，历两汉，涉魏晋，至唐五代，缉之者不足以药疮孔，补罅漏，大为异端之所薄蚀，斯文之气，奄奄欲尽。

《易》：“穷则变，变则通。”是以我宋受命，贤哲仍生，舂陵有周子敦颐，洛阳有邵子雍，大程子颢，小程子颐，而秦中有横渠张先生。先生名载，字子厚，自童幼则知虔奉父命，及长博文集议，致深沉之思，取友于天下，与二程子为至交，知礼成性，道义之出，粹然有光，关中学者尊之，信如见夫子而亲炙之也。先生间起从仕，道大不偶，以疾归休，著书数万言，极天地、阴阳之本，穷神化，一天人，所以息邪说而正人心，故自号其书曰《正蒙》。其志大，其虑深且远矣。而诸家所编，乃有分章析句，指意不复闳深者，错出乎其间，使人读之，无亹亹不倦之心，望以传久，不亦难乎！今就其编，剔摘为内书五卷，外书五卷，传之同志。庶几，先生立大本，斥异学之志，远而益彰，虽得罪于

① “患人以知识、闻见为得而自尽，不待贾而自沽也”一句，《丛书集成》之《宋四子钞释》和《南宋文录录》本皆作“患人以广闻见，工文辞，矜智能，慕空寂为事也”。

先生之门人，所不辞也。

皇王大纪序

天道保合而太极立，氤氲升降而二气分。天成位乎上，地成位乎下，而人生乎其中。故人也者，父乾母坤，保立天命，生生不易也。天生万物，日月星辰施其所性；地生万物，水火金木运其气；人生万物，仁义礼智行其道。君长陪贰，由道以纲纪，人生而[1]理其性，然后庶绩熙，万物遂，地平，天成而人道立。三皇、五帝、三王、五伯者，人之英杰，为君，为长，率其陪贰，应时成物，如春之生，夏之长，秋之利，冬之贞也。自尧而上，六阏逢无纪，尧之初载甲辰，迄于赧王乙巳，二千有三十年。天运之盛衰一周，人事之治乱备矣。万世不能易其道者也。后人欲稽养生、理性之法则，舍皇帝、王伯之事何适哉？

呜呼！圣人作书契以记事之情，明心之用，自皇帝坟典至于孔子《春秋》，法度文章盈天下。七雄诸侯弃礼纵欲，窃去害己之籍，迨秦吕政穷欲极凶，遂公行焚禁。孔子八世孙鲋，虽以藏经为己任，然亡秦之暴烈于猛火，藏之甚秘，禁未解而鲋死。汉兴数叶，然后出于孔氏屋壁，坏烂漫灭，经是以仅存而不完。若夫史传，则莫为之主，追纪录于杂识、多闻之士，或出于好事者之胸臆，故有甚悖于理、害于事者。历世老宿世儒，或循习而不悟，或存置而不察，或偏倚而不该，后生蒙昧，不知取于正道。夫道之为百家裂也久矣。

我先人上稽天运，下察人事，述孔子，承先圣之志，作《春秋传》，为大君开为仁之方，深切著明，配天无极者也！愚承先人

① “而”字原在“人生”之上，据《皇王大纪》、宋钞本、清钞本改。

之业，辄不自量。研精理[①]典，泛观史传。致大荒于两离，齐万物于一息。根源开辟之微茫，究竟乱亡之征验。事有近似古先而实怪诞鄙悖者，则裁之，削之；事有近似后世而不害于道义者，咸会而著之。庶几皇帝、王伯之事，可以本始百世诸史乎！

诸家载记，所谓史也。史之有经，犹身之肢体有脉络也。《易》、《诗》、《书》、《春秋》，所谓经也。经之有史，犹身之脉络有肢体也。肢体具，脉络存，孰能碍[②]其生乎？

夫生之者，人也。人仁，则生矣。生则天地交泰，乾坤正，礼乐作，而万物俱生矣。是故万物生于性者也，万事贯于理者也。万化者，一体之所变也；万世者，一息之所累也。若太极不立，则三才不备，人情横放，事不贯，物不成，变化不兴，而天命不几于息乎！

愚是[③]以将求友于天下，与之合堂同席而论焉，又与之接袂比肩而立焉，不得于今，必得于后。此《皇王大纪》之所以书也。

向侍郎行状

向氏出于神明之裔，子姓之支，别世为开封人。至于国朝，文简公以儒学登相位，钦圣宪肃皇后以名家有德居椒房。及中原衰乱，天下污诞，裒然成俗，芗林公有高才远识，以忠勤厉行，端洁其身，特立一时之表。故向氏世益光大者，不独以相家后族，盖以其德厚流长，而本支有才子也。

芗林公名子諲，字伯恭，文简公之五世孙，钦圣皇后之再从

---

①《皇王大纪》作"经"。

② 原为"得"，盖传抄之误，今据文意改为"碍"。

③ "是"原在"愚"前，今据《皇王大纪》置于其后。

侄。曾祖傅范，皇任汝州管内观察使，赠太尉，谥惠庄，妣万年郡主赵氏。祖绘，皇任太子右赞善大夫，赠正奉大夫，妣硕人曹氏。考宗明，皇任武德大夫，江东提点刑狱，赠开府仪同三司，妣永国太夫人李氏。公盖生而秀异，五岁诵书，日记数百言。七岁通书数，十三能干蛊，开府严重，公率群弟承训，专意诗书，宗族以为法，钦圣闻而悦之。

元符庚辰，后复辟，有司以故事上属籍，推恩当百数。后曰："吾不敢自同。"先后择长而孤贫、幼而有立者，官十八人。公以幼而有立者，补假承奉郎。明年后登遐，遗恩，选雄州防御推官。时开府居忧，贫甚，亟使公从官，监滨州盐酒税。会新法行，人皆幸赏奔凑，榷货客钞，既至[①]，人皆谈食蚕，无以缫。州民素以煮盐为生，抵罪者不可胜纪。公言于部使者，听近郭官置牢盆，募亭户煮，于是所积如丘山，民商咸便。

东南建帅府，除镇南军节度推官，听事健决，守正不挠，府中畏服。时行养济政者[②]，务多数以幸赏一家，有冒三四名者，蚕食太仓，不给，则反诛剥于民。公令计属邑所入，析处之，于是(自状求归者过半。属邑水旱，将计分减放，公曰："若是，则贫下户不得尽除，畸零合钞输纳尤艰矣。"乃请行视，从实除放，百姓称善。秩满，用荐改宣教郎、监仪銮司，以耻于阉寺共事，乞归。诠部改真州司录事。守倅不咸，庶事不理，公独振纲纪，一州赖之。擢知开封府咸平县。时行方田，又创水利，众争趋功病民，咸平。独行之，若无事。会册皇太子，将赦赦，邑人用先倚荫无赖，养寇拒捕，杀伤巡检。辞具当上，尹盛章方以狱空冀赏，

① "至"字原无，中华书局版《胡宏集》据陆钞本补。

② 此句陆钞本与清钞本均作"时行居养之政者"。

却不受。公直以闻，敕许自论决。章大怒，劾公修学，买木逾期，直请御宝，特勒停。久之，复官，监杭州洞宵宫。未几，除淮南、江浙、荆湖制置发运司文字官。淮南连年旱，漕运不通，扬州尤甚。徽庙忧之，遣中使按视，欲浚河与江淮平。时方腊乱，两浙童贯为宣抚使，谭稹为制置使。贯欲连于海，辇于路，稹欲开一河，自盱眙、宣化、兴化。有日言者以为不便，朝廷下发运司相度以闻。发运司陈伯亨求肯任此事者，属官皆辞，公请行。自宣化陆行至盱眙，而运自）[①]龟山，水程至瓜州。按图籍察地势，言于伯亨曰："运河高江淮数丈，自江至淮数百里，非人力可平也。唐李吉甫废闸置堰，治陂塘，泄有余，防不足，漕运流通。本朝发运使曾孝蕴，严三日一启之置，复作归水澳，惜水如金。比年行直达之法，走盐茶之利，且应奉权幸，启闭不暇，欲归水则力不给矣。又顷毁朝宗闸，自洪泽至邵伯数百里，不为之节，故山阳上下不通。今欲救其弊，宜于真州太子港作一坝，以复怀子河故道；于瓜州河口作一坝，以复龙舟堰；于海陵河口作一坝，以复茱萸待贤堰。使诸塘水不为瓜州、真、泰三河所分，于北神相近作一坝，权闭满蒲闸，复朝宗闸，则上下无壅矣。"伯亨从之，漕运无滞。

贯辈求识面不能得，徽庙闻而器其才。迁官一等，明年召见，顾问甚厚，除淮南转运判官。公言为政以得人为急，及乞复转般籴本。上皆然之。陛辞对崇政殿，时军粮不足，诸州兵多欲为变，上甚忧之。公奏曰："淮南岁租百三十万，上供额乃百五十万，别贡金帛又百五十万，而茶盐之利尽在榷货，此兵食不足之本也。伏见手诏，应奉司所费，皆从中出。"语未终，上曰："诚不欲费

① 括号内文字原缺，中华书局版《胡宏集》据陆抄本补。

漕[①]。”公对曰：“郡县惟知奉行，岂知陛下有社稷之深忧乎！如王从永者，诚无分毫之费，朱腼则不然，恐处分有异。”上愕然曰：“朕岂欺人者耶？”公曰：“腼父兄子弟，挟此为奸，致一大石用八百余舟，一纲费辄千斛、数千缗，甫官军支请之期则夺之，故多有怨言。此大弊也。”上曰：“可说与王黼，待委卿觉察。”公谢曰：“微臣疏远，付以此事，死无日矣。”上曰：“朕未尝姑息此辈，凡事直以闻。”即降御笔：“王从永失察应奉纲，悉从御前给外路，不合支付。向系收管。”有旨：“而其专一觉察，应奉骚扰违法者。”公即诣所部，一切按治。腼大沮，无所施其计，岁有四十万缗。守过恶尤甚，被罪未几已复职。公极论其状：“招信豪民，兄弟无赖，杀仇家二十口，诬以为盗。且冒赏。”泗守与宪司保任欲官之，复乞穷治。宰黼弟以书来请，公勿听。杨守交结大阉梁师成，诏免输赋，夺泰州属邑隶焉。公劾论再三，竟得复故。时宿、亳、通、海四郡大旱，方以应奉司钱移真、扬米，赈救民饥，而发运司上言：“江淮米贱，乞均籴。”仍折以香药钞，淮南分抛四十万斛。公力论其欺君、害民，取所在实直，以阛淮甸二十郡百县。吏职猥众，不可程督，公悉籍其乡里产业、家口与保任者，罢额外名利为籍额，阙则补，冒役教讼为奸者，重置于法。吏皆胆落，于是文移不失期会。同事请留州县财赋一分，以备移用，公善而从之。才有数万缗，则密遣其属指为羡余三十万，以献应奉司。公曰：“今秋苗当理来岁之额，方用四十万有奇，以补今岁不足，岂更有余？”乃具以实闻，王黼遂不敢受。

初，公到官，籍州县户口家业，置厅事，会抛燕山绢，公自

① 中华书局版《胡宏集》据清钞本和陆钞本于“漕”后有“计”字。

差等，贫民得不及，灾伤之郡得免焉。

白时中婿守海陵，妄作，侄婿蔡嶷有田不输税。公督责不少假。既连忤权贵，数有挤之者。及时中相，首被罢，东夷遂袭言师，诏公乘驿赴阙。

渊圣即位，除京畿转运判官。寇退，公即走延津、阳武诸邑，又乞合邻路巩、郑、汜水、滑、浚，视凶丰，计水陆利害，遣官置籴，随宜支移。先是，内帑出百万钱，未有所用，公亦请以籴。沿什籴于南京、惠州，惠民河籴于陈、颍，广济河籴于曹、济，得谷莜数十万石。

公上言谓："国初，南粮运于京畿下卸，初无限量，内外之间，而兵食足。元丰中，岁用百三十万以知纳稽滞，始[①]以百五十万为额。崇宁初，以六十万入中都，始以九十万为额。至宣和末，乃得十万而已。二十余年中，两浙漕臣，皆权幸姻旧，止以入中都六十万。较殿最，为畿漕者[②]，不知究其本末，故六食常忧不足，而必请于朝廷，给于内府。自今迄两浙殿最从京畿者覆实。"是岁十一月终，已得七十万。及金再入围京师，诸道兵还屯城外，得免科率馈运、重困民力者，以公之职事素修也。除右司员外郎，议详户房检讨官。时宰执不协，公自度不能从容其间，引嫌不就，以直秘阁升副使。

时运法大坏，朝廷令公相度，公言："祖宗置发运一司，经制六路财赋，盈虚调度，无不关焉。置籴于诸路，如年额纲运不到，即以所籴代发，候到，依旧截留。灾伤，州县还以元价，复

---

① 原为"如"，中华书局版《胡宏集》据清钞本和陆钞本改为"始"。

② 原无"者"，中华书局版《胡宏集》据清钞本和陆钞本添加。

于丰熟路分，收籴补填。漕米至真、扬[1]，载盐以归充经费。故漕计不乏，而民力亦宽。自盐课归榷货，漕计已不足，继行直达，废仓廪以为无用，献籴以为羡余，押纲使臣及兵梢无往来私贩之利，遂侵盗官物，负欠者十九。又使臣兵梢不复以官舟为家，一有损漏不修治，遂使破坏。而负欠者常自排，岸司追逮入司农寺，由司农寺下大理推治，既无以偿，率数月则以无罪出。近年虽欲复行转般，而无旧转般之积，故折运盐则废，而直达之弊不除。今转般旧法未易卒复，欲救目前之急者，发运使副判官三员，宜以一员在真州本司，主江、湖；一员在泗州行司，主淮、浙；一员在京置司，主下卸理欠。治泗州者，依例奏计三人，周而复始，移治应折欠排岸司，径下发运司推治，仍下吏部差使臣数十员，以备管押事。故纲庶几惜身计可保官物，仍请以梁师成竹木场充修船料，以窑务营充造船营，以王黼陆家店园宅充发运行司。废外排岸司，充发运公事官廨。”

渊圣大喜，可其奏。一日急召对，上曰：“朕昔在东宫，闻卿淮南之政，今除卿开封府尹，以亲札付三省密院。”公皇恐称谢，固辞。遂改直龙图阁，兼淮南、荆湖制置发运副使，治京城外行司。

公方具辞，而京师已戒严。议遣公使金军，公曰：“李邺屈膝于斡离勃，既失国体，今先定相见之礼，则可行。”或谓公不能屈，恐败事，乃止。

殿帅范琼遣人清野，肆行焚掠，公命城外巡检捕得数十人，杀之以闻。得旨，用便宜。明日，欲诣都堂白事，而敌骑已至，城闭不得入矣。继被旨：促东南两道总管胡直儒、张叔夜进兵，

① 原为“场”，中华书局版《胡宏集》改为“扬”。

公自至黎阳驿，勉直儒。公先之雍丘，道遇守河溃将，劝使立功赎过，扬言东道先锋已败敌于雍丘矣。明日，直儒屯邑门外，敌骑大至，直儒战溃，为敌所获。公将诣南道，而道不通，行及太康，遇颍昌五县弓手，公率之击敌于太康，众多不支，乃自鹿邑趋汴上。而发运司迓吏方至。先是，都水使者聂崇决汴水，欲断贼路，汴水既涸，纲运阻浅，半为贼掠。公于虹县上下权筑数堰，收约水势，措画纲运。时敌骑已至亳社，公至宿州，选宋良嗣权钤辖，帅众捍战，于是，敌不侵掠江、淮。凡兵溃在江、淮者，公悉收之，得数万，遣诣南京朱胜非及范讷军，令入援。时以外路平安，得措置事，募壮士，奏京师。复以京师及大元帅府动息，行下江南八路，以安人心。

后朝廷以蜡丸许监司郡守勤王，公率幕兵，遣其属，卖轻货十万，饷元帅军。仍请元帅移军曹、济，约诸道同进。既而被诏，不得轻举勤王之师，害国大计。于是，众军疑惑不前，公独遣部将金汝玉由鹿邑至太康，遇敌力战，为粘罕所获。

遣使取李纲，分道吴敏、蔡靖、宗泽、徐处仁，及蔡京、王黼、王安中等家属凡百余，公执其使按问，然后知京城失守，二圣播迁，张邦昌僭位，放伪赦之变也。

邦昌遣吕勤、齐知礼以洪汴催纲为名，勾当密切公事。又遣[①]快行亲从官，持敕书至庐州问其家，公谍郡守冯询及提学盐香范冲，拘縻之。邦昌又手书南京尹，尹，邦昌之连也。或劝公执尹自为，公曰：“时方艰难，尤宜谨守法度。”乃移书胜非曰：“公所守，乃巡远忠义之地，不可污也。”胜非不得已，系邦昌使于狱。邦昌用王时雍谋，分遣御史黎确、陈戬等，以书诣公及赵野、

① 原无“快”字，中华书局版《胡宏集》据清钞本补加于“行”前。

范讷、翁彦国、赵子崧等军，征兵问劳，有褒用之词，仍斥名用国宝。公缴于大元帅府，请大元帅移屯南都。而胜非言财赋不足，公即办三十万以报，破其奸谋。于是张邦昌之使还者，具言在外人心、形势，知逆图之不可遂矣，乃召其党入议，请元佑太后听政。公遣其属及子澹请于大元帅曰："今天下无君，人心皇惑，大王宜处分军国事，乘勤王忿怒之兵，亲率诸将，北渡大河，击金人惰归之兵，救二圣之急，若失机会，恐谋逆之徒内连外结，未易诛锄也。内侍班直溃在四远者，宜即招收，禁卫六尚局等人在京师者，宜早喻使来。茶引、盐钞，乞从行府彤造，委发运司置局，许南贾诸处旧钞，自四月后尽填者不行。东南纲运，汪、真、扬等州，约二百余万，转般仓数与此相等，乞先计度军屯所在分拨，恐积聚过多，去秋不远，适以资寇。"元帅多从之。

元帅至南都，得运国宝，五月一日即位，欲除公版曹。公以伪是党盛，辞以"不能赴国城之难，敢冒宠乎"！二亲在东南，愿得公补外，授公直龙图阁，发运副司。既而邦昌以三公参预大政，公乞致仕，或久任宫观。朝议乃谓公在宿州，差宋良嗣权钤辖不当，落职。与郡未几，行宿州捍御之赏，良嗣与焉。亦迁公一官。公曰："前日以为非，则今日不当以为是。"乃立辞。宰潜善大怒，御史遂言公有不法事，考验无一实，犹降三官，知袭庆府。

丁开府忧。明年夺丧，知潭州。力辞不获。

时累政姑息军士，有杀人而不问者。宣抚司调数百人戍襄阳，众方惮行，公到官七日而作乱，夜半纵火，杀掠。公亟命传呼，列炬登城，饬持更者，一若无事。时贼所未至，人皆按堵，乃下令诸营曰："作乱者，戍兵耳。悉力擒捕者有厚赏。"牙兵闻之，相率攻乱兵，斩首百余级。黎明皆遁，追袭遂降之。诛其魁首，尽以所掠赏有功，三日复遣戍，无一敢喘者。

是冬，金兵大入，一道自郛城南度，略武昌，由咸宁、蒲圻将袭豫章。州县皆望风投拜，有司拥隆佑太后去之。敌遂入豫章，所过杀掠，不可胜计，抵长沙境上。公分布将卒、火甲，得万余人，为守计。或曰："众乌合而城大，敌锋不可当。盍避诸?"公曰："朝廷使我守此藩也，委而去之，非义矣。"于是敌骑传城檄公使降，公以檄报之，大略言：朝廷无负于金国，中外之限，如天地之有阴阳也，不可乱。敌知不可屈，大治攻具，悉众薄城。公登门誓众，激以忠义，将士协力，昼夜捍御，虽杀伤相当，而骁将皆死。凡八日，而外城破，公率军民入子城，巷战两日。敌纵火烧延府舍，公犹在谯楼督战，敌兵已四合。兵民惧公之陷于敌也，拥公下楼死战，焚敌栅，夺门以出，遂渡水，军于江西。长沙之人，咸从公，以忠义自奋，无一降贼者。敌以故不敢离城纵掠，留四日而遁。公即入城，锄治强矗，抚安良善，上章以失守自劾。朝中不乐公者，以抗贼为罪，坐落职放罢，而以转运使贾收权州事。于是，王以宁以京西路节制入横长沙中，群盗孔彦舟以鼎澧镇抚使趋长沙，击逐以宁，居数月，大纵杀掠，上趋衡、永，而群盗马友自江北入据长沙，赋税不复入王府。

上始思公，乃降诏奖谕，复还职任。公乞持余服，至于四五，不许，公方于所部视事。会诏改湖南、北为东、西路，置湖东安抚司于鄂，除高卫为帅，俄知其误，复令公待之。孔彦舟西阻岭峤，兵不得纵鼓（种）［钟］而下，分喻马友，共击之。彦舟大败，北走。

时本路土寇季冬至起于宜章，侵扰三路之境，有吴锡提精兵数千，亦自北来，屯于益阳，乞粮于郡守魏舜臣。舜臣拒之，锡即以兵趋郡，走舜臣。公闻而招之，欣然归附，激以忠义，锡愿尽死击灭冬至，平其巢穴。

公方欲之鄂，而群盗曹成拥众十余万，太尉张浚招之不降，自江北纵掠入湖，而屯于攸县。时马友阴有马氏之谋，乃诱成以广西之利，成张声势欲南，公曰："若使群盗遂其谋，则三湘、五岭皆寇，而江南之形势坏矣。"乃屯于衡之安仁，有卒才数千，命韩京军回雁，吴锡军桂阳，遣人喻成以祸福，分给粮饷，羁縻之。成逡巡不敢进，公以诸路形势利害，请兵于朝，求援于邻路者，相继也。皆不报。相持百余日，贼众忿公之扼己，鼓噪直抵屯下。公知不可遏，乃肩[①]舆入其军，开谕国家威灵，贼罗拜。公与之约：毋焚掠。成等从命，拥公至道州。公时有听训，厉贼惮公之正，使己不得大纵，乃送公出营。公上章以讨贼不効自劾，固请追服。有旨，召赴行在。力伸前请，得补服终长，起知贵州。

时南海贼号大棹，与福建多桨船商贩者，劫掠海道，所在窃发，咸不奠居，兵时疲于奔命，讨捕不能得。公一日召胥魁诘之曰："吾闻大棹阴与汝曹通，故兵将动息，贼皆先知，今逐[②]实言，不然，置尔于死地矣。"胥魁大恐，具言城中富家某人，大棹之囊橐也。遂命捕至，盛陈刑具，诘责之，即首服。令悉具徒众名姓，往来宿食之所，穷诘，尽得其实。令州县籍其产业，五家为甲，羁縻其家族，已乃释之，令指纵多，无不获。其多桨船，命依市泊过蕃法召保给据，然后得行。于是，贼党消散，河道清静。

州为蕃商所聚，人多入其货而隐其置，讦讼则书不可识，语不可晓，官必凭译者，而译者受交，隐其情实，蕃商终不能自白。公命求蕃书千文，及他书数种，先识之矣。乃命吏以蕃书告喻，群商争来诉，尽得其情，应负之者，悉征还。咸呼舞归其国。清

① 陆钞本作"乘"。

② 中华书局版《胡宏集》据清钞本改"逐"为"亟"。

明之政，播于海外。

未几，言者希时宰意论公，罢之。公遂乞致仕，继丁永国忧。服阕善类，交章论荐，诏许致仕，归江州阴，江东转运使。公皆固辞，被旨赴都堂禀议。明年，至阙下，奏曰："太宗时许转运使乘驿入奏，以绝壅塞之患。真宗亦令更互赴阙。自蔡京擅权，凡召用人材，止令赴都堂审察，在外职事官亦止都堂禀议。于是人材贤否，政事得失，上无由知。臣多病早衰，实不堪事，愿得一望清光，乞身归田。"有旨，不隔班引对，问劳甚渥。

公上奏曰："陛下方图中兴之业，而规模未定，故号令不一。昔汉高祖之取天下，其谋先定于汉中；先主之谋巴蜀，其计预陈于新野。今无一定之论，是以九年而无成，且君子小人之进退，实安危之所系，今庙廊之上，乃有附逆之人，而欲弭边衅、宁区下，不亦难乎！愿陛下无忽。"天语称奖，加秘阁修撰。公固求退，不许。

时东南漕臣当饷，刘光世、张俊军诛求无限量，公曰："吝于出纳，有司职也。痛加裁损，遂少横敛。葺芜湖废仓，寄卸诸路纲运，以省般运之劳。"又乞置造船场于建康府、南康军，以绝掠夺舟船之扰。两军军衣，例以夏税绢充。绢恶，至一疋添结钱千五百，谓之估剥钱。公行下诸郡，令纳绢者当亲纳，揽纳子钞及姓名于绢端，以绝滥恶，免估剥之费。

伪齐入寇，刘光世军于合肥，贼军渡淮，公方在上江，光世欲走，乃声言乏粮。时车驾在姑苏，中外震动，诏书促公济光世军。公昼夜并行，至太平州。光世辎重已蔽江而下，公至庐州而光世已引兵出东门矣。公直入城，具以仓库金谷岸次纲运上闻，按抚居民，以大义责光世。光世乃改图，进袭刘麟，破走之。非公，则光世几败大事。然公为漕臣，而与主帅不协，乃力求去。

诏与浙漕张汇两易。

镇江府吕城夹岗势高，久不雨，则漕甚艰。公取唐韦，损刘晏，考核状，鸠工聚材，增浚治，遂无浅阻之忧。于德胜桥置仓和籴，乃以平价，且免脚乘欠折，每上江、淮粮运至镇江，则候潮，闸占舟船，妨折运，而纲兵侵耗。乃乞置仓，以转般为名，卸纳诸路。朝廷从之。

公连年入觐，未尝不求归，上嘉叹高志。亲书“芗林”二大字以赐公，除徽猷阁待制，升转都运使。公辞，上曰：“此旧物，可无辞也。”居三月，除户部侍郎，再辞。皆批答不允。

公奏曰：“安民固国，必资储蓄。江西宜于洪州置籴，于江州置转般仓，以给淮西。湖南于潭州置籴，于鄂州置转般仓，以给襄汉。湖北于鼎州，淮西于庐州，淮东于真州，与造舟船，则遣戍出兵，无往不利。当今天下急务有三焉：一曰士风不竞；二曰兵籍不修；三曰户版不实。显忠良，黜侥幸，才则举，循名责实，所以正[①]浇薄也。去老弱，升勇健，创簿正名，使诸州上帐于兵衔[②]。诸将上帐于枢府，著乡贯，书事势。季申岁考，所以除诈冒也。凡诡名挟户，典买推收，进丁退老，分烟析生，田亩升降，货殖盈虚，必以时核实，所以革欺蔽也。此特大略耳。推而行之，则在乎人焉。”

公因入对，言敌情不可测，宜饬边臣，严为之备。论奏甚详。上顾问，辱三奏对移。时中书舍人潘良贵摄左史，忽出位言曰：“天时暑甚，向某不可以无益之言久动圣听。”

公退，即上章待罪，且乞致仕，曰：“身叨侍从，职在论思，

① 清钞本作“止”。

② 清钞本作“部”，疑或为“衙”之误。

入觐严宸，叠蒙清问。但欲丹衷之罄，不知寸晷之移。遂致纠弹，是为过咎。”上批：“向某无罪可待。所乞致仕，降诏不允。”良贵亦待罪上曰：“榻前之语，良贵何由得闻？可谓面谩矣。”特放罪与宫祠。

公求去不已，乃除徽猷阁直学士、知平江府，公复力辞，不允。上赐舟，亲题曰：“泛宅。”

公之官两月，复乞致仕。闻王伦使回，欲行非义之礼，归意益坚，复伸前恳，仍具奏曰：“比王伦由平江闻河南故地可得，维[①]知使人以诏谕为名，臣窃惟御戎之道，自古人主不惮屈己，与之和亲有之，未闻首足易位者也。宜谕韩世忠却之。又，臣闻本朝使金国者，多于城外经过，自有此例，已关国信。”计议所讫，会诏许公致仕，仍特降诏奖谕，以宠异之。

公归田隐，创堂别圃，摘话语名曰：“改疏”，追和陶渊明《归去来词》，以见遂初知止之意。逍遥徜徉，高视宇内，遐观物表，自适其适者，凡十有三年，虽怀忿惫，不然和[②]议，而亦不遭死徙之祸。可谓能见几而作者也。

开府公葬清江之芙城，公于其侧[③]待地曰：“金泽植松柏，营兆域棺椁。”衣衾无一不具。壬申三月十有六日，以疾卒于正寝，享年六十八。病中自占遗奏，其末曰：“勿为小康而忘大计。”讣闻，正奉大夫。诸孤奉公之丧，以七月庚申葬焉。

娶宗子博士范瓛女，封硕人。子七人：洛，右奉议郎；澮，右奉议郎；浯，右宣教郎。余早卒。女七人：长适右宣教郎刘长

---

① 中华书局版《胡宏集》据清钞本改为“继”。

② 原为“不”，中华书局版《胡宏集》据清钞本改为“和”。

③ 原为“剑”，中华书局版《胡宏集》据陆钞本改为“侧”。

福，次适右从事郎吴敦谦，次适右迪功郎黄掞。余在室。孙男四人，孙女六人。

公天姿超迈，读书务观古人大节，不专守章句，志大气刚，见义必为，置死生于度外。识虑深远，洞见物情，钊剧治烦，迎刃而解。兴利除害，不计目前。为政虽严，而宅心忠恕。性至孝，承颜养志，必探其微。友爱诸弟，恩泽遍诸侄，然后及孙。和睦宗族，置敦义庄，以赡贫者。敦故旧，亲名贤，与朋友交，尽言无隐。赒人之急，不计其私。自奉甚约，素重常某。死之日，经营其大事。陈公瓘，黄公庭坚以贬死，皆往会其葬，竭力资助焉。

少见刘公安世，问为学之要。安世曰："诚而已。此司马公之教也。"公敬受以归。其后复见，极论天下事，器之，深加叹赏，曰："异时必有立于世。"方腊作乱，朝廷下发运司捕之，公时为属，献言曰："若急请于朝，以刘公安世尹南都，陈公瓘镇金陵，人望归之，可不劳兵而破矣。"识者曰："此真良策也。"司长不能用。致仕之后，积俸钱三百万，谓子弟曰："无功而受禄，可乎?"悉捐入郡庠，为养士藏书之费。则公之仕也，不念于利禄可知矣。

建炎己酉之冬，与先君遇于熊湘之西，神姿爽迈，超出群众。议论英发，忠诚动人。莅官临政，声震一方，望之隐然。先君尝言于庙堂曰："向某气质忠鲠，心向国家，尊戴君父，徇公忘私，正今日扶持三纲，可备使令之人也。"惟宏于公，既当子弟之列，而终身不获贽见，状公平日，不已僭乎！方圣学衰微，异议繁殖，或能使君子、大人心之精微，不明白于天下后世？是以征诸先君之言，敢书公行事，以俟作者，而不辞也。

刘开州墓表

绍兴二十有六年闰十月乙卯，元祐丞相刘忠肃公曾孙芮，葬其皇考开州太守、皇妣孺人蔡氏于潭州湘西谷山之原。故谏院颍昌韩璜先既为之铭，故判监江陵孙伟继尝表其在峤南之墓，而芮又有甲寅碣阴释疑之记矣，他人尚何言哉?

推芮三世，专以修其天爵，负荷世业。芮毅然之气，激切动人，念念以不能从先志返葬岭北为深忧。自癸酉岁至于丙子，居厄穷中，卒克成其志者，实赖彭城刘公锜矜芮诚孝，大推锡类之仁。芮始卜地，屏去阴阳家祸福之说，曰："克襄大事，死则瞑目。"既葬，人皆以为江山形胜，土厚水深，真公侯家佳兆也。

夫事无大小，运无兴废，要之在有成而已。志立不贰，神明来应，如芮孤洁之身，积其意诚[1]，天星再周，越岭浮湘，水陆千余里，一举而葬者。千丧在芮之分，亦可谓能办大事矣。此志也，可为天下人子法。君子尚之，常人忽焉，而某精知之，所以直自恕其不足以及先进，而敢踵二公记开州之葬，以诏天下后世之为人子者，当励志存诚，不可以力不足而遂死其亲也。

赵监庙墓表

君讳睦之，我宋太祖皇帝弟魏王之五世裔孙也。以祖在检校少保镇潼军节度使荫补入右选，积阶至秉义郎。绍兴二十九年八月乙卯宴坐而终，享年五十有九。娶张氏，子五人：公远、公通、公达、公适、公巡。二女早卒，一女未笄。孙男二人：彦回、彦弓。以十月壬申，葬于天柱峰南官塘之原。

---

① 清钞本作"诚意"。

靖康二年春，京师沦陷，君奉母夫人，携幼弟、孤侄，南奔寓于衡山。女兄孀居，自岭表迎致，以禄养。从仕累为管榷官，公勤廉洁。尝监岳祠，前政良，不能行[①]，值寇暴至，左右皆弃去，独一兵负免之。君至，即拔为部辖，曰：“士大夫遭乱，失节者多矣。小人而能义事，不可不旌也。”

君事偏亲，抚弟甥于隐约中，至于成立，而人无间言。与人交，开心见诚，待下宽慈，民间号为“佛子”。遭亲丧，哀毁无违，服阕如在。所见权臣欺天擅命，慨然而归，不复出仕。食指日众，忝养微薄，而安心意恬，了无忧愠。延[②]礼修儒，教子以《诗》、《书》，不耽于释，不溺[③]于老。时时独酌，浇灌胸中，以舒写忠愤。好论秦汉以来兴亡大事，品量拨乱济世人物，自东夷深入，及朝家不得已行，孟轲氏畏天之论，义气填膺，嚬蹙切齿。言曰：“人能磨琢性情，至于无血气争竞之心，然后可以从仕。吾侪狭隘小人，岂能广大如此！”

惟君平易简直，不修饰以取誉，不奔走以干进，虽圣主仄席，有诏求亲贤，而当路无由知之。未及举用，遂尔沦亡。夫干将、镆铘，不斩不伐，则莫知其足以摧击坚强也；镜涵其明，不照不鉴，则莫知其足以区别妍丑也；士藏其器，不登不洁，则莫知其足以处大事济大难也。国步方未平，有如此宗子，犹不得一伸其所蓄，况幽远之大哉？安得抡材之士，肯尽搜求，举用之道乎？噫！国家兴隆，在天下贤士汇征而已。欲以觉今阐后，此赵君墓表之所以书也。

---

① 原句为“前政不良能行”，今据文意改正之。

② 原文作“迺”，中华书局版《胡宏集》据清钞本改作“延”。

③ 原文作“养”，据清钞本改为“溺”。

彪君墓志铭

君讳虎臣，字汉明，生七十五年，绍兴二十有二年卒。卒之日，湘中贤士大夫失声叹息曰："善人亡矣！"子有一人，将葬于湘潭沿湖之源，其子泣而请叙其行治，求铭。

作者谨按：彪氏出于楚斗谷于菟，实令尹子文傒世，著姓于卫君，七世祖避李唐中叶之患，自山东徙于潭州湘潭县。曾大父翼，大父淑，皆好善乐施，有长者称。父约，天性孝友沉厚。君生六龄，家贫，甚有道流诱之，奋然曰："我家世读书，可从尔乎?"父甚壮之，力遣就学，颖出诸童。稚年十有一游郡庠，俊伟不群。既而连遭大父、母丧，竭力营养，不汲汲求进。获荐之日，年逾四十，益念亲老，不复求仕，以经术教授学者，争迎致。因是徙居湘潭县之冠田。天性和易，而教尚方严，以不欺为本，以孝弟为先，以文艺为后。故从之者不徒务进取，率有不畏而不为。青人张所早游京洛，闻二三先生余论，所至知访求人物。宣和中典教长沙，遣其婿就学，远近士子益依归焉，号为"乡先生"。居亲则犹犹翼翼，不忍暂出，无毫发忤。丁父忧，虑无以葬，友人谭烈父奉议公极见其哀毁，恻然心动，则与以己所卜地，又使用其最吉者。及至葬，远近来观，无可恨恨，皆叹息曰："此诚信所致也。"因母有上气疾，遂究心于医，每疾作，与其配王氏衣不解带。及母丧，年始衰矣，哀慕如童少。夫妇终始相敬，君必整冠衣危坐。生二子，曰居厚，居正。女一人，适乡人许君。许君早卒，女从父母守，志节不贰。收教亲族孤遗者三人，教之不入，自恨自责，为之婚娶，死又抚其孤。

终身与人交，惟恐其有不善。父子兄弟朋友之间，有争忿欲离绝者，以为之洗磨瑕垢，复相和好。邻有幼孤，以门内阋夺，潜寄橐中巨万，君哀而受之，长而归之，无毫发取。奉上不过恭，接下不轻狎。爱重故旧，犯而不校。胸中了然，不妄臧否。遇人饥寒，解衣推食。

君之学，本诸六经，泛观百氏，无所不通。甚不喜浮屠学。

我仲氏被召造朝，访以治道，君慨然曰："今日之急，民心涣散，收之在于理财；理财在宽其力。省官吏而严限冗杂，并州县而尊重守令，禁侈而节制衣服，励任子，举孝廉，严保仕，增泉货。行法之初，遣使观风，考[①]较真伪，信赏必罚，时不小康者，未之有也。"其言明辨，亹亹有条理，真怀才抱道不试之人也。有《湘山野老十一论》传于知己。

方君壮年，靖康守王公某，倜傥好士，闻名立挽致，一见奇之，欲以边功奏，君曰："此浇冒事，某不为也。"晚年欲劝就恩，君笑曰："早乖志愿，晚而窃禄，非本志矣。"少时与同郡王以宁负豪气，不相下。后二十年，王因乱自达，以诗问君曰："'浩歌排两脚，豪思横天涯。'今如何也？"君谢曰："初年习气，扫除尽矣。穷达异道，何相问为？"足迹不入城府者二十年，伏饥腊寒，泊如也。交游裒金为求田问舍，君不肯受。我伯氏及向公子复交，以书喻之，君虽不得辞，而终自愧。

自舂陵周先生死，湘中学者无所师承。吾先君南渡熊湘，君一见则有得于心。及其子长，遂命受业于门矣。将启手足，命居正曰："尔其卒业于文定之门。"援笔书曰："痛哉！永诀，累吾良友。"又命居正达意许氏，"俾尔姊得终其节，则吾死亦瞑目矣。"语毕而卒。呜呼！生不为名利累，死不为儿女悲，临大变，质诸义，无愧辞，全天归之，可谓仁矣。惟君深知宏，义不得辞

① 四库本原文为"者"，中华书局版《胡宏集》据清钞本改为"考"。

其子请。谨状。

后九年，居正再拜而前曰："楚衡先生既终矣，铭先人之墓者，舍先生谁可为之?"铭曰：维时子文，孔圣以为有未知兮，后二千年，其曾孙能之。不王不伯，纾国难以成其忠兮，而天命婴之。克振厥祖有曾孙兮，启佑后人而敬承之。我作诗诏尔三楚之士兮，庶或赓之。

谭知礼哀词

梗楠豫章，材之良者也，不可以其夭于斧斤，而等之樗栎也；五谷，种之美者也，不可以其伤于蟊贼，而谓之不若荑稗也。吾友谭知礼，是不失节于逆臣，痛愤主辱而死、追赠延康殿学士谭公世绩之族侄也。

知礼生长市廛间，本碌碌读书，从众为举子事。一日，闻武夷胡先生来寓衡山，慨然束书，登堂拜伏，请受业焉。退居近便地，扫除前日气习，抱《春秋》经三传，阅《资治通鉴》，未几文定先生殁，知礼乃去。

既而委妻以事亲，遗二稚子，来居萧寺读书，不舍昼夜。以坏器盛粗饭菜羹而食[①]，知礼益僝然，若不胜衣。宏尝闻之，曰："何苦如是!""我为必得计也。"宏曰："世俗纷华，盖有命焉，其可必乎?"礼笑曰："世路纷华，不足以立身事亲，我之意惟有读圣人书，求圣人之道，庶几其可。然而知礼愚，欲苦[②]形清虑，磨以年岁，必欲见圣人之道，然后归耳。不如是约，恐资釜尽，

---

① 原文为"以怀盛器粗饭菜羹而食"，中华书局版《胡宏集》据清钞本改为"以坏器盛粗饭菜羹而食"。

② 原为"若"，中华书局版《胡宏集》据清钞本改为"苦"。

则不足以成吾志。”宏因赞之曰：“是在我者，真可以得。子其勉之！”知礼益自信，时朋侪亦有为是念者，不能如知礼之坚决必求也，则有以浮言揶揄之者，知礼不为动，其志益励。不幸其亲病，知礼归，不及见其亲之终也。先时揶揄之者，悻然以不孝为知礼罪，且播之乡曲。呜呼！匡章，通国谓之不孝，而孟轲氏独礼貌之者，以其志之无罪也。今观知礼之志，加于章子一等矣，遭是名也，可谓不幸，非惟是之不幸也，未及终丧，旋又身死焉。

呜呼！使知礼而不死，则充其志崇大业，庸讵知其不可以为济生民之津筏乎？庸讵知其不可以为荐之神明德盛而充天下乎？夫人欲以如是一身而事其亲，天下孰能加焉？噫！受命之穷，其重不幸也。虽不得见其成，而原其志，即其根种，乃五行之秀，天地之英也。彼纷纷之诽谤，岂能揜铄其精神而诬蔑之哉！

后二十年，二稚子长者夭，少者颇能忆其父事，固穷事母孝，以读书立身。来拜且泣曰：“自先人重遭不幸，其孤不肖，至今未有铭文。知先人者，惟先生在，敢以请。”宏曰：“是诚在我，我其可辞！”

铭曰：周公而上，大道行；孔圣、孟氏而下，大道不明，仁义充塞。千百五年有二程，天下诸方见者，教育各有成。惟我先君子，挺然后生，知之以闻。晚岁卜居衡山之下，慕而后者有如君，不幸短命死。苗而不秀，知者悲辛！

题吕与叔中庸解

靖康元年，河南门人河东侯仲良师圣自三山避乱来荆州，某兄弟得从之游。议论圣学，必以《中庸》为至。有张焘者，携所藏明道先生《中庸解》以示之，师圣笑曰：“何传之误，此吕与叔晚年所为也。”焘亦笑曰：“焘得之江涛家，其子弟云然。”按河南夫子，侯氏之甥，而师圣又夫子犹子夫也。师圣少孤，养于夫子家，至于成立。两夫子之属纩，皆在其左右，其从夫子最久，而悉知夫子文章为最详。其为人守道义，重然诺，言不妄，可信。

后十年，某兄弟奉亲，南止衡山，大梁向沈又出所传明道先生《解》，有莹中陈公所记，亦云此书得之涛。某反复究观词气，大类横渠《正蒙》书，而与叔乃横渠门人之肖者。征往日师圣之言，信以今日己之所见，此书与叔所著无可疑，明甚。惜乎莹中不知其详，而有疑于行状所载，觉斯人明之书，皆未及之语耳。

虽然，道一而已，言之是，虽阳虎之言，孟轲氏犹有取焉。况与叔亦游河南之门，大本不异者乎！尊信诵习，不敢须臾忘勇哉。

莹中之志，某虽愚，请从其后。

题司马傅公帖

愚晚生于西南僻陋之邦，幼闻过庭之训，至于弱冠，有游学四方，访求历世名公遗迹之志。不幸戎马生于中原，此怀不得伸，久矣。今获观文正司马公、献简傅公书、诗十有二纸，反复诵玩，亦足以见君子之交，虽相称誉，必以情实，无朋党比周之意也。哲庙之初，拔茅连茹，以其汇征，故元祐之政，斯民鼓舞。乃有立党论以排君子者，遂使神州陆沉[①]，衣冠鹭于江左。孰能反斯道，任如文正、献简者之人，以佐天子，内修政事，外攘夷狄，复祖宗之境土乎？堂堂大宋，必有人焉！

《易》曰：“否终则倾。”言否之不可长也。予傥不以穷困疾病即死，尚庶几及见焉。

---

① “神州陆沉”之后原有“者”，中华书局版《胡宏集》据清钞本删削。

题刘忠肃公帖

刘忠肃公曾孙芮，访某兄弟于南山，论心讲道，因得观其先世遭谗诬之本末。则顾有以自附者，于礼有之，贱不诔贵者，为其近于谄也；幼不诔长者，为其近于僭也。推是礼而伸之，则晚生下士，而欲称扬群公先正之德业，多见其不知量矣。故某于丞相德业，不敢复措一词。惟是历观前世名公巨卿，辛勤立门户，不旋踵而败坏，蔑有闻焉者[①]多矣。其所以败坏无闻者，何也？后无人也。若今肃公之子，执义明白而不摄于威武，不渝于患难，不移于贫贱。若忠肃之孙[②]，尚守其先志。其曾孙，虽贫且贱，然明于事君之义，强学力行，益能保世以滋大。

夫富贵功名，一时事耳，惟久处穷约之中，而能滋其大德业，传之无穷，真可谓人之子孙矣。某以绵力，负荷先业，战战兢兢，常惧勿克。见[③]忠肃公曾孙之能若是也，既欣且慕，某[④]识此也，以自固也，亦以诏我后之人。

题孙判监奏稿

余友孙蒙正会文南山，示余以其先人奏稿。

呜呼！此上蔡先生所谓“不为一身之谋，而有天下之虑”者也。存是心而不失识，可优于天下，是特宝是故纸陈墨欤？固将推是心，负荷先业，光而大之也。

孟子曰：“古之人所以大过人者，无他焉，善推其所为而已

---

① 原无“者”字，中华书局版《胡宏集》据陆钞本和清钞本加入。

② 四库本原为“言”，中华书局版《胡宏集》据陆钞本和清钞本改为“孙”。

③ 原为“且”字，中华书局版《胡宏集》据陆钞本和清钞本改为“见”。

④ 原为“其”，中华书局版《胡宏集》改为“某”。

矣。”正孺勉之哉！

题张敬夫希颜录

颜子，资禀天然完具者，以其天地心，大则高明，高明则物莫能蔽，故闻一知十，观听夫子言行，终日不违，更无疑义，亦可谓贤达之士，自足一生矣。然夫子必博之以文，使颜子求知所生而至之；约之以礼，使颜子既知所终，力进而终之。致颜子进德修业，与天同大，不止了其一生，此圣人所以成就英才，欲与共代天工者也。

《论语》之所谓礼，即《中庸》之所为善。颜子有不善，未尝不知，至明也。非物格者，不能也。知之未尝复行，至勇也。若非仁者，不能也。起居言语，无非妙道精义，自不可须臾离，故欲罢不能也。既竭吾才，可用力处，颜子无不尽也，如有所立。卓尔颜子，见夫子妙处，卓然分明也，虽欲从之，未由也已。非不能从也，妙处不可以才力进也。要当加之以岁月，自然而化耳。此颜子之学，所以为有准的也。

当时夫子循循善诱之，方今虽不可得而闻，然博之之文，约之之礼，具载于《易》、《诗》、《书》、《春秋》，粲然盈于天地[①]日月之间，患在人由之而不知。或少知之，而遂自画不下颜子进退不已之功耳。此圣学之所以鲜传，异端之所以横流，为可惧者也。

敬夫著《希颜录》，有志于道，大哉志乎！

颜子欲为大舜其所为者，有始有终，如是焉，终亦不已矣。故夫子既许颜子以损益四代，而犹戒以“放郑声，远佞人”，不以人心为可恃也。使敬夫而得是意，则忘是录，可也；忘是录，可

---

① 原文为“下”，中华书局版《胡宏集》据陆钞本改为“地”。

也。庶几传之者广，而圣人可作，邪说可息，岂小补哉？

某从事于斯，既专且久，故乐为敬夫道，不自知其愚也。

题大学

傃甥！尔曾叔祖祭尔考之词曰：“勿忧傃不俊，当忧其不学；勿忧傃无官，当忧其不立。”

呜呼！至哉斯言也。

夫不学，则不能有立；不能有立，虽俊而贵，将焉用之？自恃俊才，挟贵势以覆宗亡家者多矣。余故曰尔曾叔祖“好学、有立”之言为至也。虽然，世学多歧，鲜知正务。《大学》一书，孔氏之门，指学道之正路也。余今授尔以伊川所正之文，往熟读之，朝夕勿忘，必至于能有所疑，亲师而问之，取友以磨之，必至于昭然若发蒙，一见天地之全，古人之大体。庶几学成有立，不负尔曾叔祖敦厚本宗之志，以不堕尔祖延康公之业矣。

傃，勉之哉！

题祖妣志铭

建炎乙酉之秋，江淮河汉之间，群盗纵横。先文正被召趋行在，仲任行事，某当家责[①]。以强暴逼人，沮、漳之间，非遗种处也。则奉母令人，及诸亲属，弃生生之资，渡岷江而南。不几月，大盗蜂聚，故庐文书数千卷悉为灰烬，而祖考、祖妣志铭亦在焚中。

庚戌岁，得祖妣志铭于吴郛卫道。卫道，先君门人也。绍兴戊辰，仲得祖考志铭于游掞德华。德华，广平先生幼子也。此吾

① 原文为“贫”，中华书局版《胡宏集》据清钞本和陆钞本改为“责”。

祖考、祖妣之德义行业，微二子者传焉，殆将泯矣。为人子孙，乃震于一时离散死亡之虑，忘其祖考、祖妣之所以明扬于千万世者，而不知负之以生死，死不瞑目矣。

今也幸而得之，谨手录而藏之，又将与知敬其祖者传而广之。庶几哉！可以息黥补劓，图全而归之于父母也。

被召申省札子

闻命震惊，罔知所措。

伏念某昨受先父荫补，旋丁外艰，服除之后，庙堂亦尝怜其贫，因俾之窃禄。而某一向灾蹇，疾病频仍，曾无好岁。血气衰损，重以长兄亡于瘴毒，痛心伤血，鬓发成丝，目视昏花，步趋缓纵。顾兹凋朽，乃蒙严召，虽有陈力就列之心，已觉筋骸之难强矣。起坐彷徨，无以为计，退而深念，使某奔走承命，能有涓涘裨益于国事，则虽颠踣道途，亦无所恨。若只贪冀荣宠，忘其临深履薄之志，徒然冒昧，而不可谓之孝，尚何望其忠哉！辄布悃忱上，干洪造，伏望都俞之间，一为敷奏，寝罢成命，俾某得保其支离，以终天年。非特小生之幸，亦足以昭圣朝不使一物失所之仁于天下矣。

求仁说

关西刘子礼访愚于南山之下，相与论圣人之道焉。如愚者，真所为道师之言，仅能不失[①]者也，乌能呈人容色，知病浅深，而药人之病，起人之废乎？虽然，论道者解[②]博学之难，如子礼之

---

① 原为“识”，今据清钞本改作“失”。

② “解”字清抄本作“鲜”。

谦，不耻下问，而不一言，是失人矣。

夫圣人之道，本诸身以成万物，广大不可穷，变[①]通不可测，而有一言可以蔽之者，曰：仁而已。仁也者，人也。人而能仁，道是以生。生则安，安则久，久则天。天以生为道者也。人之于道，下学于己，而上达于天，然后仁可言矣。

《论语》一书，大抵皆求仁之方也。审取，其可以药己病，病去则仁，仁则日新，日新则乐矣。此岂言语之所能及乎！故为求仁之说以赠，所以相勉也，亦因以自警云。

祭杨子川文

呜呼子川！元年乙酉之冬，我兄弟奉板舆、渡岷江而南迈，始识君于熊湘，屈指二[②]十六年，终始保而无亏，常离忧于聚散，今云亡而莫追。

呜呼子川！信先民之有道，友仁以自辅，事贤以自将。我兄弟情与相款，狎美景良辰，往来上下，览衡山之雄秀，观碧泉之清冽。鲙神鲤以食我，酌清泉以饮我。酒酣意得，谈今玩古，目视霄汉，气吐虹霓。或好词以我誉，或正色而相规。生迟莫而不休，心希慕而不退。

呜呼！人谁不生，而子川之生为有知也；人谁不死，而子川之死尚有词也。有知不昧，有词可垂，君蹈常理，又奚以悲？

敬陈薄奠，惟君歆之。

① 原作“也”，中华书局版《胡宏集》据清钞本和陆钞本改为“变”。

② 原作“六”，据清钞本改为“二”。

祭赵仲礼文

呜呼仲礼！出自秦王。呜呼秦王！宗室之英。如何后嗣，亦弗能振？维时仲礼，禀气之纯。菽水致欢，孝于事亲。死而不忘，恭于事兄。善与人交，开心见诚。大友于弟，逊而不争。遭时艰难，有怀欲征。人意我异，弗厉弗兴。浩浩义气，填胸塞膺。发论慷慨，引史为征。为时惜贤，为国忧民。退安陋巷，如鲁诸生。好古乐善，河间东平。在涧在陆，如何大君。不怨于天，不尤于人。日饮尊酒，以乱我心。

呜呼仲礼！大舟陆沉。与我愚者，利同断金。笑语未终，遽闻讣音。宜康而寿，天乎难谌。

斐词致奠，魂兮[1]来歆。

祭表兄范伯达文

呜呼表兄！鞠于我家。孩幼聪慧，兰茁其芽。固永寿君之所钟爱，而文定公之所称夸。与我兄弟，情均靡他。同队嬉戏，言语呕哑。发蒙就傅，唱和弦歌。诵诗读书，共李分瓜。居我姑丧，哀毁莫加。从亲宿师，待禄京华。数载奉丧，南归西坡。寝苫泣血，哀深蓼莪。斩然头角，志尚可嘉。奉养偏继，弟妹拊摩。天性孝友，能容以和。勤力耕耘，姑之桑麻。

兄弟朋友，相从相过。带经问学，如切如磋。上论羲轩，下述丘轲。妙在胸次，神化森罗。作为文章，未壮登科。遭时离乱，邅回婆娑。官于长沙，寓领之阿。流落虽深，事业烝烝。大臣知之，荐于蓬瀛。转对丹陛，纳忠大君。国论未定，奏记辅臣。好

① 原为“方”，中华书局版《胡宏集》据清抄本改为“兮”。

不可恃，仇宜治兵。时宰疾之，退职祠庭。阐高东南，籍籍厥声。不戚困踬，自乐其正。久乃监郡，复二大州。廊庙思贤，明诏征求。万化本心，献于前旒。天子嘉之，秘阁宠收。有忌我者，持节分忧。剖符南海，散地归休。呜呼少壮，未尝不合。并既老至，而长分离。况外家之多难，而孤露之已衰。思往日之不可得，已冀今来犹可致书而相绥。

呜呼天乎！何斯人之不淑，而讣音之奄来也。

敬致薄奠，式陈菲辞，以写予痛哭无穷之悲。

祭范元作文

呜呼！身之穷达，在于命耶？抑在智耶？命之济否，由于天耶？抑由人耶？粤观于公，竟何如耶？少处患难，芝兰萌芽。长富经史，浸有声华。承考之志，克己无邪。左丞爱之，任[①]于朝家。起佐二州，时多虺蛇。从容笑语，解其纷拏。仍使六车，驰驱骃骅。一裕国计，不弭民嗟。啧有烦言，载鬼一车。婆娑散地，种柳栽花。有台有观，无竞无哗。毋怨毋恶，莫怨莫嗟。子子孙孙，绵绵如瓜。昔之进也，鹗荐有嘉。后之弃也，玉本无瑕。达在命只，济由材加。优哉游哉，人生有涯。寝于巨室，天高至遐。

一觞致奠，魂其歆哉！

文定书堂上梁文

我祖武夷传世，漳水成家。自戎马之东侵，奉板舆而南迈。乃眷祝融之绝顶，实繄诸夏之具瞻。岩谷萦回，奄有荆、衡之胜；江湖衿带，旁连汉、沔之雄。既居天地之中，宜占山川之秀。回

① 原文为“在”，中华书局版《胡宏集》据清钞本改为“任”。

首十年之奔走，空怀千里之乡邦。燕申未适于庭闱，温清不安于枕席。纵亲心之无着，顾子职以何居？气象巍峨，欣瞻日宫之近；川原膏壤，爰列舜洞之旁。背枕五峰，面开三径，就培松竹，将置琴书。良为今日之规，永作将来之式。工[①]徒大会，筑削告成。所用修梁，聊申善颂：

抛梁东，爰有仁人住岳峰，万里春光来席上，四时和气在胸中；
抛梁西，诸峰秀色与天齐，人间日望兴云雨，雪月吾皆自品题；
抛梁南，靖深端北俯澄潭，池面跃鳞看似锦，竹间流水胜于蓝；
抛梁北，大家尚尔淹南国，春秋拨乱仲尼书，年来献扫妖氛则；
抛梁上，道与天通自奋扬，当仁不愧孟轲身，禅心事业遥相望；
抛梁下，明窗净几宜凭藉，道义相传本一经，儿孙会见扶宗社。

伏愿上梁以后，庭帏乐豫；寿考康宁，中外雍和，子孙蕃衍，流光后世，受福无疆。

碧泉书院上梁文

上圣生知，犹资学以成其道；至诚不二，宜求仁以觉诸愚。振古于斯，于今是式。弘开大业，属在吾人。永惟三代之尊，学制遍乎家巷;爰从两汉而下，友道散若烟云。尼父之志不明，孟氏之传几绝。颜回克己，世鲜求方；孔伋论中，人希探本。弃漆雕之自信，昧端木之真闻。干禄仕以盈庭，鬻词章而塞路。斯文扫地，邪说滔天，愚弄士夫如偶人，驱役世俗如家隶。政时儒之甚辱，实先圣之忧今。将寻绎五典之精微，决绝三乘之流遁。穷理既资于讲习，辅仁式藉于友朋。载卜会文之方，乃堂碧玉之上。

---

② 原文为“生”，中华书局版《胡宏集》据清钞本改为“工”。

南连衡[1]岳，北望洞庭，居当湘楚之中，独占溪山之胜。震风凌雨，人知扬子之帡幪；寒士欢颜，心壮杜陵之突兀。帷下不窥于董圃，车喧宁接于陶庐。期圣奥以翻经，立壮图而观史。由源逢委，自叶穷根，明治乱之所由，岂荣华之或慕。贫者肯甘于藜藿，来共箪瓢；至而未断其贤愚，惟应诚笃。无行小慧，以乱大猷。各敬尔仪，相观而善。庶几伊、洛之业可振于无穷，洙、泗之风一回于万古。清朝大匠，告举修梁。欲见鄙心，聊申善颂：

抛梁东：波光碧玉日射红，春到柳条金色嫩，莺迁乔木万方同；

抛梁西，秋空新月淡娥眉，侍讲不从歌舞乱，秦关伯起定天知；

抛梁南，衡峰云碧净潭潭，一篑进功谁是伴，坐看青色胜于蓝；

抛梁北，妖气[2]未除关塞黑，羲经求辅敢遑宁，作颂永垂千祼则；

抛梁上，青天白日云无障，清明奴隶亦知之，妙处直须朋友尚；

抛梁下，道遍乾坤无缝罅，胸中变化事无常，可与吾皇辅宗社。

伏愿上梁以后，远邦朋至，近地风从，袭稷下以纷芳，继杏坛而跄济。云台断栋，来求概日之楩楠；天路渐逵，看引风生之骐骥。驱除异习，纲纪圣传，斯不忝于儒流，因[3]永垂于士式。

史论

太公

项羽谓汉王曰："不急下，吾烹太公。"汉王宜曰："如吾与

① 原为"恒"，今改为"衡"。

② 陆钞本作"氛"。

③ 陆钞本作"固"。

若俱北面受怀王命，约为兄弟，吾翁即若翁，必欲烹吾翁，是欲自烹而翁也。羽昔年弑君，而今欲弑父，既无君父，何有于兄弟？吾将以死讨君父之贼，岂忍为汝下乎！"

刘项

秦以酷急失人心，项羽又所过残灭，所谓以火救火。沛公素宽大长者，一时便有首出庶物气象。譬如弈棋，此第一着胜羽也。沛公若不能还军灞上，则必与羽斗于关中，是以桀攻桀，兵强者胜。一还灞上，不为利欲所昏，清明在躬，便志气如神，应对皆当，此第二着胜羽也。至于第三着，以羽弑共主，举军缟素，告诸侯而伐之，此着正是。既入彭城，则取货宝美人，置酒会，无意讨贼，龙头蛇尾，着而不杀，遂使羽一向猖獗，几不能定。然羽拙甚，故终能取胜。

夫战之胜负，不足以决成败。故羽七十余战，未尝败北，终归灭亡。汉祖得伸与屈夺之机，韩信在其机中而不悟，而为之擒。陈余龙且在韩信机中而不悟，而为信擒。信可谓知其小而不知其大者。张良于一时人物，独许之，以可当一面，亦大奇矣。以比汉高，便自霄壤。汉高可谓天授，诸人不知天命，即与之争，枉作乱臣贼子耳。

韩彭

韩、彭之所以亡身及其族者，以梁、楚为之累也。使信、越不爱梁、楚，汉安得而族之？

黥布

薛公一言而封千户，薛公，楚之望也。此汉之所以破黥布也。

或问："布之反，出不得已。君子恕之乎？"曰："臣而反其君，乌可恕也！"或曰："为布计者，宜如何？"曰："蕲西之过[①]，汉祖遥问何苦而反？布宜应曰：'臣不敢反也。方陛下危困之时，爱韩信、彭越及臣如手足，今天下定矣，则视之如寇仇。往年以诈缚信，今年以疑掩越，残其身，夷其族，陛下平日宽大长者，今变而为狭隘之人，臣与信、越同功一体，乃忍死于狱吏，是以至此。若陛下察臣无罪，反躬知愧，退师释甲，则臣束身自归，岂忍多杀士众，为背叛之人哉！'"

汉祖服义，不比常人。一言而官季布，以一言而置蒯彻，以一言而释栾布。夫若布为此言，帝必有以处之矣。

景帝

汉景方其宠晁错，虽穿太上皇庙堧垣，亦无罪。及恶临江王，则侵太宗庙堧垣倒[②]而死，亦不恤。任私意而不循义理，使君臣父子一至于是。又以郅都为中尉，贵戚、宗室号曰"苍鹰"。后坐不与临川王刀笔，竟被诛。既宗室多犯法，则又用宁成。夫欲亲亲，必选有节行、贤德之人为之师傅，为之交游，下民犹不可以酷法治也，况宗室乎？

晁错

晁错小有才，未闻君子之大道，遂致灭宗。岂特景帝寡恩哉？错若自请讨吴，以周亚夫为己副，军事一以委之，岂至若此？

---

① 清钞本作"遇"。

② 中华书局版《胡宏集》据清钞本改为"到"。

周亚夫

人不可不知道，知道然后知进退。亚夫，勃之子，细柳军容威震人主。吴楚之反，计谋独出诸将之上，有盖天下之功。及因争废太子不能得，可以逡巡引去矣。后更为相，不知景帝特以人望用之也。先不肯救梁，后不肯侯王信，取诸贵戚怒，及不肯侯匈奴降者，乃谢病免。赐食无切肉，不置箸，见之使皇恐，请罪可也，犹顾上[1]席取箸，其不知几如此。其见杀也，岂特景帝之咎哉？

唐太宗

太宗起义兵，首数高德儒佞谀之罪而斩之。此义声振也[2]；其令天下以救苍生，此仁声振也。此其所以有天下也。论其行事，则一大将才耳，非有大君之度也。如高丽不服，遣将经营足矣，乃逞雄心，忽忠言，而自行，迄无成功，劳敝天下。他日高宗遣将平之，如反覆手耳。

中兴业

易俗

国家之败，必有坏乱，不起之处，深知其处。大变革之者，其功大；小变革之者，其功小；不变革者，必沦胥以亡。

夫风俗者，人主之所自出，士大夫之枢，而政事之影也。近

① 原为“尚”，中华书局版《胡宏集》据清钞本、陆钞本改为“上”。
② 原无“也”字，中华书局版《胡宏集》据清钞本、陆钞本补加。

世以来，行义凋损，政事殆废，风俗薄恶，人民嚣顽。子弟变父兄者有之，为王臣而从盗贼者有之，为诸生而献敌庭者有之，卒弑其守者有之，民杀其令者有之，执亲之丧而谋从王事者有之，以卑贱而徼讦动摇尊长者有之。上下习以为常，恬不知怪，而三纲绝息，人道大坏，乱之所由作，兵之所由起也。

昔秦政、王莽以酷急烦苛而亡，汉高、光武深达权变，知救弊之理，革之以宽简，故能以匹夫而有天下。及西晋尚清谈，弃礼义，中原涂炭，琅琊南度，因循不能大变，虽名贤辈出，仅能扶持，不绝宗庙之祀。其间凭恃强众，自以为能，不知救之之道，随流波靡，功几成而亡者，不可以概举。

夫已往之事，当今之覆辙也。人君鉴乎此三者，知当今之务在乎革易风俗。则当立至公之心，彰礼义之门，谨人伦之政，严上下之分，以消悖逆；用贤能，杜私谒，绝货赂，务实去华，信赏必罚，以消背畔；不开越诉之端，以消徼讦；干进者黜之，恬退者拔之，以崇廉耻；鼓天下之人，翕然并兴于义，而不可以利婴其心。

臣之于君，下之于上，实有子弟卫父兄之志，何兵不强？何贼不殄？何强暴不治？而中兴之业成矣。

官贤

设官分职，所以为治也。近世以来，善事上官，渔夺下民者，守令也。畏嬖宠之势，挠乱州郡，使上下之威不震者，有司也。阿党权贵，而不击刺官邪，淆乱是非为荧惑者，台谏也。逢君之恶，坏法乱纪，流毒天下者，今执政也。士卒愤惋，等威不立，冒功滥赏而长寇仇者，将帅也。

夫设官分职，所以为治，而败乱无不由之。何也？推考其由，本乎君心多欲，上下交征利，不慎名器，科品冗滥，改易频烦，存空名而不责实效之所致也。今欲图中原，必反之而后可。

夫相者，君之辅，一日非其人，天下受其害矣。况今海内大乱，危亡已见，而君之命相也，方且尝试其人，相之受任也，方且尝试其术，而偷安目前，施施然自以为至安，是执政未能胜于往时也。君不欲闻其过，谏诤之臣杀之、黜之，后来者不敢直言，是台谏未能胜于往时也。监司畏避盗贼，引身先遁，与郡县相委远，赃污狼籍者不治，干纪纵横者不禁，是监司未能胜于往时也。守令不能抗贼，反乘势刻剥，以殖其私，是守令未能胜于往时也。诸将拥众，填集行朝，坐视干戈之抢攘、盗贼之云集，而不能击刺，是将帅未能胜于往时也。往在中都全盛之时，以是而败，今欲偏方[①]败亡之顷[②]，以是而兴，不亦难乎？

人君能内正其心，笃求贤之志，优臣下之礼，选用贤才，举籍凡[③]出于阉官之门，应奏有劳，献颂可采，奉使无功，曾立伪朝而不次超升者，皆降黜之。罢借补，禁权摄，其已借补而功效不著明者，夺之。其见权摄有治状者，授之。凡内外之官，皆使久任，责宰相以公卿大夫皆当其才；责谏臣以日进逆耳之论；责监司以守郡清肃；责守令以户口岁增；责将帅以寇盗弭亡。不胜任者，必罚无赦。于是，有用未当其才者，则易之；用未尽其量者，则外之。有称职者，颁告天下，用西汉法，增其禄秩，而勿徙郡县。守令政治卓然者，如东汉法，守，入为三公；令，升为刺史。罢经艺、诗赋之选，立孝廉、经术、政事之科，使郡守岁举，举非其人者，当坐。诚如是，则仕途肃清，可以革目前之弊，而望

---

① 陆钞本“偏方”作“遍访”。

② 陆钞本、清钞本均作“余”。

③ 原为“几”，中华书局版《胡宏集》据清钞本改为“凡”。

中兴矣。

屯田

师旅之兴，常患粮食乏绝。故楚汉争敖仓，王世充、李密争洛口。三国之时，江湖海岱，王公十数，多以乏食而自破。曹操知时务之要，募民屯田，置典农之官，于是，所在仓廪丰实，征伐无运粮之劳，兼并群雄，强于天下。

方今江北、汉南郡县，土地膏腴，率多荒废，遗民艰食，死亡几尽。宜如曹操，列置田官，专典农事，募民屯田。下巴蜀之粟，出巴蜀之牛，以给贫民，使安生事。民闻之，必竞来归。有三利焉：富国强兵，一也；消弭群盗，二也；行师省转输之劳，三也。不然，江北郡县，应使无几，不堪调发，财尽而怨，怨极而叛，怨叛之民，不可复使。可不虑哉！此诚与典之所当务也。

练兵

建国必设险阻。本朝都汴，无山河之固，以甲兵为强。天下治安，数千万众，环而坐食，衣纨帛而忘甲胄，习工艺而疏弓马，安慵修而惮劳役，死者补以空名，亡者不销其籍，出戍者赂而不行，出征者将不加恤。进不得快战以立功，退不得温饱以保意。负罪亡命，遇赦自陈，即与洗涤。或竭力战斗，则将党受赏，而己不与。怨愤而叛，则招以官。此军政之所以坏也。革之之道，在人君深自刻励，优恤将士，与同甘苦，拔忠义、武勇之士，以为元帅，料简诸将之兵，汰其庸懦，申以阶级之法，考校诸将之众，明以分画之制，而增损修整之。见众不必更募，罢招刺，禁扳换，勤训习，其间必将有部分严饬士卒精练者，特加奖擢。出从征伐，惟才是用。无必官资，捕斩首级者，赏之以金帛；灭贼复地者，赏之以官爵，封之以国土。有犯令者，亲贵必诛，赏罚严明。此孙武子所以制胜于天下，诸葛公所以抗衡于中原者也。何桀贼之不灭，黠寇之不膺，中兴之无望乎！

定计

王者必定都，以系远近之心。汉祖据关中，光武据河内，先固形势之地，以立根本，然后亲帅三军，东征西战，身犯矢石，未尝一日安坐而守也。

今外有必报之仇，内有僭叛之寇，诚能扩天地之量，立致远之志，与士卒均劳苦，收俊杰而用之，激励诸将，自将而行，擒李成于淮南，缚张用于武昌，扫孔彦舟之徒，定湘中。诏张浚出师，与柴斌讨桑仲，复襄阳。如此，则军声大振。檄召江北诸镇，谁敢不至？待之以诚信，约之以法度，示之以赏罚，谁敢不从？是坐定大河之南，而得猛将精兵为吾前驱也。天子所至，劳来抚绥，礼用贤彦，蠲除暴政，河外之民困于兵戈，必兴发愤之心，相扇以归命。天子亲统六师，因而乘之，一战而天下定矣。此上计也。复襄阳之后，遴选重臣，一守建康，一守武昌，一守江陵，天子将虎旅，西入关，一以顺将士之情，一以资巴蜀之饶。内修政事，外观时变，此中计也。使诸将力取江州，移军击灭彦舟之徒，自江之北务崇宽贷，苟相维持以待天命，此下计也。

知人

治天下之乱者，必以知人为本。汉高帝从天下之士入汉中，诸臣亡者以十数。及闻萧何亡，则大怒，诚知其英贤，不肯失之以资敌国也。魏武帝从中原之士起山东，叩门求进者众矣，及得荀彧，则大悦，诚知其英贤，任之可以谋敌国也。汉高将击魏豹，先问其将，言栢直，则知其不能当韩信；言项它，则知其不能当曹参；言冯敬，则知其不能当灌婴。其知彼己，如是之审且明，故灭群雄而定天下如指诸掌。魏武将御袁绍，有言田丰智者，则彧已知其犯上；有言审配忠者，则彧已知其无谋；有言颜良勇者，则彧已知其可一战擒也。其知彼己之如是审且明，故破敌国而据中原如指诸掌。

主上即位，虽当艰难之时，然莅天下，今五年矣。任用群臣不为不众矣。任黄潜善、汪伯彦，但为巡幸、偷安之计，而无立国坚守之谋。以维扬屯兵数十万之众，当数千远来罢弊之金兵，势如泰山之压卵耳，而不战自溃，狼狈渡江，循致钱塘之变。用范宗尹，颓堕不振。且天下盗贼皆庸人倔起，志希财币，朝夕自快而已，岂有分裂山河之志哉？稍出禁旅，自足平殄，而建议割地，使为镇抚，是赏盗以教天下也。是以女真日横，盘据西北；盗贼益张，蹂践东南。百姓肝脑涂地，号呼上天而不能救，国势日蹙，民心日散，用人不当乃至此极，实存亡危急之秋也。

主上苟以至诚待物，以谦虚持己，收天下之耳目为己之耳目；收天下之谋策为己之谋策。遍用天下之英贤，则不患无汉高帝之明，萧何、荀彧之臣矣。庶几谋谟有定，政令有经，纪纲可正，而寇贼可灭，中兴可望矣。

罢监司

有土则有民，有民则有财。置守令，所以养民生财也。置漕司，所以平贵贱，通有无，使财货流丰也。有民则有事，有事则有争。置守令，所以治民息争也。置宪使，所以纠察奸欺，使刑狱明允也。

平时，监司、州郡已不肯同心国事，互相忌恶。自丧乱以来，州郡专以抗拒监司为能，监司专以陵挠州郡为事。为漕使者，不能平贵贱，通有无，或厚敛苟免以资敌，或重载遁逃以实己，是使守令不得养民以生财也。为宪使者，不能察奸欺，允刑狱，赃污狼籍者不按，奸宄通贼者不治，是使守令不得治民以息争也。徒能变乱是非，荧惑朝听，专利谋己，移易官吏，轻侮朝廷威令，使守宰无所取，则弃掷守宰教条，使吏民无所取信，下被其殃，上爽其忧，此则监司之为也。

昔唐贞观时，专任刺史、县令，数年一遣大臣，以六条巡行，而天下大治。开元之末，增置按察诸司，而官吏失职，百姓怨嗟。夫张官置吏，本以为民，方今民遭寇乱，死亡无几，自应减损官吏，轻徭薄赋以存抚之，况无益于事而有害于民者？或宜尽罢监司之职，属之连帅，选择守令，使各清心省事，专以垦田、练兵、兴利除害为务。岁终则连帅遣上佐，列郡遣掾属，起其贡赋，条其利害，述其职守。三年一遣御史，以六条廉之，察吏之贤否，问民之疾苦，礼耆老，赈穷乏，褒善良，起淹滞。状高天下者，擢为公卿；否者，痛加惩督。劝沮既明，人思自励，则财货自足，刑狱自平，奸宄自息，而百姓安矣。然后驱而义用之，以敌王所忾也，虽曰未必中兴，人孰信之？

整师旅

君者，兵之司命也；相者，兵之心也；将帅者，兵之手足也。君不能为兵之司命，则孟德专汉，仲达专魏之祸生矣。相不能为兵之心，则王允见杀于傕[①]、汜，国忠见讨于禄山之祸生矣。将

① 原文为“潅”，中华书局版《胡宏集》据清钞本和《三国志·魏书》之《李傕传》改正。

不能为兵之手足，则赵括陷其卒于长平，章邯陷其军于新安之祸生矣。

顷年维扬渡江，危急之际，诸将握重兵者，擅行不顾，与众俱遁。昔耿弇为将，不肯以贼虏遗君父。今乃弃君父而不顾，可乎？夫东南之兵，非关中之劲也；东南之财，非蜀中之饶也。汉高以关中委萧何，光武以河南委寇恂，咸能遣兵调食，远资征讨。今主上以关蜀付之大将四年矣，未尝出一人一骑以增禁旅，未尝输尺帛斗粟以益军资。监司帅守，莫非其人，朝廷徒得空文往来而已。

夫一胫之大几如腰，一指之大几如股，是以远则四方之兵知有大将而已，不知有主上也。近则诸将之兵知有大将而已，不知有主上也。上之威令不行矣。若是者，可谓能为兵之司命乎？

苗刘之变，不可不虑，而思所以拔其根也。今刘豫僭山东，桑仲擅襄汉，马友驻长沙，孔彦舟在淮南，其余群盗所在，剽劫不以十数。相臣不能建议立谋，遣义士，发文诰以怀来之。又不能指踪诸将，武震以慑威之，危而不持，颠而不扶，则将焉用？彼相若是者，可谓能为兵之心乎？一旦有如傕、汜、禄山，称兵向阙，号清君侧，倒持太阿，授人以柄，不知以何术遏之也。曹翰、曹彬为将，南征北讨，兵不留行，扫灭群雄，旁震海外。今之诸将，握重权，统大众，金人欲两河，则束手而与之两河；欲二圣，则束手而与之二圣。盗贼纵横，残破州郡，苍生被屠戮者，所在以百万计。若是者，可谓能为兵之手足乎？将不知兵，以卒与敌，一旦勇者有赵括之虞黠者，有章邯之变，不知以何将代之也。是三祸者在天下，无事之时，苟有一焉，犹至于危乱。况今日耶？

主上诚能正心诚意，兴痛切之念于君父，致愤切之至于金人，振三纲，以立兵实。复命一相，以定大计，断大疑，责以收致人才，以广兵谋。用祭遵李勉之流，申明军令，举劾高位之犯法不职，以整兵制科简。诸小将有精整士卒如吕蒙之流者，超加奖拔，以甄壮烈。人人别进，问其燥湿，推赤心，致其死，以振兵气。发遣诸将，分道经略，不得上首级，必在破敌杀将，收复境土，安集百姓，以著兵志。先平江淮，静湖湘，复荆楚，通武关之路，出秦陇之田，下巴蜀之粟，一统西南，亘江汉而北，以壮兵势。移檄金人，数其过失，固守要害，招抚两河之民，时出奇兵，东西掩击，使彼罢于奔命。不出五年，可以成中兴之烈，保无疆之休。尚何三祸之足虑哉！

五峰集卷四

皇王大纪论

鸿荒讹真

鸿荒文明，天行也。鸿荒之世，结绳而治，理则昭然，其事不可详矣。世传天地之初如鸡子，盘古氏以身变化天地、日月、山河、草木于其中，所谓讹矣，失其真。而盘姓为万姓之先，则不可没者也。

书传散失

世传羲农、黄帝之书，谓之“三坟”，少昊、颛顼、高辛、唐、虞之书，谓之“五典”。孔子讨论“坟”、“典”，断自唐虞，上世文书简邃，经三季而失其传，不可得而论次，故也。今去孔子又远矣，乃始于古初，不亦过乎？

吁！因秦焚书，后世竟传古先事，纷乱怪诞，迷误后生，无所考正，其有能不悖于理者，可不采拾乎？其有显然谬妄、背义而伤道者，可不剪削乎？其有诬罔圣人者，可不明辨乎？或谓有欲正人心、息邪说之志，愚敢僭孟轲氏之名乎哉？考其事，穷其理，以自正而已。

帝王别姓

按史载，五帝、三王，惟包羲为别姓。自炎帝而下，皆同宗也。历世绵远，虽不可考其然否，以理推之，则或可信。今夫在天则日月递照，而五星、二十八宿不得与之争光；在水则大江、浊河贯注华夏，而众水演迤不得与之争道；在山则岍、嶓冢横亘四海之内，而万山低伏不得与之争势；在人则包羲、神农、黄帝、尧、舜、禹、汤、文武、仲尼杰出一世，独与天地相似，而俊材异能之士委命陈力，不得与之争圣。何独至于姓而疑之？其可疑者世数多寡、长短耳。故愚特载其苗裔，而于世数则略之云。

开辟纪年

或传自开辟，或曰自燧皇至于《春秋》获麟之岁，二百七十六万年，分为十纪，六纪在包羲前，三纪在包羲后，而末纪流讫于黄帝者也。谨按包羲始画卦、造书契，夫孰知其前之六纪？“五百年必有王者兴”，自包羲至于黄帝，两纪五十余万年间，作者惟神农氏一人，其妄可知。故自盘古至于帝喾，虽有记其年者，皆不敢信，姑载其事而已。

西洛先觉邵雍氏，作《皇极经世》书，纪尧即位之年起于甲辰。惟雍精及天地之数，必不妄也。故用之以表时、序事，庶几其可以传信乎！

皇帝王霸

刘道原博极群书，以为古无三皇、五帝、三王、五霸之数，其辞甚悉。愚以为如是称，而逆理害义，虽人谓之圣贤之经，犹当改也。苟于理义无伤害，虽庸愚之说，犹可从也。皇帝、王霸，虽经不称其数，而杂见于前修之文，非有逆理害义之事也。奈何必欲去之乎？皇者，初冒天下者也；帝者，主宰天下者也；王者，天下归往者也。自燧人氏而上，则三皇之世也。包羲、神农、黄帝、尧、舜，是五君者，有先天地开辟之仁，后天地制作之义，人至于今受其赐。故孔子曰："包羲氏没，神农氏作。神农氏没，黄帝、尧、舜氏作。"按黄帝之后，少昊、颛顼、高辛，皆尝帝天下矣，孔子所以越而遗之，必称尧、舜者，以三君居位，仅可持其世而已，未尝有制作贻万世故也。则五帝之名以定矣。夏禹、商汤、周文之为三王，齐桓、晋文、秦穆、宋襄、楚庄之为五霸，其迹详甚，焉可诬也？

宫声玄妙

旨哉！声之宫也，犹五行之土、金、木、水、火，得之然后生；犹四端之仁、义、礼、智，得之然后行；犹事之中万物，得之然后成。是故宫声者，不可以易知也。必上有体元之君，下有调元之臣，安土乐天，然后宫声可识而雅乐可复也。后世以其浅陋之德，而欲求玄妙之声，必不应矣。惟礼亦然，故孔子曰："人而不仁，如礼何？人而不仁，如乐何？"

女娲补天

世传往古天不兼覆，女娲炼五色石以补天。其言虽陋甚，推其本旨，盖言女娲以妇人，能理男子之事耳。乃妇人而有雄才大略者也。后世唐武氏，其似之乎？此非常之变也。自汉以来，不择天下之才任以为相，寄托宗庙、社稷之主，而以天下大柄倚任妇人女子，其有不生祸乱者，亦云幸矣。幸也者，小人之事，非大人之道。天下公器，不受正命，乃欲小人之道持之，岂非不知学之过欤？若汉之武帝，蜀之昭烈，托霍光而寄孔明，其于道学概乎有闻者矣。

西方佛教

潜心三皇之纪，则知太和保合、生育无穷之道，无始而有始，无终而有终者也。是故有鸿荒之时，亦犹日之夜，月之晦，时之冬焉。盈虚升降，终而复始，于穆之不已，而成四时之造化。于皇群圣体，是以为三纲，为礼乐，事本乎道，道藏乎事。天生人，人成天，三皇尸其体，五帝妙其用，禹、汤、文武成其功，孔子、孟轲传其学。轲之死，虽未有得其传者，惟皇上帝降衷于下民，若有恒性，“谁能出不由户，何莫由斯道也。”

当周昭王时，西方有杰人，厌苦世累，欲求超脱之道，遂捐君叛亲，弃妇入山，刻私意，穷幻见，驾空说，曰：“我得心法，变现万端。出入生死，愿欲必从。而非一世事物之所能婴也。”汉明帝时，其书始入中国。魏晋以上，为其徒有禁，逮乎末流，周立典教，插破中国，据名山胜地，千百为群，说渺茫，陈祸福，以恐喝愚众。而士大夫争信乡之，灭义忘亲，三纲弛绝，人无宰物之情，由之此矣。可不惧乎？

夫阴阳、刚柔，天地之体也，体立而变，万物无穷矣。人生，合天地之道者也。故君臣、父子、夫妇交，而万事生焉，酬酢变化，妙道精义，各有所止，亦无穷已。彼惟欲力索于心，而不知天道，故其说周罗包括，高妙玄微，无所不通；而其行则背违天地之道，沦灭三纲，体用分离，本末不贯，不足以开物成务，终为邪说也。

噫！戴天履地，冬裘夏葛，渴饮饥食，语默坐起，应其身，万事皆不能与常人殊异，独于君臣之义、父子之仁、夫妇之礼，则扫之、除之、殄之、灭之，谓之尽性，可乎？谓之不失其心，可乎？是又下于杨、墨一等矣。中华豪杰，天下有大道，列圣之所传授者，日新而无穷也。岂可冥然为西方邪说所诱化而不自知耶？

九黎乱教

邪说之为人害也久矣。以五帝之时，九黎犹乱风教，自汉以来，圣学绝灭，世衰一时，在上之人，苟且侥幸，功成而气盈，利得而志怠，崇尚势力而不知仁义者。是故虽隆盛之时，礼制不必行，刑赏不必中，民不知方。故释氏、巫祝得以其说诳惑斯民，为之荐死求生，祈福免祸，天下靡然从之。在上者恬然不复知礼制刑赏之本，在下者安之，不复知正心、修身之实。鬼教、浮虚之言遍天下，风俗既移，孰能不外饰事君之礼，内怀背上之心，志在仗节死义，以三纲为己任，临事不苟免乎！抑庶几颓靡之风可一变也。

姜嫄生稷

天地之间，有气化，有形化。人之生，虽以形相禅，固天地之精也。姜嫄克禋克祀，以弗无子，志之所至，气亦至焉；气之所至，精亦至焉。故履帝喾之武而敏歆，于是有子，不可谓怪。而诸儒不识，陋可知也。至于谶纬之书，谓庆都感赤龙之精而生尧，简狄吞玄鸟之卵而生契，则诬矣。何者？人也，乃与繁气交而生人，则无是理也。是以载其事，而削其辞焉。

西汉薄太后，有苍龙据腹之祥而生文帝，若非史氏记之详明，则后世必谓与龙交而生子矣。是故儒者莫要于穷理，理明然后物格而知至，知至然后意诚而心不乱。

二女嫔虞

子告父母而娶，女氏告父母而字，此婚礼之常也。若夫圣人不居庙堂之上而穷居山林，圣人人伦之至，而反不得于父母，此则非常之大事也。尧为天子，当此非常之事，岂得不以为急务？是故二圣人略常礼，以天子二女嫁于匹夫，既二女嫔虞，瞽瞍底豫，圣人之化行，而人伦明于天下后世，岂特区区不格奸于一家一时而已！圣人其达权乎？去轻以就重，略名以全实，亏小以用大，舍近以图远，圣人之所以变化莫测，而天下之所以治也。圣学衰微，当事任者尚变诈，随流俗，急轻而缓重，务名而弃实，知小而谋大，图近而忘远，因循苟且，以是为权，兆于灭亡而不悟。悲夫！

帝尧知人

某闻诸先君子曰："知人之哲，无过于尧。"有言丹朱可登庸者，已知其嚚讼；有言共工若予采者，已知其象恭；有言伯鲧可治水者，已知其方命；有言舜可逊以位者，则曰俞闻之矣。妻舜以二女，观其刑家，二女嫔虞，瞽瞍底豫而家齐。乃命以位，观其治国，五典克从，百揆时叙，四门穆穆而国治。纳于大麓，使大录万几之政，观其平天下。无烈风雷雨之迷，天地之和应而天下平，然后授以帝位。此事理之次，不可易者也。司马子长曰："尧使舜入山林川泽，暴风雷雨，舜行不迷。尧以为圣。"吁！安得此浅陋之言哉？夫处己之难，莫难于正心、诚意；处物之难，莫难于齐家、治国、平天下。观其家齐、国治、天下平，则知其意诚、心正矣。意诚、心正与天地参，不可以有加矣。于是又使入山林、川泽，岂所以试乎？且烈风雷雨非可期者也，设若不遇，尧将遂无以知其圣耶？此真齐东野人之语，而子长不察也。孟子曰：“尽信书，则不如无书。”故君子于文词有滞者，取其理与义可矣。

六宗之说

“肆类于上帝，禋于六宗。”此阙文失其次者也。其文宜曰：“受终于文祖，禋于六宗，在璇玑玉衡，以齐七政。肆类于上帝，宜于冢土，望于山川。”书经焚毁，伏生耄矣，口授于人，故多阙失也。国有大事，必既告诸祖宗，然后告于天地以及群神，此礼之常也。故张髦以六宗为三昭三穆，学者多从其说。孔安国曰：“六宗者，四时也，寒暑也，日也，月也，星也，水旱也。”夫圣人名必当物，祀上帝而为之类者，本乎天者咸在其中也。况四时、寒暑、水旱与日月星辰之运，即天神之奥，又可分裂各为神乎？古者，大旱雩于上帝，不曰雩于旱神，斯可见矣。历代诸儒之说，咸与孔氏不相远，独虞喜以六宗为地，察之于理，无义；考之于文，无征。虽欲取之，其孰信之？

九河之迹

龙门、华阴、底柱、孟津、大坯、大陆，皆河之冲也。九河之处，徒骇最北，鬲津最南，其中二百余里，地势平延，其流弥漫，易以淤塞，迁徙不常。故禹多与之地，使下流通广，则中国无河患。及齐桓公擅一时之利，不顾大河形便，为万世虑，适河行徒骇，遂因以太史马颊覆釜胡苏，简洁钩盘鬲津入河之地，兴树艺，立城邑，河之下流始迫隘矣。自是以后，中国始以河为患焉。为天下者，何必与水争此地乎？不计其利，深计其害，捐河故地以与河，亦省事安民，永世之一策也。

后稷祭天

后稷，人臣，祭天可乎？尧之初载，地未平，天未成，制度草草，后稷教民稼穑，树艺五谷，诞降嘉种，人赖以生焉。于是祭报天而兴嗣岁，礼时为大，若后人效之，则乱矣。

鼎象百物

史载秦灭周，九鼎入于秦，自是不复见。左氏以为鼎者，图象百物而为之备，使民知神、奸者也。愚窃以为诬矣，何则？魑魅魍魉，自古不以为天下患，惟鄙夫、鄙妇则或言之，缙绅先生不道也。王者协于上下，以承天休，乃以此为事而庸铸之于鼎乎？然则禹所铸者何也？始除洪水之害，别九州之分野，差土田之高下，定贡赋之式度，立井田、封建之经界，尽一时生养斯民之道矣。故又铸于九鼎，以为万世准绳。桀有昏德而迁于商，商纣暴虐而迁于周。如此其重也。

春秋之时，晋、郑铸刑书，则知古人创立制度，欲传远久者，必于鼎矣。秦方废井田，开阡陌，除封建，置郡县，灭先王之迹，焚及简编，况鼎者，明著制度，章章坚大之器乎？秦不沈之于伊洛，必沦之于缠涧矣。始皇百不资于先代，而无故求周鼎于泗水，则其欲诡惑天下之意可知矣。汉兴，去古未远，《易》曰："《解》利西南，无所往。其来复，吉。有攸往。夙吉。"高祖父子兄弟，知"无所往"之利，而不知"来复"、"往夙"之"吉"。侵寻至今，茫茫禹迹，法度尽废，上不仁其身，民各私其有。不均不平，不正不定，暴虐无告，冤陷困穷，争斗滋起，狱讼繁多。皆此之由也。孰能居其位而仁其民，博谘于天下，求所以正诸？

千八百国

甚哉，秦始皇、李斯之不仁也！除封建，蔑帝王明德之裔，绝公侯名臣之世，郡县天下，欲自专其利也。夫诸侯之兴，自伏羲、黄帝之际，有未始制者则不可知。然天运方泰，及禹平水土、同九州，分五服，齐之以长，道之以师，公、侯、伯、子、男各有定制，无得逾越者矣。夏、商之季，天下纷乱，汤、武起而治之，闻无一物不获其所矣，未闻纵释强大之诸侯，而不裁正之也。

谨以天下之图，按之四海之内，九州，州方千里，先王之制，州建一百一十国，则九州千八百国之君，乃自古诸侯之本数也。而涂山之会称万国者，犹周有八百国之君，而云抚万邦也。圣人有不忍人之心，斯有不忍人之政矣。封建诸侯，仁政之大者也。秦人专利，削除封建，郡县天下，天运方否。自是而后，圣人之道不行，人君莫不蓄独擅天下之心，故袭用郡县之制而不革也。

吁！一蓄独擅天下之心，已亡王道之本，修德用贤，力行善政，差可不大乱而已。岂有三王之至治乎？天下之大，不与天下共，一人不好善，则天下之贤才尽废。寇盗纷起，强敌凭陵，所至如堤溃河决，杀人盈天下，郡守、县令莫之能御也，而国随以亡。譬如人之死于锋刃，压于岩石，溺于风涛，非天命之正者。忠臣痛焉，故周之建国，自后稷也；商之传世，建桀宋也；夏杞有后，致楚悼王而后息也。是三代者，经历变故，而宗庙血食咸二千余年。岂若秦、隋卒暴，汉唐亡则绝世乎？有天下者，盍鉴《泰》、《否》而凛诸！

寅宾出日

“寅宾出日”，“寅饯纳日”，而不及月者。传曰：“日之所行为中道，月，五星随之而已。故不及也。”《周官》曰：“冬夏致日，春秋致月。”失圣人之旨矣。

舜禹避政

尧、舜命舜、禹，行天子之事。舜、禹亦既受命，行天子之事矣。及尧、舜既终，又避其子，何哉？人臣至于代天子行天下之政，已亢矣。况又将去人臣而为天子乎？尧、舜之丧，甫除舜、禹，政自已出，使朱、均去其宫室，可则可矣，是用九而为首，非所以明微也。故舜、禹避之以展天下之情，成得让之礼。其心与计利害者，辽乎如天地之不相及也。使舜、禹而有计利害之心，则是以争夺行尚，何授受之有？若夫益，则又异于舜、禹矣。启贤能，敬承继禹之道，益历事三代，年亦老矣，奉身而退，顺天道也。读书者，无以文害义，则孟轲氏之言，粲然明白，无可疑者。

舜封有庳

苏黄门曰：“世未有不能承其父母而能治天下者。”斯言信矣。象日以杀舜为事，固非在妻二女之后，此万章之失也。以象之傲，其欲杀舜，世有传之者，安能必其无乎？就其事以处兄弟之间，亦可以为训，不必深辩也。且弟以以[①]杀兄为事，在常人，或有报复之心。在贤者，则必引咎自责。不藏怒，不宿怨也。在圣人，则哀矜而训诱之矣。是故舜封象于有庳，使吏治其国，而象得衣食其租赋。欲常常而见之，使源源而来，友之至也。先儒乃以有庳为今之舂陵。吁！舜都蒲阪，使诚封象于是，则欲“常常而见之，使源源而来”，所以道彘之也。然则有庳当何居？殆畿

① 此处两“以”字，疑当去一。

内之地欤。观此，则汉文之于淮南，晋武之于齐攸，宋太祖之于义康，唐太宗之于元吉，莫不有惭德，可以为世戒矣。

五帝无裔

愚读五帝书，然后知圣人泽及斯民之远也。后世有立功于一时，兴利于一邦者，人犹追思而祀之。是数圣人者，有功于天下万世，曾不得推苗裔、立宗子、建庙庭，春秋四时享天下之报也。有天下者，端拱九重之内，治其国家，上之天文，下之地理，中之人伦，衣食之源，器用之利，法度之章，礼乐之则，谁推明制作之也？而忘之乎？

吁！西方之人，驾一偏空说，失事理之正，而其神像反得盘踞中华名山。巍並相望，久听其雕梁画栋，群沦灭三纲之人，而豢养之，此何道也？五谷不植，侵渔民利，耗蠹民财，乃细事耳。为政者，恬不以为虑，诸华无人，可悲之甚也。

马迁封禅

舜柴于四岳，所以致吾诚而教诸侯以必有事也。封十有二山，使无牧伐，表识一州之集，盖示民以有事也。五载一巡狩，周遍天下，礼百神，朝诸侯，以抚兆民。天行健，圣人之行亦健；天心无欲，圣人之心亦无欲；天德日新，圣人之德亦日新。此圣人在位益久而天下益平治之道也。

自史迁著《封禅书》，载管仲言上古封禅之君七十有二，后世人主希慕之，以为太平盛典。然登不偏于四岳，封非十有二山，入怀宴安，不行五载一巡狩之制。出崇泰侈，无纳言计功行赏之实。镌文告成，明示得意而非所以教诸侯德也。泥金检玉，遂其侈心而非所以教诸侯礼也。心与天道相反，事与圣人相悖，故太平之典方举，而天灾人祸随至者多矣。梁许懋曰："燧人之前，世质民淳，安得泥金检玉，结绳而治？安得镌文告成？"是故，考舜可以知后世封禅之失。稽懋言，可以知史迁著书之谬。君天下者，奈何信史迁而不信孔圣乎？

伊尹放太甲

孔子曰："太甲既立，不明。伊尹放诸桐三年。"夫三年之丧，天下之通丧也。太甲上承其祖，居忧三年，宜矣。何以谓之放乎？曰："桐宫，非嗣王居忧之常所也。伊尹于是有废昏立明之意，故特谓之放也。"苏氏曰："汤放桀，伊尹放太甲，圣人将以救天下后世，不得已而为之者也。以为不得已之变则可，以为道固当然则不可。"甚矣！其凿矣。兴废，道之常也。圣人当兴废之际，不得已而为者，所以由道也。若非道固当然，而迫于不得已之变，是无本也。本则不立，将何以识轻重、定取舍，济天下之艰难乎？是故衡陈，然后可以决轻重；本立，然后可以趋变化。故曰："由道也。"

舜禹崩葬

《记》称舜葬苍梧。刘道原以为舜巡狩南裔，往而不返者，欲兆庶专意戴禹也。谨按舜本以耄期倦于勤，使禹摄政。若远巡荒外而死，是与经意相反也。且舜授禹以天下，本乎民心与天意耳。使禹有天命，舜虽不死于荒外，何病于禹？使禹无天命，舜虽死于荒外，岂能有益于禹哉？此《记》者谬误，道原习而未之察也。若《史记》禹葬会稽，道原曰："大江之南，前代要服，大禹死，则葬焉。何哉？古者不墓祭，时享存乎庙。主王者以四海为家，若魂气则无不之也。秦汉而后，人君以死为大讳，崇尚墓祭，违经弃礼，远事尸柩。难以语乎理矣。”善哉！论也。厥后少康封其子于越者，岂不为禹葬所在故欤？

大禹菲恶

人君虽不可劳人而佚己，亦不当薄己以厚人。贵为天子，富有天下，其奉养有度，自不致于薄也。大禹贵为天子，富有天下而菲饮食，恶衣服，卑宫室，不享其奉，无乃非中道耶？

吁！鲧堙洪水，得罪于天下，以殛死者也。禹平水土，得天下心，以有天下者也。父以此诛，己以此王，虽身得享其奉，而有所不忍，故菲恶卑陋，不以天子为尊荣也。夫古之人爱其亲，有深长之思如此哉！故孔子重赞之曰：“吾无间。”然有天下而不与，于此见之矣。

启汤孥戮

理得而无阿私，是谓天意。故可杀而不杀，犹可赦而不赦也。一容私说于其间，则非天意矣。罚弗及嗣者，尧、舜常典，其所以兴也；罪人以族者，纣之虐政，其所以亡也。若夏启甘之战，成汤鸣条之战，称“孥戮”者，此用誓众，使人必死之法，不可以常典论、虐政比也。

古者，用兵皆出于必不得已，自非以至顺伐至逆，至仁伐至不仁，则不举也。驱人而致之死地，苟非示以重法，有逾于死，或致败绩，使逆者肆行，不仁者得志于天下，其残害生民，岂有穷极？故圣人权轻重，不得已而有“孥戮”之事矣。设有不用命者，则必施之，岂空言哉！后世儒者不复知兵，当天下大难，放弃军律，使逆贼肆行，杀人盈天下而莫之禁也，非天意矣。

夏商之事

夏商之事，阙失最多。虽圣人去取之意，不可尽见。如胤侯征羲和，以其事考之，废之可耳，何致兴师？疑其党于羿，欲假托于正，仗兵威以恐动天下者也。人臣当是时，或内受顾托，或外掌藩宣，则宜辨之于早。小心翼翼，广求邻援，虽胜负不可必，行法以立命，则忠臣矣。今羲和虽不党于羿，乃沈湎于酒，废时乱日，自取灭亡，乌得为忠！圣人载之者，以为后世戒也。

或曰："先时者，杀无赦。不及时者，杀无赦。"此军法、一切之政也。是道也，以用于民事，则可谓之一切之政，在军法则为令典矣。又曰："威克厥爱允济，爱克厥威允罔功。"此誓众一切之言也。是道也，以用于民事，则可谓之一切之言，在军法，则为善政矣。

胤侯之书，正军事也，其举兵之志，则王者之罪人也。其行军之法，则未为过。故孔子悉取其言而不削也。

少康中兴

人杀其父，子必欲死；人辱其君，臣必欲报。忍死谋报，能以天道为定命，不观敌势而改图，则庶几焉。苟顾其私，内觊大利，外畏大难，虽有良心，日销月铄，其不忘君父者希矣。少康靡鬲，真人臣子哉！志在讨贼，行吾义而已，非图富贵者也。故受困厄而不渝，滨死亡而不怠。兢兢业业，经营四十年，然后克殄元凶，祀夏配天，不失旧物。

呜呼！此真可谓中兴者矣。故唐虞世南论历代中兴之主，以少康为首。

噫！前王之所爱，后主之师也。可不鉴哉？

伊尹幡然

下士而上天位也。天位，圣人之大宝也。义则贵，利则贱，伊尹之所以不从汤命者，恐其以为利也。三聘幡然而起者，知其非为利也。居天位者，慎毋以爵禄期人哉！其有弃天下如敝屣，视富贵如浮云者，必望望然去之矣。所得而官，使者皆冀事功、求温饱之士，亡国败家，率由于此矣。

成汤征伐

齐桓、晋文，仗义为利者也。犹须王命以率诸侯。成汤，则尚义矣。征伐大事，必请王命。书经焚毁，失亡过半，文无所征，是以不可得而书也。

成汤改元

古史不载汤改元，独刘道原载之。愚窃以为非其实也。

夫人君即位之一年，谓之元年。所以谓一为元者，窃譬诸人，犹其始生也，犹其有首也。生之时一定而不可再，身之首一生而不可易。成汤之元，立于桀之三十五载矣。其所以克享天心，受天明命，以有九有之师，爰革夏正，本是而为之者也。又可改乎！

元者，义之所存，非若一二之为数也。后世以元为数，而不知其义。如汉武之初年曰“建元元年”，既曰“元年”，则元已建矣，又曰“建元”，岂不赘乎？后又因事，别建年号，如曰“元朔元年”，既曰元，又曰朔，又曰元年，失其义也甚矣。呜呼！使人君知此意而体之，则元原于一，岂至如是纷纷乎？

史记谬妄

太史公记汤崩，太丁早死，外丙立二年，仲壬立四年，相继而崩。然伊尹立太甲，非其实也。

何以知非其实？二帝官天下，定于与贤；三王家天下，定于立嫡。立嫡者，敬宗也。敬宗者，尊祖也。尊祖者，所以亲亲也。兄死弟及，不敬宗、尊祖，本支乱而争夺起矣。岂亲亲之道也哉？且成汤、伊尹以元圣之德，戮力创王业，乃舍嫡孙而立诸子，乱伦坏制，大开争夺之端乎？故公仪仲子，舍孙而立子，言偃问曰："礼欤?"孔子曰："否。立孙。"夫孔子，殷人也。宜知其先立之故矣，而不以立弟为是，此以素理知其非者，一也。

夫贤君必能遵先王之道，不贤之君反是者也。以殷世考之，自三宗及祖乙、祖甲，皆立子，其立弟者，盘庚耳，必有所不得已也。岂有诸贤圣之君，皆不遵先王之制，而沃丁、小甲诸中才之君，反皆遵耶？此以人情知其非者，二也。

商自沃丁始立弟，太史公阳甲之纪曰："自仲丁以来，废嫡而更立诸弟子，诸弟子或争相代立，比九世乱。"以其世考之，自沃丁至阳甲立弟者，九世。则知仲丁之名误也。沃丁既以废嫡立诸弟子，生乱为罪，则成汤未尝立外丙、仲壬，明矣。不然，是成汤首为乱制，又可罪沃丁乎？此以事实知其非者，三也。

唐李淳风通于小数，犹能逆知帝王世数多少。邵康节极数知来，非淳风比也，其作《皇极经世》书，亦无外丙、仲壬名，此以历数知其非者，四也。

经所传者，义也；史所载者，事也。事有可疑，则弃事而取义可也。义有可疑，则假事以诬义可也。若取事而忘义，则虽无经史可也。

禹灭三苗

战国之时，吴起有言：“三苗，左洞庭，右彭蠡，修政不仁，禹灭之。”按虞夏之书，舜窜三苗于三危，在雍州之境。及禹灭之，乃在洞庭、彭蠡之间。或曰：“三苗，九黎之后也。”参考传记，黎苗之人，反复为乱，经涉皇帝之世，圣人屡迁之，而敎扰之，而不艾杀之。其仁如天，何可及也?

灭者，废其君，易其统而已。

五帝北极

皇天上帝，一而已矣。参之天文而有五帝，何也?五者，天地之真元也。所以起变化，行鬼神而成万物者也。一在太微，一在紫微，一在摄提，一在天市，不在二十八宿之位。何也?四者，体也。二十八宿运行者，二十八宿职在运行，而一在大火，何也?是所以为一也。其所以为一，何也?冬十一月，大火在子，仲春在卯，仲夏在午，仲秋在酉。而太微、摄提、天市居其所，众星随大火运行而系焉。以其居于北也，故谓之北辰。以其为众星之所系也，故谓之北极。古之王者，动必法天，故营寝庙，立五门，定都关要，巡狩天下，岁一月东巡狩，五月南巡狩，八月西巡狩，十有一月朔巡狩。应星而行，庶几与天合德者乎!

盘庚三篇

殷世有五迁，若相若耿，书史不载，窃尝观《盘庚》三篇，有六善焉。以常旧服、正法度，一也；图任旧人，二也；无或敢伏小人之攸箴，三也；以人情事理反复训导，开谕民心，使之通晓，无纤毫恃尊高、凭威势之意，四也；奠厥攸居，始以无戏怠为戒，五也；钦叙有德、有谋之人，而不肩好货，六也。一举而六善立，弭灾乱之根。此孔子所以取之训后世也。

先儒谓商人尚神，余初疑之，及观《汤诰》、《盘庚》之文，然后知圣人以神道设教，非如末世及西人之妄诞也。行妄诞而能成事者，未之有也。

天子服丧

子张曰："《书》云：'高宗三年不言，言乃雍。'有诸?"仲尼曰："胡为其不然也?"古者天子崩，王世子听于冢宰三年。盖父子天性，哭泣之哀，齐衰之服，饘粥之食，自天子至于庶人，一也。

古者天子崩，天下之人无不服者。愚观《汉纪》，惟文帝有孜孜爱民之心。其将殁也，自愧德薄无恩于百姓，故令轻其服，不欲使疏远之人，为不情之举耳。曷尝命太子曰："尔，毋丧我三年乎?"景帝能终身遵文帝之恭俭，而不能有三年之爱，遂比类从事，以日易月，轻蔑君父，等于无服之殇。何哉?汉初贵黄老而清净，景帝之为太子，孝文未尝教之以礼也。自是而后，嗣子按为常，若晋武、魏文，徒能知母而不知父，岂礼也哉！后世欲复是礼者，必君父明于大道，了达死生，深知仁政之必由礼起也。当天下安平，春秋强盛之时，讲明是礼，著为大典，则仓卒之际，可以按行而无疑矣。

传禅经权

尧、舜与贤，三王与嫡。二帝、三王同道，惟所遇之时不同也。尧、舜之时，中夏方开辟，制度草创，自非以圣继圣，则不能成功以贻万世。使丹朱足为中材之君，犹不与也。故商均无大过，亦不得为天子，而大禹以有天下。及其末年，制度已成，虽中材之君，辅之以贤者，亦可以守矣。圣人不世出，贤德无以大相过，则定于与嫡，所以一民心，重天下也。

虽然，大君，人命所系，兴亡之本，圣人有权焉，未尝执一也。是以太甲虽嫡，又有成汤之命，而几不免于废。武王虽弟，上承文王之命，而终不释为君。帝乙，贤君也，拘于立嫡，而不知纣之足以亡天下也，亦不慎，不知变之过矣。孔子作《春秋》，鉴观前代，贤可与，则以天下为公；嫡可与，则以天下为家。此万世无弊之法也。使帝乙而知是道，商之十世，犹未可知矣。

文王受命

君子、小人之不可相处，如水火也。况文王大圣，受辛下愚乎？惟文王陟降，在帝左右，致纣敬信，得专征伐。纣虽名为天子，其实与天下诸侯，下及万民，均入化育之中矣。此文王受命之实也。

先儒不识天道，乃以改元称王为受命，陋之甚也。文王得专征伐之柄，九年薨。故《泰誓》曰："皇天震怒，命我文考。肃将天威，惟九年大统未集。"既曰"大统未集"，则安有改元称王之事？（《誓》二篇皆但称文考，及武成然后称之曰文考文王。）

先儒不本经训，推原理义，而妄生此论，是以文王为曹操、司马懿之流矣。

吁！操与懿，尚不改元称帝，而谓文王为之甚哉？

夷齐让国

先儒以为伯夷、叔齐让国，不义武王，不食周粟，为天下之清。以愚观之，不然。二子盖行天下正大之理，弥缝父子兄弟之间者也。其弥缝父子兄弟之间，奈何孤竹君欲舍长子伯夷而立少子叔齐？夫父子，天性也；兄弟，天伦也。舍长立少，亏天性，乱天伦矣。使伯夷立，则无父，而天性遂亏；使叔齐立，则无兄，而天伦遂乱。天下岂有无父子、兄弟之国哉？故二子者，宁舍君国之富贵、尊荣，洁身而去之。既为是以辞先君之国矣，岂复可徒守空乏其身，处微贱而不悔？所以成吾仁，非以让国不仕立一节为高者也。此所以为圣之清乎！

若太史迁之说，二子以武王伐纣，而不食周粟。是介僻浅陋，不知天命。难乎，与语仁者！乌得为圣之清者哉？蓄德之君子，可不审诸。

诗始周南

深远哉，《周南》之义！后妃之能助其夫者，事亦多矣，圣人惟取不妒忌之诗，至于四五者，何欤？愚读史至隋文帝独孤后，然后知妇人之恶，以妬忌为大也。汉而下后妃之妬忌者有矣，何至于独孤后而知之？

吁！妇人之妒，妒其夫，以为非义。独孤后肆其妒心，不独妬文帝，使不得有异生子，又复妬其子焉。太子勇有宠妾曰云昭训，独孤怒曰："妖淫伐性，且犹不可，奈专宠阿云，有如许豚犬。"遂内启贼子，广行篡夺东宫之谋，外赂奸臣，素造放黜储君之事，而文帝亦不得其死，曰："独孤误我。"卒至宗社绝灭，生灵涂炭。开皇之中，天下户八百七十万，唐兴，抚绥三十余年，至永徽初，始及三百八十万户耳。

吁！独孤一行妒忌于宫闱之内，而灭天下之户五六百万。圣人删《诗》，立《周南》之义，教训万世后妃，专以无妒忌为大美也。其意深且远矣。夫专以无妒忌为大美，则必以妒忌为大恶，考诸独孤后，其为大恶，岂不深切著明也哉！愚是以知王者欲齐其家，措之天下，而《周南》不可不学也。

文武事迹

《记》称武王梦帝与九龄，文王曰：“我百，尔九十，吾与女三焉。”文王九十七乃终，武王九十三而终。夫圣人之所以为圣人者，体天道，开物成务，无所为而已。若年数之长短，则亦听乎天，乌能以相与也？

先儒不穷理，轻信其说，又以文王受命改元称王，武王未受命为继，文王七年而崩也，遂不敢以《泰誓》十一年为武王之年而生，文王十四岁生武王。武王不葬文王，举兵之论。夫《诗》，人言文王受命，指其至诚动天，得天之助耳。《中庸》言武王未受命者，乃指其正天位也。三年之丧，自天子达于庶人，圣人之所以异于人者，以其举动以类而节奏和也。岂有武王方在创巨痛深之中，而举兵耀武于天子之国者哉？古者天子、诸侯十五而冠，既冠，然后可以言娶。岂有大圣如文王，乃为童稚而生子者乎？

先儒谬误相承，诬圣人之盛德，而莫之察也。愚是以辩。

葬朽骨负暍者

子产听郑国之政，以其乘舆济人于溱、洧，孟氏以不知为政，讥焉。今记文王葬朽骨，得无近似之乎？夫施于人而望其报者，情之常也。朽骨无主，则无为望其报。于此见文王之心，无一毫在于利也。心无一毫在于利，真天下之君也。此所以记之也。有载武王遇暍者于道，负置荫樾之下，左拥而右扇之者。夫武王克相上帝，宠绥四方之君也，岂陵迟无政，姑息如此哉！乃道路妄庸之言耳，是类则削。

武王事纣

孔子曰："三分天下有其二，以服事殷。周之德，其可谓至德也已矣。"先儒以为此言文王者也。及观《下武》"媚兹一人，应侯顺德"，及"矢于牧野，维予侯兴"之辞，然后知孔子概以周为言者。方纣天命未绝，武王固尽臣礼，绳其祖武，嗣服西伯，媚于天子，如文王之时矣。及纣无天命为独夫，然后伐之而为王。周之德其可谓至德也已矣。

观兵之说

先儒谓文王受命改元称王，九年而崩。武王以大统未集，故即位而不改元，因文王九年为十一年，观兵于商，至十三年乃复伐商。

夫元，原于一，不可再者也。若文王可以大统未集而改元称王，武王承文王之业，何以不可书武王即位而不改元？是无元也。无元何以为君？故纣之二十四祀，武王之元年，而此十一年者，武王之十一年也。夫文王、武王，尽道以事纣，未尝不冀其悛改也。改而有天命，则固君之；不改而无天命，则将臣之，文、武何容心哉！顺天而已。一日天命未绝，则犹君也。君可以兵胁乎？君子之能事君者，犹卑逊而不矜，温恭而不厉，况圣人天性慈和，发而中节者乎？

先儒不知君臣之义，乃造观兵之说，则其事君不能道义以为本，可知矣。夫文、武，本列诸侯也，而得列诸侯，心悦诚服，咸率道由义，治其国以事纣。自非与天地合德，日月齐明，鬼神合其变化者，不能感人如是也。岂后世因便乘利，侥幸成功于一时，不知命者所可比拟乎！《泰誓》叙曰："十有一年。"《经》

曰："十有三年"者，"三"之文误也。曷为知其然？以《皇极经世书》知之也。

揖让征伐

揖让、征伐以安天下，皆圣人之所为也。或以为揖让近厚，征伐近薄，言汤、武之德，不如尧、舜则非矣。若以征伐为启后世争夺之门者，自汉氏而后，英雄咸假揖让成其篡窃，而未有能明白行汤、武之事者也。虽谓揖让不如征伐亦可矣。或曰："韶尽美矣，又尽善也。武，尽美矣，未尽善也。"然则孔子之言何耶？曰：此谓乐耳。韶之乐德，尽美矣，其声音、节奏，又尽善也。武之乐德，尽美矣，其音声、节奏，未尽善也。观圣人者，盍亦审诸？

商周建正

十一月，一阳复于地下，此周正之所以建子也。十二月，二阳长于地中，此商正之所以建丑也。天道至微，非圣人莫能知。建正以昭示天下，使天下之为人上者，由之而知，则能养天下之善于至微，而不至于夭阏。止天下之恶于至微，而不至于盈积。深探其几，推而行之，圣人之妙用也。知道者，于此见天心焉，是仁之端也。圣人教天下后世之意，可谓深切著明，岂因易代，止以新时人耳目而已哉？

周公东征

汉景帝时，吴楚七国反，天下震动。周亚夫为上将，疾走洛阳，据形便，坚壁不战，而遣偏、裨出淮、泗，绝其粮道。凡三月，七国皆破灭。其谋暗与周公合，成功宜哉！

封唐叔虞

人非圣人，出言安得尽善。言而是，则践言可也；言而非是，改之可也。史佚戒成王慎言，可矣。使之有言必践，则非矣。然当时诸公不以为过者，岂非唐叔适可以封，故欤！

鸱鸮喻成王

鸱鸮，食母之鸟也。《诗》云："鸱鸮鸱鸮，既取我子"者，指管、蔡背父叛君，流不利孺子之言，使成王有疑心也。"毋毁我室，恩斯勤斯，鬻子之闵斯"者，痛伤管、蔡背毁王室，不思君父顾复之恩、创业之勤也。"迨天之未阴雨，彻彼桑土，绸缪牖户，今汝下民，或敢侮予"者，言如是，然后可以有室家，而人信服也。"予手拮据，予所捋荼；予所蓄租，予口卒瘏"。周公佐佑成王，创立室家，勤苦如是也。曰："予未有室家"者，以成王为室家，王而有疑周公之心，王室危而未可保也。夫鸱鸮，递相食者也，管叔既背文王矣，今成王又将背周公，故周公亦以鸱鸮自喻曰："予羽谯谯，予尾翛翛，予室翘翘，风雨所飘摇，予维音哓哓。"其事恶，故其比恶；其心切，故其辞切。成王读是诗，知比鸱鸮之为恶矣，心不能无愠怒，而未敢诮公者，以其心疑而未决也。及天动威，则启书感泣焉。宁知非此诗不先有以警动其心乎？

多方文失次

《多士》"今尔又曰：'夏迪简在王庭，有服在百僚。'予一人惟听用德。"宜在"尔小子，乃兴从尔迁"之下。《多方》"克阅于乃邑谋介，尔乃自时洛邑，尚永力畋尔田，天惟畀矜尔。我有周，惟其大介赉尔，迪简在王庭，尚尔事，有服在大僚”。宜在《多士》“予一人惟听用德”下。而“殷革夏命”宜与“肆予敢求尔于天邑商”相属也。伏生耄矣，口授于人，文失其次，如是正之，则《多士》、《多方》可读而求其义矣。

周礼祀冕

武王定天下，命周公制礼，追王太王、王季、文王，上祀先公以天子之礼。夫先公之于先王，虽有远近、侯王之别，皆吾祖也，故一事以天子之礼。刘歆傅会成书，乃曰：“享先王则衮冕，享先公飨射则鷩冕。”是降先公于先王，使与宾客诸侯为伍也。天下宁有是？故《周礼》之书，颠倒人伦，不可以为经也。

天子有天下，祭祀以立本，莫先于宗庙，莫大于天，莫重于社稷、山川，祀之细也。观周家庚戌之礼，则鬼神之序可知矣。《周礼》乃曰：“祀山川则毳冕，祭社稷则希冕。”是以社稷降于山川也，故刘歆颠倒鬼神，其书不得与《易》、《诗》、《书》、《春秋》比也。

周礼礼乐

天命之谓性，王者受命于天，宰制天下，其所以祭天地者，尽其心，以成吾性耳。非有天地神祇在吾度外，有形体状貌，可得见，而承事之也。刘歆《周礼》曰：“乐六变而天神降，八变而地祇出。”此岂君子知礼之言？类如巫祝造怪之辞也。则又以为神降祇出，然后可得而礼矣，不知乐所以导和，礼所以为节，作乐乃所以行礼，礼神也。岂待神降祇出，然后行礼哉？

夫天地之道，一往一来，否泰相应，变化无方。人日用而不穷，不可以智虑测度，不可以才能作为者，谓之鬼神。鬼神者，特以往来言之。道固一体，不可分也。先儒多以神属之天，鬼属之人，我知其不知鬼神之情状矣。故《易》、《诗》、《书》、《春秋》皆无如《周礼》之文者，然则刘歆之伪妄，可不辟乎？

舞所以象德也，故必于其人，必于其事，必于其时。不于其人，不于其事，不于其时，则为无义。人心不厌，鬼神不享也。刘歆牵合《周礼》之文，乃曰："黄帝之云门，以祀天神；尧之咸池，以祀地祇；舜之韶，以祀四望；禹之大夏，以祀山川；成汤之大濩，以享先妣。"夫以云门祭天，犹可言也。地祇，乌知尧之咸池！四望，乌知舜之韶！山川，乌知禹之大夏！且周之先妣，乌能知商之大濩也哉！设礼作乐而不知其义，则无以为礼乐矣。彼刘歆者，叛父、背君，不祥之人也，是乌知礼乐！世儒懵懵然推尊其书，使与圣经并，此愚之所以拊膺太息，论之而不能自已者也。

极论周礼

谨按，孔子定《书》、《周官》，六卿冢宰，掌邦治，统百官，均四海者也。今以刘歆所成《周礼》考之，太宰掌建邦之六典。夫太宰，统五官之典，以为治者也。岂于五官之外，更有治典哉？则掌建六典，歆之妄也。太宰之属六十，小宰也，司会也，司书也，职内也，职岁也，职币也，是六官之所掌，辞繁而事复，类皆期会、簿书之末俗，吏掊克之所为，而非赞冢宰，进退百官，均一四海之治者也。

古之君国子民者，以义为利，不以利为利。故百乘之家不蓄聚敛之臣。与其有聚敛之臣，宁有盗臣。今天官有宰夫者，考郡[1]都县鄙之治，乘其财用之出入，凡失财用物辟名者，诛之；其足用长财善物者，赏之。夫君相守恭俭，不向末作，使民务本，此

① 原文为"群"，中华书局版《胡宏集》据陆钞本改为"郡"。

足用长财之要也。百官有司，谨守其职，岂敢逾越制度，自以足用长财为事？若刘歆之说，是使百官有司不守三尺，上下交征利，虽剥其民以危亡其国之道，非周公致太平之典也。

古之王者，守礼寡欲，申义而行，无所忌讳，不畏灾患。今天官甸师乃曰："丧事代王受眚灾。"此楚昭、宋景之所不为者也，而谓周公立以为训，开后王忌讳之端乎？先王之制，凡官府次舍，列于库门之外，所以别内外，严贵贱也。今宫正乃比宫外之官府次舍之众寡，又曰："去其奇衺之民"，则是妃嫔、官吏、众庶杂处，帘陛不严，而内外乱矣。

宫伯掌王宫之士庶子，郑玄以为宫中诸吏之适庶宿卫王宫者也。天子深居九重，面朝后市，谨之以门卫，严之以城郭沟池，环之以乡遂县都，藩之以侯甸男邦采卫，守之以蛮夷戎狄，周匝四垂，中天下而立，定四海之民。今周公乃于宫中置诸吏，又以其士庶子卫王宫，何示人不广而自削弱如此也？

王后之职，恭俭不妒忌，帅夫人、嫔妇以承天子、奉宗庙而已矣。今内宰凡建国，左右立市，岂后之职也哉？内小臣掌王后之命，后有好事，于四方则使往；有好令，于卿大夫则亦如之。阍人掌守王宫中门之禁，说者以为此二官，阉者，墨者也。妇人无外事，以贞洁为行。若外通诸侯，内交群下，则将安用君矣？夫人臣尚无境外之交，曾谓后而可乎？古者不使刑人守门，公家不蓄刑人，大夫弗养士，遇诸途，弗与之言。周公作立政，戒成王以恤左右，缀衣虎贲，欲其皆得俊乂之人，今反以隐宫刑余，近日月之侧，开乱亡之端乎？寺人、内竖、贱人，非所贵也。女祝掌宫中祷祀禳禬之事。夫祭祀之礼，天子、公卿、诸侯、大夫、士行之于外，后妃、夫人、嫔妇，供祭服笾豆于内，况天地、宗庙、山川、百神，祀有典常，又安用此么麽祷祠禳禬于宫中？此殆汉世女巫，执左道入宫中，乘妃姬争妒，与为厌胜之事耳。刘歆乃以为太宰之属，置于王宫，其诬周公也甚矣！

冢宰当以天下自任，故王者内嬖嫔妇敌于后，外宠庶孽齐于嫡，宴饮无度，衣服无章，赐与无节，法度之废将自此始。虽在内庭为冢宰者，真当任其责也。若九嫔之妇法，世妇之宫具，女御之功事，女史之内政，典妇之女功，乃后夫人之职也。王安石以为统于冢宰，则王者所以治内，可谓至公而尽正矣。夫顺理而无阿私之谓公，由理而无邪曲之谓正，修身以齐家，此王者治国平天下之定理。所自尽心者也。苟身不能齐家，而付之冢宰，以为主也，悖理莫甚焉！又可谓之公正乎？噫！安石，真奸人哉！

四方贡职，各有定制，王者为天下主财，奉礼义以养天下，无非王者之财也，不可以有公私之异。今大府乃有式贡之余财，以共玩好之用，不几有如李唐之君，受裴延龄之欺罔者乎？玉府乃有王金、玉良、货贿之藏，不几有如汉桓、灵，置私库者乎？内府有四方金玉、齿革、良货贿之献，而共王之好赐，不几有如李唐之君，受四方羡余之轻侮者乎？

王衣裘服，宜夫人、嫔妇之任也。今既有司裘，又有缝人、屦人等，工力劳费，有能以财济国用者，则必旌显之矣。此天下所以败也。

九官则皆掌饮食者也，医师之职，固不可废。又有兽医等五官，皆医事也。幕人次舍之事，固不可废，而皂隶之所作也，亦置五官焉。

凡此既不应冗滥如是，且皆执技以事上，役于人者也。而以为冢宰进退百官，均一四海之属，何也？汉兴，经五霸、七雄，圣道绝灭。大乱之后，陈平为相，尚不肯任廷尉、内史之事。周公承文、武之德，相成王为太师，乃广制宫闱、猥亵、衣服、饮食、技艺之官以为属，必不然矣。其末则又有夏采之官焉，专掌王崩复土者也。呜呼！安得是不祥之人哉！礼官临大变，一时行之可矣，乃预制官以俟王崩而行其职，何不祥之甚也！

太宰之属六十有二，考之未有一官完善者，则五卿之属可知矣。而可谓之经，与《易》、《诗》、《书》、《春秋》配乎？又按《周官》，司徒掌邦教，敷五典者也；司空，掌邦土，居四民者也。世传《周礼》阙《冬官》，愚考其书而质其事，则《冬官》未尝阙也，乃刘歆颠迷妄，以《冬官》事属之《地官》，其大纲已失乱如是，又可信以为经，与《易》、《诗》、《书》、《春秋》配乎？

昔先王盛时，不令而行，不禁而止，天下风动，无一物不得其所。其次犹令行禁止，天下无冤民。今刘歆司徒之属有调人者，掌和万民之难，有辟仇之法，有交仇之令，有成斗怒之书。此下陵上替，政令不行之明征也。周公力平王室，身致太平，其经国之典，固如是哉？

王者提纲抚世，已受大，不窥小。今刘歆司徒之属有廛人者，凡珍异之有滞者，敛而入于膳府，其细已甚矣。细已甚，而民不伤者，未之有也。

夫齐民非有势禁也，徒以财利相役，犹能制人之命，破人之产，招怨生祸，况大君以雷霆之威，万钧之势，而细可行哉？百官有司，必承望风指，御人于国门之外，使民欲与之偕亡而后已也。又有泉府，掌买卖商贾之滞货，敛散百姓之赊贷。夫审于音者聋于官，理势自然。王者布正大之德以治世，不行煦濡姑息之惠以沽名，乃能张理天纲，整顿万姓。若夫买卖赊贷之事，正市井商贾争锥刀之末，而草莽细民私相交际之所为也。岂大君所宜及哉？其言慎悖如是，乃尊以为经，与《易》、《诗》、《书》、《春秋》并，是学者之不察也。

刘歆王畿之制，邦中为六乡，四郊为六遂，遂外为邦甸，甸外为家削，削外为邦县，县外为邦都。名虽不同，其制度则一。不应更有异也。其所载乡遂之官，比与里皆下士一人，闾与酂皆中士一人，族与鄙皆上士一人，党与县皆下大夫一人，州与遂皆中大夫一人，乡卿一人，王畿八百万家，略计其所当置卿、大夫、士，已百有余人矣。成王固曰："唐虞稽古，建官惟百。夏、商官倍，今予小子仰惟前代，时若训迪。"厥官说者，谓周官三百也。今乃冗滥如是，又设三百六十职焉，其妄诞不经，昭昭矣。

自刘歆成书，惟郑康成推赞之，真周公之罪人也。谨按刘歆，汉家贤宗室向之子，附会王莽，变乱旧章，残贼本宗，以趋荣利，《周礼》之书本出于孝武之时，为其杂乱，藏之秘府，不以列于学官，及成、哀之世，歆得校理秘书，始列序为经。众儒共排其非，惟歆以为是。夫歆不知天下有三纲，以亲则背父，以尊则背君，与周公所为正相反者也。其所列序之书，假托周官之名，剿入私说，希合贼莽之所为耳。王安石乃确信乱臣贼子伪妄之书，而废大圣垂死笔削之经，弃恭俭而崇汰侈，舍仁义而营货财，不数十年，金人内侵，首足易位，涂炭天下，未知终始。原祸乱之本，乃在于是。噫嘻！悲夫！有天下者，尚鉴之哉！

周礼五官

《周官》太宰、小宰、宰夫之职，有六典、六叙、六职、六联，有八法、八则、八成、八职，有九职、九赋、九式、九贡、九两之制，而皆不取，何也？或其事重复，虽无载可也；或其事颠倒，直不可用也；或其事冗琐，本无足举也。凡五官中不取者，皆如是也。

流宥五刑

此司寇之书，宅心宽恕，虽条贯缺失，而恤刑之意深。殆周公之遗法也欤？春秋之时，郑子产、赵宣子始出入先王用刑之法，作为刑书。末流至于暴秦，以斩、劓人为不足，而夷人之三族。帝王五刑之典尽废，而墨、劓、剕、宫、大辟五虐之刑独行。天下之人摇手触重罪，而无轻刑以当之。汉孝文哀民之无辜，于是废肉刑而立笞与弃市之法，虽恤民之意甚至，而未知先王五刑之本。故当斩右趾者，弃市，笞者往往至死。虽名为轻刑，其实杀人与专用肉刑无异。故后世不得不更之以轻，至于今，有笞杖、徒流、绞斩，虽差善于汉法，然使人自新之路犹狭，绳人以罪之法犹急，非帝王以刑弼教之意也。《虞书》曰："象以典刑，鞭作官刑，扑作教刑，金作赎刑，怙终贼刑。"此乃帝王正五刑也。又曰："流宥五刑，五刑有服，五服三就，五流有宅，五宅三居。"是此正五刑，皆有流宥之法也。墨、劓、剕、宫、大辟者，贼刑之科目也。后世止以是为五刑，故肉刑一废，遂不可复，非不可复也，不行帝王正五刑，而专以贼刑当天下之罪，惨莫甚焉！自非天下之至不仁者，孰忍专用之！若尽复正五刑，于当绞斩之科，增立劓、剕与宫，无遂绝人命而笞杖，悉行流宥之法，无轻折辱人。

典刑，所以待士大夫也。昔人为辅相，士大夫失行，有能不显其过恶者，他人以为愧，至无敢犯者。意其近似典刑流宥之法也。鞭刑，所以待府史、胥徒在官之有过者。扑刑，所以待士、农、工、商从师之不率者。嘉石之役，疑其近似鞭刑、流宥之法也。朝庠之礼，疑其近似扑刑、流宥之法也。虽鞭扑轻刑，圣人犹慎行之。待人如此，其有礼也，人岂得不生愧耻？其能使天下人人有士君子之行，无足怪也。流宥之而不改，然后刑之，刑之而不改，然后当之以墨、劓、剕、宫、大辟焉。又审其轻重而许之赎，又流宥之，今之三流圜土之禁，其近之乎？及其终不改也，然后残其体肤，虽杀之亦所谓生道也。其谁不心悦诚服？行之以岁月，顽钝、无耻之风，宜亦少逸。

载书之叙

孔子定《书》，必有先后之义，经秦焚毁，圣人之意不可尽见。愚详考经文，禹当尧时，别九州，平水土而载于夏书之首者。此夏后氏之王天下也。今虽以载于帝王之时，探本索原，固未失圣人之意矣。商高宗惟傅说之言是听，殷所以衰而复兴，礼所以废而复起。黩于祭祀，其初年时事也。若不能改，致有《肜日》之异。又何以为高宗？故今载《肜日》之训于《说命》之前，以不没高宗改过从善，致中兴之实也。

《康诰》序曰："成王既伐管叔、蔡叔，以殷余民封康叔。"谨按，康叔者，成王之叔父也，不应称之曰"朕其弟"，成王者，康叔之犹子也，不应自称曰"乃寡兄"。其曰兄曰弟者，盖武王命康叔之辞也。故《史记》"武王封康叔于卫"。且康叔者，文王之子，叔虞，成王之弟也。周公东征，叔虞已得封于唐，王命归周公，于东岂有康叔得封，反在唐叔之后乎？故不得不舍《书》，叙而从经史也。周公东征三年而归，明年奉王东伐淮夷，遂践奄，还归于丰，而作《多方》。及营洛邑成周，公反政于王，分正东郊，而作《多士》。以《多士》在《多方》之前，既无大义而时不可逆，是以正之也。武王崩之年，师尚父犹在，成王二年三监叛，尚父不任征讨，而周公自行者，是尚父已薨矣。周公不见知于成王，所以敢将兵居外者，恃召父为保耳。不然，周公其可离成王左右乎？故《君奭》之作，在元年而不在定乱之后也。以《无逸》系于周公将没者，考于《君奭》、《立政》、《洛诰》诸篇，周公于成王皆有冲孺幼小之称，而《无逸》独无，故知其为最后也。凡此，皆本之经文，非敢以胸臆乱古书之旧，或有尚论方人之君子，盍试考诸，是耶？非耶？又从而正之可也。

成王将崩

人多以为成王中才之主也，愚观其临终处断大事，不动声气，过人远甚。然后知周公所以教之者至，而成王进德之勇也。成王既崩，然后逆元子于南门之外者，是太子宫在南门之外也。夫太子，国储君副，疾既大渐而不居中，可乎？古者，圣贤之君以死生为常，故不与怛化，小人大命未终，妻子已环而泣之者，同也。以大臣为腹心，故公其子而不与之轻重辅弼也。以天下为家，故必终于正寝。公卿百官受顾命，而不没于儿女子之手也。后世此道不明，人君牵滞于儿女子之情，而惧于死生之变，以势利乱其心，而以天下私其子，故不任大臣以天下，而大臣亦不敢以天下自任。于是有母后临朝之颠制，外戚擅权之大患，阉寺狐鼠之深害，偏信独任之阴谋矣。此后世所以不及三代也。

即位礼服

唐、虞、夏、商天子之服，十有二章，绘日月星辰，山龙华虫于衣缔，绣宗彝、藻火、粉米、黼黻于裳上。公九章，自山龙而下；侯伯七章，自华虫而下；子男五章，自宗彝而下；卿、大夫三章，自粉米而下；士一章，黼黻而已。周天子九章，上公七章，侯伯五章，子男三章，卿、大夫一章，士，皮弁素积。天子、公、侯、卿、士，五服有章矣。康王受命之际，其君臣冕服非常章，何也？天子崩，嗣君即位而后成服者，不敢重己事而轻天命也。是故康王君臣变其常服，便吉凶之道，不相干犯，以成礼焉。非众人之所识也。

在昔即位之礼，宜莫不如是，而孔子特有取焉者，岂二代绵蕞，至此而后尽善乎？《礼》曰："天子崩，七日而殡。"今至于九日者，天下方安泰，讲典礼、立制度，贻后世之时也。岂召公、毕公监于二代，有所损益，遂至于九日而后定乎？苏东坡疑之，以为既丧服矣，又以冕服即位，非礼也。愚今考之，癸酉，须材则未殡也。是康王君臣于未成服之时，变常服以即位，既即位见诸侯，而后成服、谅阴也。故孔子取其得礼之节，以为后世法焉。

建国井田

先儒以为王畿方千里，百同。九百万夫之地。其言是也。以为中有山林、陵麓、川泽、沟渎、城郭、宫室、途巷，三分去其一，余六百万夫。又以田不易、一易、再易相通，定受田者三百万家。则非矣。何以言之？愚深考封建之法，王畿方千里者，田方千里也。公侯方百里者，田方百里也。方千里者为方百里者百，为田百万井，九百万夫之地，受田者八百万夫，百倍公侯之国，然后足以为天子都畿，镇抚天下。若受田者止于三百万家，则是方百里者三，七十[①]、五十里者一耳，安在其为方千里？本根不强，将何以应千八百国之求乎？

刘歆又以为公侯之地，封疆方五百里，其食者半；诸侯之地方四百里，诸伯之地方三百里，其食者三之一；诸子之地方二百里，诸男之地方百里，其食者四之一。亦非矣。周制分土惟三，

① 依中华书局版《胡宏集》改"十七"为"七十"。

未尝有五等也。先王以田制禄，一夫一妇，受田百亩，上农夫食九人，诸侯之下，士视上农夫，中士倍下士，上士倍中士，下大夫倍上士。卿，四大夫禄；君，十卿禄。计口受田，积而上之，度人情交际之广狭，裁其用度之多寡，而授之者也。为公侯者，田必百里，不百里不足以事天子，睦四邻，亲九族，守宗庙，定社稷。伯必七十里，子男必五十里，不可多也，不可寡也。若郑氏、刘歆之说，是连山亘川，不审田之定数，茫然依约，以为国也。夫田之肥硗，四方不同，故大禹有九等之别，后世亦有十色之辨。因其地之肥硗，以定井之广狭，百里之田，提封万井，是为定制。岂有先定四封，然后去山林、陵麓、川泽，又始以不易、一易、再易定其夫家之数乎？井田、封国，帝王之世，万事根本也。若根本无法制，则万事将如之何？又诸“公封方五百里，其食者半”，则是方百里者，六十、五十里者一矣。以郑氏所言，王畿计之，合六国诸侯，已足与王为敌，尾大不掉，岂先王之良制哉？

呜呼！井田，封国仁民之要法也。唐太宗尝慨然有复古之心，惜其诸臣识不足以知三代之道。使太宗有其臣，力能行之，则唐世终无藩镇跋扈、篡弑之祸，而末流终无卒徒扶立疆臣制命之事矣。

噫！有国家者，欲如三代，保守中国，以天年终，必井田、封建而后可。

祭祀郊社

成身莫大于礼，礼莫重于祭。祭祀之礼，所以立吾诚也。鬼神之为物，非他，即吾之诚是矣。王者继天而为之子，独主万化，故祭天于郊，祭地于社，祭名山大川，五祀各于其方。后世礼学失传，论者不本于性命，故秦礼八神，以求仙人，一曰天、二曰地、三曰兵、四曰阴、五曰阳、六曰月、七曰日、八曰四时。汉祠太乙，求神仙方，曰天神贵者太乙，太乙佐曰五帝。是皆不知鬼神之情状，方士家妄作，儒者不取也。及历考儒者论祭天地之礼，于天则有昊天上帝，有五方帝，有感生帝，夫土不可以有二王，而天可以有七帝乎？于地则或立方泽，或立方丘，或立北郊，与天敌体，是犹家有二主也。且子事父母，父在为母齐衰期，不敢见于父者，尊无二上故也。王者父事天，母事地，而可崇地以抗天乎？是故夫独制义于其家，而家道正矣；君独出令于其国，而天下定矣；天独健而无息，地道顺承而无成，而太极立矣。

王者以父事天，立诚而精一，其德故兆于南郊，扫地而祭者，昊天上帝而已。天言其气，帝言其性也。社祭土，所以神地道也。名山大川者，宝货财用之所出，而四方之所依据也。五祀者，谷与水、火、金、木也。人所日用，莫过五材，不是之报而顾报，行与门户，举失轻重，岂礼也哉？礼之所贵，贵其义也。是故王者祭天，以柴燎牲，使气上达。语其精神，则谓之禋；语其感格，则谓之类；语其方兆，则谓之郊。指事异名，其实一也。《周礼》乃专以禋祀归之上帝，以实柴归之日月星辰，以槱燎归之司中、司命、风师、雨师，不以日月星辰一于天，而以柴燎分为三，多见其妄诞也。又司中、司命、风师、雨师，歆私意傅会，不得与《易》、《诗》、《书》、《春秋》比也。

宿卫兵法

三代宿卫之法，不可得闻矣，然亦有可推者。

按三代王畿千里，八百万夫，籍为兵者七十有五万人，以六军为丁番入宿卫，自王城达于畿封，一岁十二月。虞夏五载一巡狩，周天子六年一巡狩，则未知其宿卫扈从者，皆以一时而更乎？

以一时而更，则五年而再周也。春，听之以鼓铎；夏，更之以服舍；秋，辨之以旗物；冬，习之以戢陈。宿卫三月之狩四方，周而复始。习之也，故不惰；教之也，故不骄；亲之也，故不悖；宽之也，故不怨。三王之兵，以守则固，以征则强，后王虽不振，犹有所持循者，以法良故也。

徐偃仁义

世传徐偃王，仁义人也。夫仁义之人无犯上，今徐子朝诸侯，僭王号，犯上干时，亦已甚矣。盖仁义之罪人也。其及也，宜非惟徐偃王为然，后世亦有之矣。如天水隗嚣，尊礼贤士，坐谈西伯，自以为仁义者也。然至于杀身亡宗者，盖施小惠以为仁，立小节以为义，虽足以欺惑愚众于须臾，终亦必亡而已矣。若夫由仁义行者，必无敌于天下，岂有兵败国亡而身死之祸哉？

送死礼文

后世送死无度，愚今叙集礼文，虽未大备，推类而行，亦所以尽孝子之心也。

三代制作，具于此矣。暨乎末流，不知死生之说，则有以玉敛者焉。故秦汉以来，天子后妃葬骨未朽，破冢暴尸为盗贼僇辱，岂不痛哉！至此然后知三代之王为可法也。而刘歆《周礼》有曰："駔圭、璋、璧、琮、琥、璜之渠眉，疏璧、琮以敛尸。"汉世诸帝尚不皆以玉敛，曾为周公立为此法哉？刘向曰："文武之丧，丘陇皆小，葬具甚微。周公非薄。"于君亲诚以长虑，却顾求便于体也。则周公不以侈靡训子孙也，必矣。

吕刑五虐

考《吕刑》，刖、墨、劓、剕、宫、大辟，乃苗民所作五虐之刑也。苗民坐是以绝世，而先王亦遵用之者，以是五刑治怙终之人，盖五刑之极刑也。贼人肌体而绝其命，一成而不可变，故君子尽心焉。

穆王耄荒，德虽不衰，然犹曲尽典狱之情伪，以为天下后世之训戒。其仁民之意，厚矣。孔子所以有取也。亦不得中行而与之，故思狂狷之意欤！

昭王南征

史有谓昭王以楚人不朝，南征。济汉，楚人密以胶舟进，中流舟解，王没于水。审若是，则楚有不赦之罪，嗣王所当寝苫枕戈，誓弗与共天下也。愚观穆王命《君牙》、《伯冏》之文，典雅弘奥，克己求善，盖贤君也。岂有忽弃君父，而不动天下之兵，以讨荆楚者乎？疑好事者为之。如尧幽囚、舜野死之类也。是以不取彼而取此。

文侯之命

幽王无道，虽天下所不与。其见杀于犬戎，则天下所不忍，而平王乃子也，所宜卧薪尝胆，养民训兵，帅天下诸侯披其巢穴，诛其宗党，复居镐京，继迹文、武、成、康，以盖前人之愆，则可谓人子矣。

愚观其命秦、晋之词，语平而不切，志舒而不惨，忘不共戴天之仇，轻弃旧都以西事委之于秦，而即安于洛邑，亡三纲矣。

孔子定《书》，而取文侯之命，何哉？平王虽不自饬励，而晋侯不失藩宣之道，逐西戎，黜伯服，扶立冢嗣，定都成周，号令天下，莫敢不从。使平王稍有仁心、义气，而辅之以晋文、卫武，则周室中兴矣。圣人心广道大，权轻重不失毫厘，是以深取晋文，而于平王犹有望也。及其末年，怠惰放纵，不可救药，日以衰微，名号虽存，其实与杞、宋等矣。圣人据事实，本天命而作《春秋》，固非众人之所识也。

齐用竖貂

五帝三王之盛，一行一止必于其时，必于其义。是故昼居于外，所任使者则公卿、贤大夫、士也；夜居于内，所叙御者则后、夫人、淑、嫔妇也。曷尝有刑余之人在日月之侧哉？虽夏、商季世，桀、纣之乱，尚无是也。及幽王宠褒姒，灭西周，始有妇寺之名。自是以来，帝王大本日以销亡，为人君者，以行道布德之公位，为快情遂欲之私居。故听政有素，而公卿进接者希，宴游无度，而妃嫔幸御者无节。外不分于昼，内不分于夜矣。然天下万事来者，不可不应也。公卿既不可使至于内，妃姬又不可使至于外，于是始有用刑余之人，将命于其间者矣。齐小白用自刑之竖貂，死不获殡。秦胡亥信天刑之赵高，为其所杀。后之人君，是宜披根拔本，追复夏、商之制，以革衰周之弊，而汉唐犹用之以亡国者，岂非君之不仁哉？

噫！病在君之不仁，不可与言也。使其可与言，则何亡国之有？

管仲相齐

诸侯之不得僭天子，大夫之不得僭诸侯，犹趾掌之不可为股肱，足之不可为元首也。

观管仲使齐桓下拜，及此辞享之事，可谓恭矣。而谓镂簋朱纮、山楶藻棁、塞门反坫、三归不摄之僭，何欤？霸者，务施报图大权而共小节，据实势而崇虚名者也。仲相桓公，匡王室，封诸侯，号令天下，几于改物。故桓公尊宠之，而赐以群臣不得用之礼也。仲夺伯氏骈邑三百，饭蔬食饮水，没齿无怨言。虽盟会征伐无宁岁，而能使齐师常冠于诸侯，赋敛轻简，府库充实，百姓富庶。贤才服其能，小民怀其惠矣。故斯礼也，国人以为宜赐，仲自以为当得，莫有知其非者。孔子讥之曰："管仲之器小哉！管氏而知礼，孰不知礼？"所以明王霸异道，义利异途，示后人以天理之所在，使人欲不得而汩之也。

且夫齐亦公侯之地耳，管仲得政，遂能强大霸诸侯，何也？守信不贰，行法无私，举用贤才，开辟言路，不籍树蓄，务富民财，不大兴兵，务纾民力。仗尊王之义，会于首止。天子惮其正，而王室之乱稍宁。鲁难，诛哀姜，公道伸而诸侯服盟于召陵。礼荆楚，而中国之义立。封卫楚丘，城邢夷仪，迁杞缘陵，而夷狄不得肆。此其所以九合诸侯，虎视中原之大略也。其于戎狄也，远矣。故孔子曰："如其仁，如其仁。"若夫伐鲁国以杀子纠，而父子兄弟之恩薄，五大夫立子颓，出天王，不能奔命，而君臣之义亏。鲁、晋、宋有弑君之贼，而不能讨也；陈有杀嫡立庶之乱，而不能正也；郑有兄弟争国之祸，而不能止也。以病燕，则北伐山戎；以包茅不贡，则南伐楚；以不从己，则伐宋、伐郑。执陈辕[①]涛涂，厚自封殖。灭谭、灭遂、降鄣、迁阳，处置如是，何以服人？于是北则晋专冀方，西则秦专西土，南则荆楚强横，灭弦灭黄，围许伐徐，而终不退听也。其原皆由不知天理之本，而驰心于功利。功烈如彼，其卑也，其去王也远矣。故孟子曰："管

① 中华书局版《胡宏集》据《史记·齐太公世家》改为"袁"。

仲，曾西之所不为也。而子谓我愿之乎?”

齐桓公卒

齐桓之所以有始而无终者，大本不正也。使其果有匡天下之志，而不求自利，则管子者，天下之才也，当以见诸天王，上言文、武之勤，中述成、康之盛，下陈今日之衰微。

盖自幽王灭于西戎，秦人力战取丰镐，平王东迁于成周，虞、虢、魏、芮皆畿内诸侯，乘乱各据土宇，王畿中断，无西偏矣。使齐桓、管仲入赞天王，正畿甸以修王略，谨五礼以齐诸侯，整六军以膺戎狄，则周室赫然中兴，而王化行矣。惜乎！齐桓、管仲不知出此，而溺于宴饮、衽席之间也。

鲁会楚婴齐

唐末马殷窃据长沙，畏荆南成汭、淮南杨行密之强，议以货结之，高郁曰：“奉天子，抚士民，训励卒伍，霸业修明，谁能为敌?”殷从之，果能平定湖南。没身传嗣，敌人不敢谋。吁！观此周公之裔，宗卿之嗣，至于以货赂人而乞盟者，其弃礼义人民，辱国家也著明矣。

鲁立武宫

立武宫者，立武公敖之宫也。诸侯立五庙，武公至宣公十一世矣，乃祧主也。季氏立其宫者，岂为案之功也哉?

谨按，武公者，从宣王不顺之命，舍长立少者也。季氏以少子专鲁国，因是立其宫，为子孙计以自坚耳。夫子书之，以表著其非礼也。

楚杀追舒

有子曰："君子务本，本立而道生。孝弟也者，其为仁之本与!"

按，公子追舒，非有大逆之罪，退之可也，而王必欲杀之，则非矣。为弃疾者，进宜陈使臣之礼以谏王，退宜陈事君之礼以谏父，谏于王而王不听，则窃负父而去之可也；谏于父而父不听，则号泣而随之可也；谏于王与父皆不听焉，则请后祖庙而以身代父死，可也。乌有闵默恬然，不动其心，坐待王杀其父，然后死之者？以为子则不孝，以为臣则不忠。

噫！大道不明，是以人至此极而莫觉莫悟也。故愚论之以示为仁之道焉，而《春秋》书楚杀其大夫公子追舒，不罪弃疾者，大夫，君之股肱、心膂也；公子，宗室之枝叶、庇荫也。而轻杀之，所以罪楚君也。弃疾，与杀其父矣，岂待贬而后见乎？

实沈台骀

医、卜、祝、史，技数也，然切于人身，而人理之所不能不用者也。先王之世，医、卜、祝、史世守其事，而身属于官。医以十全为上，过误而杀人者，有诛。有大事则讯之卜，有疑事则决之卜。而吉、凶、军、宾、嘉，凡有告于鬼神之事，必祝、史宣其意，然后主事者得全其精，以与神明交矣。今世则不然，散于民间，取人者无罪，骄人者无禁，杀人者无诛，而妙达阴阳之理，有十全之功者，官亦莫之旌用也。国有大事，事有大疑，内不反复谋诸心，外不谋之于士庶，精不谋之于龟筮而卜道以亡。

噫！五礼之不得其理也久矣，君子漫不知其义，祝、史岂能知其数哉？故民间惟有疾病则卜，而卜者率皆诳言某鬼、某神之怨怒，以恐惑之。如晋卜人之言，因为之祝祭，以图衣食而已。民宁破产祀鬼，而不求医。至有收事、荒夷之神，驱除其祖考而不荐者，岂不伤人情、逆天理乎？是故君天下，欲仁其民者，虽医、卜、祝、史之流，亦必如先王之世，然后礼教可行也。

鲁立炀宫

炀（宫）〔公〕[1]，伯禽之子，考公之弟，以弟而得国者也。丧事即远，有进而无退；宫庙即近，有毁而无立。炀公，至是十有九世矣，是祧主也，其不可立宫明甚。所以立之者，季氏以少子当鲁国，祭祀自专，废立自恣，重赂足以结四邻，私恩足以收百姓。所惧神怒或降之罚耳。故有祷于炀公而立宫也。圣人笔之于经，使后人考其世，寻其由，则季氏诬神之罪著，而礼制不至于遂乱，而惑人之听矣。

天产地产

此彖文，孔子之所作也。孔子极言天地之道，谓乾道变化，则万物各正性命。坤顺承天，而万物生焉。是故虽一物之微，(无)〔必〕[2]天地合而后成。其施者，天也；产者，地也。刘歆《周礼》曰："以天产作阴德，以中礼防之；以地产作阳德，以和乐防之。"是裂天地为二本，而中和礼乐异道矣。何可以为经，与《易》、《诗》、《书》、《春秋》比乎？

---

① 据中华书局版《胡宏集》改。

② 据中华书局版《胡宏集》改。

周易成书

愚读包羲画卦，文王系辞，周公爻辞，孔夫子翼，然后知圣人忧患后世之至也。后生晚学，守一卷成书，岂复知经百千岁四圣人竭心思之勤？故愚复其旧，将以启之也。夫先圣、后圣，发明大义，如太和之体万物。春生，秋杀，雷动，风行，千变万化，务晓人以生生之道。初非缘已成事，由闻见知识而为之者。故愚读之，警动焉。呜呼！圣人亦人耳，所以臻此，必有道矣。夫《诗》、《书》、《春秋》，后人犹多引以正心、断事，至于《易》，则希矣。吁！士大夫负先圣，可胜道哉？

叔孙州仇

凡人之情，利害不及则不相誉，不相毁也。彼叔孙之所以贬圣人，誉子贡者，孔子方用事，恶其有不便于己，而子贡，孔子之门人也，一贬，一誉，人固不疑。于以尝试诸大夫之向背，其奸慝如此，而众莫以为非也。故遂毁圣人而挤之陈亢。若非真不知圣人，则亦党州仇者也。观子贡以自绝责州仇，而以为邦语陈亢，则知州仇之毁誉，正孔子用事，利害相及之时，而小人去君子之情状见矣。人君临莅群臣，与夫执国命，进忠贤，察奸罔之君子，其可忽诸？

孔子去鲁

人之有德、慧、术、智者，常存乎疢疾。阳虎在郓，不狃在费，侯犯在郈，此三家之疢疾也。季孙斯几于死，故发愤凭思礼义，遵用孔子。孔子行乎季孙，三月不违，谓此时也。故能堕郈又堕费，三家才损，其死疾，而叔孙遂毁圣人，仲孙遂听处父，季孙遂受女乐。惜哉！三子者，期于苟安而不能远谋，拘于小利而不知大虑，习于人欲而不能于天理也。

孔子摄相事

司马迁载孔子堕三都之明年，由大司寇摄相事。夫圣人之仕，所以大过人者，无他焉，如天之生物，遂其分限，无不可为而过者，无可为而不及者。为委吏，则会计；当为乘田，则畜养蕃；为宰而亲民，则制为养生送死之节；为司空而正封域，则沟合昭公之墓；为司寇而治奸乱，则诛少正卯而堕三都。及成不堕，三家之虑变矣。故经文不言三家，直书曰："公，圣人，色斯举矣。"安有明年由大司寇摄相之事？所以必知其无者，考按经文，明年无更败起废之事，而筑囿、大搜绝与堕都之意不侔，故也。迁载孔子言行，不得其真者，尤多。则未知其所以得实录之名者，何欤？

楚子轸卒

楚国败坏于囊瓦，创夷于吴，几于灭亡。昭王之所以复国而益富强者，皆公子申之谋也。或问申于孔子，子曰："彼哉，彼哉！"圣人度量弘远而责人以恕，何独于子西如此乎？

按，楚之先鬻熊，为文王师以封于楚，及熊通越礼僭号，圣人黜之，等于荆蛮。文、庄而后，与中国并驾齐驱，圣人进之，同于诸夏。逮昭王之时，中国衰，诸侯放恣，大夫骄横，无可告语者，而昭王独发大论，皆当于道。若左右得其人，其进未可量也。惜也，得君之专，执政之久，曾不能辅之变楚俗，匡天下。瞢然守旧规而已。故仲尼责之如此。

子贡见太宰嚭

子贡在言语之科。观其遗言，理义明畅，虽使甚愚人，亦晓然知利害之所在。此圣人之所贵也。若夫纵横捭阖，不顾理义，一出而存鲁、乱齐、破吴、强晋、霸越，则子贡之所甚恶也。

呜呼！以文王、武王之将圣，司马太史尚信以为阴修德政而倾商，不宅大忧而伐纣，又况圣门诸子哉？

愚恶夫弃圣经而祖述司马太史以为实录者，是以论之，使后学毋惑焉。

商鞅变法

先王之所以沟封田井者，亩数一定，不可诡移，一也；邑里阻固，虽有戎车，不可超越，二也；道路有制，虽有奸宄，不可群逞，三也。此三利者，绝兼并之端，止狱讼之原，沮寇盗、禁奸宄于未兆，所以均平天下，行政教，美风俗，保世永年之大法也。秦一废之，及今千六百岁，而弊日益深，而戎马不可禁矣。可胜叹哉！

孟子辟杨墨

愚读孟子书，谓“杨朱、墨翟之言盈天下”。及考诸史，则朱、翟未尝用于时君，时君亦莫有信用其言者。安在其为盈天下而孟氏辟之如此其力？似空言侈大，无益于实者。后人虽信诵其言，亦莫能究明其义。愚始而疑，中而惑，卒乃慨然长叹！见孟氏指意深远广大，非苟为夸辞而已也。

何以言之？天下之道为人、为己二端而已。惟圣人合内外之道，得时措之宜，故不塞，不流，而王道行，百姓宁。舍是则或失于为人太重而不知立己，或失于为己太重而不知立人。失己与人，则天地否塞，而人之类顿灭矣。

五伯之末，仁义益不明，有志于为己者，直欲高飞深入，不在人间，如接舆、沮溺之徒是也。于是杨朱倡为我之论，而此徒翕然是之矣。有志于为人者，直欲自沽自献，必行其说，如卫鞅、仪、秦之徒是矣。于是墨翟倡兼爱之说，而此徒翕然是之矣。此二氏之言所以盈天下也。然孟子所以不辟沮溺者，为其无词说，而杨朱之言近义故也。所以不辟仪、秦者，为其事浅陋，而墨翟之言近仁故也。近于仁则不仁，近于义则不义。不仁、不义，近于禽兽，又将何以立于天地之间？故孟氏拔其本，塞其源，则末流将自正矣。有见于此，然后知孟氏辟杨、墨，承先圣，有大功于王道，而可以为万世法也。使齐、梁之君，一行其言，岂至人之类自相残灭，陈、吴、刘、项之际，死者十九而后止哉？

五峰集卷五

易外传

屯：元亨。利贞。勿用有攸往。利建侯。

屯者，盈也。物之始生，盈盈然，皆有充满塞实之意。及既生，则发舒矣。刚柔始交而难生，震始交于下，坎始交于中。难屯，未通畅也。震为雷，坎为水，阴阳始交，则勃郁为雷，未为雨也。震动坎陷，二卦相重，动乎险中也。屯有大亨之道，贞且因雷雨之动满盈也，故勿用有攸往。往则不贞，失大亨之道矣。方天下屯难之时，纪纲未正，法度未明，岂独力所能济？建侯，广求辅，忧勤不懈，然后能济矣。

彖曰：屯，刚柔始交而难生，动乎险中，大“亨贞”。雷雨之动满盈，天造草昧，宜“建侯”而不宁。

秦暴既极而未息，汉安方来而未定。陈涉以匹夫首事，出万死之计，不畏狼秦，“动乎险中”也。诚能立为天下除残贼之志，复立六国后，于此有人，贞固其心，为秦益敌以自辅助，守正而不移，则秦可灭，时可治，而天下之屯解矣。自蕲至陈，未远也。秦兵方强，残贼肆行未艾也。而遽王之，示天下私，无中正诚悫之心，岂有大亨之道也？傲长者而妻父去，斩宾客而故人行，听谗毁而诸将不亲附，失“建侯”之义甚矣！死于城父，不保首领，非不幸也。“勿用有攸往”，岂不信乎？若汉高则起丰沛，扶义而西卷蜀汉，扶义而东诛残贼，其贞固可知矣。得张良于邂逅，举陈平于亡命，拔韩信于行阵，取英布于敌国，收雍齿于故怨，是以能诛灭秦、项，划革暴虐，与天下更始，四海会同，六合为家。由是观之，则"大亨贞"、"利建侯"之义，圣人示后世之意悉矣。

初九，盘桓，利居贞，利建侯。象曰：虽"盘桓"，志行正也。以贵下贱，大得民也。

东汉之末，豪杰竞起，有刚阳之德，宜为君者昭烈而已。痛王室之倾颓，愤奸臣之窃命，扶本宗，诛奸宄，一匡天下，其志也。而为相于平原，为牧于徐州，归袁绍，投曹操，依刘表，曾未足以舒其志。然临祸患而信义益明，不少变其初志。三顾草庐以致诸葛，得庞统，来法正。追景升，顾恋赴义之徒，而众士景从，若水之归海。以贵下贱，而大得民也。于是遂定巴蜀，三分天下而有济屯之势，居贞、建侯之利大矣。

六二，屯如邅如，乘马班如，匪寇，婚媾。女子贞不字，十年乃字。象曰：六二之难，乘刚也。十年乃字，反常也。

六二、九五之正，应而逼于初阳，不得相从者，以屯故也。天子者，天下之首，蛮夷者，天下之足。中国盛强，蛮夷屈服，天下之常经也。而汉之时，匈奴暴桀，抗衡中夏，其为足也，犹初；其僭乱也，犹九。苏武使焉，匈奴壮其节义，凌折困辱，必欲降之。武虽倚汉武刚明之君，而远在蛮夷为所拘絷，降之不可归欤！不听，故"屯如邅如，乘马班如"。进退不能也。六，阴也；二，亦阴也，妻道也，臣道也，从一而终者也。武守是道，舍生取义，以死守节，心归中国，义绝蛮夷。虽身在匈奴，不为之用，岂求有功名于彼哉？譬如贞女，虽或介于强暴，而不可侵凌，终不为之字也。夫使蛮夷，而善归者多。是时匈奴强暴，非心服中国，而武乃使之，是以遭难如此耳。十者，数之终极，而后变也。居十九年，匈奴势衰，欲归计强汉，武乃得还。然后名扬于匈奴，功显于汉室，完节而归，乃字也。蛮夷服中国，反常也。

六三，即鹿无虞，惟入于林中，君子几不如舍，往吝。象曰："即鹿无虞"，以从禽也，君子舍之"往吝"，穷也。

炎汉再建之初，隗嚣起于陇西，以庸才居民上，有偏霸之意。即是"鹿"也。夫立国以得贤为本，若马援、申屠刚、杜林、郭兴诸贤，皆莫之与而去之。是"无虞"也。惟陷身于不义，以及乱亡耳。嚣终不悟，举兵背叛，不知几而往困于西城，饥而死。"吝"，穷甚也。窦融则不然矣，其保河西也，岂无专据方面之志哉？然闻光武勃起中原，土地最广，甲兵最强，号令最明，遂舍五郡之权，一心汉室，终保福禄，亦可谓之君子矣。

六四，乘马班如，求婚媾，往吉，无不利。象曰：求而往，明也。

桓公自莒入齐，鲍叔实辅之。既而不执其政，"乘马班如"也。管仲者，己之交游，有贤才而胜己，则求之于鲁，脱之于俘，荐之于公，让之以政。"求婚媾，往吉"也。于是桓公九合诸侯，一匡天下。而管、鲍为齐臣，至于今称焉，可谓吉无不利矣。非其能知己之短，而肯进人之长乎？

九五，屯其膏，小贞吉。大贞凶，象曰："屯其膏"，施未光也。

鲁昭公当三桓强盛，禄去公室之时，以人则皆季氏之人，以政则皆季氏之政。君位虽存，而威权去，已不足以有为。欲恩泽下流，难矣。“其膏”也，膏，凝结而不流者也。然则宜奈何？自小而以渐正之，使恩泽浸润加于百姓，仁心仁闻著于天下，则有吉。如唐武宗、宪宗是也。鲁昭不知出此，举兵攻之，欲夺数世之权于一旦，恩泽未孚，民莫之与，以致失国，出奔客死他所。凶矣！

上六，乘马班如，泣血涟如。象曰：“泣血涟如”，何可长也。

汉献帝，皇泰主。

蒙：亨。匪我求童蒙，童蒙求我。初筮告，再三渎，渎则不告。利贞。彖曰：蒙，山下有险，险而止蒙。蒙，亨。以亨行时中也。“匪我求童蒙，童蒙求我”，志应也。“初筮告”，以刚中也，“再三渎，渎则不告”，渎蒙也。蒙以养正，圣功也。

太甲、成王以幼冲未有所知而居君位，童蒙也。伊尹、周公以刚阳之才，任顾托之重，为发蒙之主者也。夫伊、周非有求于太甲、成王，太甲、成王非伊、周无以保其尊位，守其宗庙社稷。故“匪我求童蒙”，乃“童蒙求我”也。“初筮告”，若伊尹于太甲，方其居忧之时，即放之桐宫，密迩先王其训是也。若不决之于初，待其听政，然后随事之失而言其非，则“渎蒙”矣。周公于成王，自幼冲之中，不顺其意而行姑息之恩，故左右侍御、仆从，即以正人为之，以检束其行，使幼而闻正言、见正行，亦不待其临尊位，然后因事一一以教之也。是以太甲、成王，虽无过人之才，而卒皆为大贤者，以伊尹、周公能养其正于蒙，有作圣之功。此蒙之所以亨也。夫当天子蒙蔽未发之时，当发蒙之任，负天下之责，苟不持正，自信不疑，则必有乘间投隙而起者矣。故圣人又戒以利在于贞也。惟贞，然后足以弭奸邪窥伺之心，厉忠贤进为之志，事功可就，而祸难不生矣。

初六，发蒙，利用刑人，用说桎梏，以往吝。象曰："利用刑人"，以正法也。

大舜之有天下也，先诛四凶；孔子之执鲁政也，先诛少正卯；唐太宗之起义兵也，先诛高德儒。盖时方蒙蔽未知，好恶之所在，惟先威之以刑，则观听耸动，而民知所从矣。是说去其不知所从之桎梏也。虽然，刑加于恶之尤者，然后足以正法，新民之耳目，而施教化也。若用之不正，以及众人，则不足以得民心。民苟免而无耻，于治安之道，为可吝矣。

九二，包蒙，吉。纳妇，吉。子克家。象曰："子克家"，刚柔接也。

诸葛孔明执蜀政柄，上有后主孱暗之君，下有杨仪、魏延昧于大体之属；北有蔽欺天下窃命之魏，东有不知天命称尊之吴。可谓蒙之世矣。然孔明尽礼，后主听信，无所嫌忤。圆融仪、延使各展其才力。结好江东，而不明其称帝之罪。志在北征，亦必闭关息民，然后用之。其志大，其量弘，虽未能致其亨，而有安强之吉矣。广开言路，弃非如敝履，得是如珠玉。孜孜尽下，事无不察，算无遗数，"纳妇，吉"也。岂有凶祸之及哉？大臣事君，犹子事父，九二刚阳之才，而六五柔顺之君，与之相应，故虽居蒙世，而有吉。圣人举而示人以近，故云"子克家"也。

六四，困蒙，吝。象曰："困蒙"之"吝"，独远实也。

汉元初立，萧望之以师傅下行端揆之职，为发蒙之主，史高与望之同受顾命，位望之上，为亲近大臣，以阴柔庸劣之才，辅暗懦之君，而昵比于恭，显阉宦不中正之人，疏远望之，不与同心辅政。于先帝付托之意，岂不负哉！是亦自远于刚阳、笃实之贤，故有“困蒙”之“吝”耳。

六五，童蒙，吉。象曰：“童蒙”之吉，顺以巽也。

汉昭所以委政霍光者，冲幼未明习国家事耳。非天资愚蒙，乃童蒙也。以其童蒙而天性聪明，故能上顺先帝之志，下任霍光之贤，而燕王之谋不成，篡弑之祸不作。故为吉也。

上九，击蒙，不利为寇，利御寇。象曰：“利用御寇”，上下顺也。

大舜之征苗，文王之伐崇，汤之放桀，武王之伐纣，皆以其蒙昏之极，不得已，故击而去之耳。若后世汉高之诛秦、项，汉宣之诛先零之类，御寇者也。平城之兵，马邑之伏，唐太宗之伐高丽，为寇者也。御寇者，出于不得已，故天人顺之。汉武为寇于四夷，而望天下之人，皆如卜式之顺己，其可得乎？

需：有孚。光。亨。贞吉。利涉大川。彖曰：“需”，须也，险在前也，刚健而不陷。其义不困穷矣。彖曰：“《需》，有孚，光。亨。贞吉。位乎天位，以正中也。利涉大川。往有功也。”

文王虽有亹亹刚健之德，既受命为人之主矣，若遂欲进定天下，则纣之才犹足以有为。恶未贯盈，人心未尽去，天命未尽改，时未可以定也。文王逡巡不进，退处于西伯，而纣在上，险在前也。文王以服事殷，其忠信于上下，其诚动于残贼。故得行其号令于诸侯，天下化之，而纣不以为嫌。刚健而不陷，岂有困穷哉？“有孚”，“光”，“亨”，“贞吉”，此之谓也。若文王，中非有孚，则不足以动商纣，而至于以兵相加，文王虽得天下，是篡也。非位乎天位，中正之义矣。惟文王位乎天位，中正而不过，故孔子曰：“三分天下有其二，以服事殷。周之德，其可谓至德也已矣。”夫以天道处之，何事不济？故曰：“利涉大川。”

初九，需于郊，利用恒，无咎。象曰：“需于郊”，不犯难行也，“利用恒，无咎”，未失常也。

夫人幼而学之，壮而行之。古之君子，如伊尹之耕于有莘，傅说之筑于傅岩，吕望之钓于渭滨，皆待时于郊野旷远之地，不冒犯世患而求进者也。其耕也，其筑也，其钓也，用常而已，非有惊时异众之行也。故无咎。

九二，需于沙，小有言，终吉。象曰：“需于沙”，衍在中也，虽“小有言”，以吉终也。

孔子、孟轲执其规矩、准绳，周行于诸侯，见可而进，“需于沙”者也。近于世难矣。然孔、孟志在天下后世，非私已也。故不以煦煦为仁，孑孑为义，或以微罪行，或三宿而后出，昼道广德，弘其心，甚大。虽小有患害，厄于陈、蔡，围于匡人，景子谓之不敬，尹士谓之干泽，于孔、孟乎何伤？故当时诸侯敬之、重之，万世之下尊之、仰之，以吉终者，此之谓也。

九三，需于泥，致寇至。象曰：“需于泥”，灾在外也。自我致寇，敬慎不败也。

范滂、李膺，名冠天下，激浊扬清，进必以其道，“需于泥”

者也。然时方多僻，灾在外也。其气刚，其志锐，其行劲，无所顾虑，露其锋刃，欲以力除奸邪，奸邪畏忌，则思所以中伤之矣。党人禁锢，岂无自而然哉？皆自致之也。若敬慎如陈寔，虽中常侍张让父葬，亦往吊焉，敬慎之至也。及党人被诛，而名士因寔得免者，甚众。使范滂、李膺敬慎如此，岂有诛死之败乎！

六四，需于血，出自穴。象曰："需于血"，顺以听也。

汉桓既诛梁冀，拔黄琼，首居天位，天下想望异政。琼奏诛州郡贪污者十余人，海内翕然称之。时小人充朝，正人处乎其间，佞幸之所必中伤也，"需于血"者也。夫琼之心，岂止于诛州郡贪污而已哉？肃清廷列，乃其志也。少须服之耳。及嬖宠益横，琼自度力制不能，遂上疏极言，称疾不起，不敢安其位，"出自穴"[①]也。琼虽言，然一言不听，则不敢据其位而去。力言之而不止，以与嬖宠争也。顺听时命，委而去之，虽其志壅遏不行，戮于小人，而无凶祸之及矣。

九五，需于酒食，贞吉。象曰："酒食"，"贞吉"，以中正也。

文王当纣之时，位乎天德，退称西伯，天下归之，实行天子之事矣。其居中正，又何疑哉？饮食宴乐，以待天命，所需必遂，可谓吉矣。故孔子曰："无忧者，其惟文王乎？"

讼：有孚，窒惕，中吉，终凶。利见大人，不利涉大川。

韩冯翊之说萧，赵广汉之讼魏，皆中无孚，实不知畏惕，过而失中道者也。故终极其事，皆至于凶。左雄、周举，中吉也。

---

① 中华书局版《胡宏集》于"也"前加"者"，据陆钞本补。

王浑、王浚利见也。

初六，不永所事，小有言，中吉。象曰："不永所事"，讼不可长也。虽"小有言"，其辩明也。

郑兴、桓谭。

九二，不克讼，归而逋，其邑人三百户，无眚。象曰："不克讼"，归逋，窜也。自下讼上，患至掇也。

杨恽。

六三，食旧德，贞厉，终吉。或从王事，无成。象曰："食旧德"，从上吉也。

郭子仪、鱼朝恩。

九四，不克讼，复即命渝。安贞吉。象曰："复即命渝"，安贞不失也。

杜淹。

九五，讼元吉。象曰："讼元吉"，以中正也。

曹腾、梁商、贺若弼、韩擒虎、贾复、寇恂和事天子。

上九，或锡之鞶带，终朝三褫之。象曰：以讼受服，亦不足敬也。

主父偃、来俊臣之徒。

师：贞，丈人吉。无咎。象曰："师"，众也。"贞"，正也。

能以众正，可以王矣。刚中而应，行险而顺，以此毒天下，而民从之。吉。又何咎矣！

武王戎车三百两，虎贲三千人，纣率其众七十万，战于牧野。武王鼓之，维师尚父，时维鹰扬，前者倒戈，后者北焉。其故何也？纣不能正心以正天下，故众莫为之用。武王征之，非富天下也，正己而已矣。

初六，师出以律，否臧凶。象曰："师出以律"，失律，凶也。

刘虞，吉德之主，士民之所与也。公孙瓒，暴黠之将，士民之所不与也。然虞以十万之众，声罪讨瓒，而一败不振者，以无律故也。不以律，虽臧亦凶矣。

九二，在师中，吉。无咎。王三锡命。象曰："在师中，吉。"承天宠也，王三锡命，怀万邦也。

赵将李牧，初守雁门之塞，赵王听谗而罢之。既而边境不安，复命牧将，牧请行其初志，赵王听之，牧乃受命。于是利钝、进退、功罪、赏罚，牧皆专制，赵王不得而与也，故能一战而破灭三国，边境清净。夫不用，则听命而退；用之，则专命而行。得中道者也。故吉而无咎。其后，牧御秦师，赵王罢之，而不受命，则恃专而失为臣之道矣。见杀宜哉！故象以"承天宠"为中，吉也。吴楚反，景帝命周亚夫将三十六将军讨之。亚夫言于帝曰："楚人剽轻，难与争锋，愿以梁委之，绝其食道，乃可制也。"于是吴攻梁急，梁求救于帝，帝命亚夫救之。亚夫守先谋不奉诏，坚壁不出，而遣轻兵绝吴楚粮道，吴楚兵卒困于梁，饥死叛散，遂以破灭。惟其委之重，而自任也专，故能有是功。吉，无咎也。虽然，人臣有大功于天下，奉身而退，不为天下先，可也。亚夫，绛侯之子，复有大功，又为辅相，守正而行，抗义不挠，其居正也善矣，然卒取死亡之祸者，不知消息、盈虚与时偕行之过也。唐宪宗之讨淮西也，既命裴度长御史，往视师矣，又命以为相，使赏罚用命，不用命，又命往厘以既厥事。信之深，任之确，恩礼有加，而无怠也。所以平逋寇宿贼，威震诸藩，合乎"王三锡命"，"怀万邦"之义，可以为天下后世法矣。

六三，师或舆尸，凶。象曰："师或舆尸"，大无功也。

用师之道，必以才德，谋虑足以服人心。如丈人者主之，故能有成功。若燕乐毅，丈人也，而以骑劫代之；若赵廉颇，丈人也，而以赵括代之；李牧，丈人也，而以颜聚代之。此以众人而尸丈人之事者也，不败亡何待？六之才德，众人也，而三之位，则统师也。故圣人明"舆尸无功"之义。

六四，师左次，无咎。象曰："左次无咎"，未失常也。

齐桓伐楚，退师召陵。赵充国讨先零，固守不战；汉高祖伐项羽，舍荥阳、成皋而趋宛叶；朱隽讨韩忠，解围而后复战。皆"左次"也。"左次"者，不以气也，必有义也；不以力也，必有谋也。夫聚众而付以芟杀人之器，岂得已哉？能以谋义行之，庶几其可胜矣。此兵家之常也，故无咎。

六五，田有禽。利执言，无咎。长子帅师，弟子舆尸，贞凶。象曰："长子帅师"，以中行也；"弟子舆尸"，使不当也。

夷狄居边塞不毛之地，盗贼屏其邪心而从于教化，不害良善，其宜也。夷狄若有侵犯于中国，盗贼若有干犯于天下，则是禽兽在田，而侵犯稼穑也，当申其罪而讨之。若大禹之征有苗，汤、武之征桀、纣，汉高之伐项羽，则皆申其罪而讨之。故蛮夷率服，天下响应，为利大矣。故无咎。然任将之道，必以名德、才行足以率众者为之。九二刚阳，三才在下，为师之主长子也。若不任长子而以弟子、众人、庸才间之，未有不败者也。以郭子仪、李光弼尚有相州之败，况他人乎？故吕蒙不肯与孙皓并为大督，曰："昔周瑜、程普并将，几败国事。"

比：吉。原筮。元，永贞。无咎。不宁方来，后夫凶。彖曰：比，吉也，比，辅也，下顺从也。"原筮元永贞无咎"，以刚中也，"不宁方来"，上下应也，"后夫凶"，其道穷也。

张良以兵法说他人，皆不省，及以说汉高，则常用其策。良曰："沛公殆天授"，故遂从不去，"原筮"也。其从沛公，以复仇暴秦而济世安民，非以为乱也。此仁人之心，可久之道，为天下之正理，得"元永贞"之义也，故无咎。若沛公之约法三章，以收秦民，马援之择君，窦融之归光武，郭嘉之去袁绍，皆"原筮"者也。其相比，莫非有善谋，行常道，守正理者。故邴原告曹操曰："原之所以自容于明公，明公之所以待原者，以能守训典而不易也。"非刚中者，不能如是。不然，以利相比，如赵高、二世之君臣，与夫窦、灌之朋友，未有得无咎者也。夫天下未定，国家未立，而身未安，固宜汲汲求此。若楚汉分争之时，君臣未定，百姓未知所归，贤能未尽见用。韩信、彭越、英布之徒，不能乘此时举贤恤民，求上下之助以宰制山河，保其大功。及楚已灭，天下归汉，乃奉兵叛逆，自取灭亡，"后夫凶"也。况隗嚣之徒，才不逮数子，方纷乱之际，则坐谈西伯，及中原略定，乃始举兵图大事者乎？

六二，比之自内，贞吉。象曰："比之自内"，不自失也。

伊尹耕于有莘之野，成汤三聘之，然后起。诸葛孔明躬耕南阳，先主三顾之，然后见聘之。在彼而起，在我顾之，在彼而见，在我其尊德、乐义之心著于礼貌之间，然后就之，故足与有为也。不然，则失身于人，虽有规矩准绳，焉得而用之？反为有势者之所贱矣。安得吉？

六三，比之匪人。象曰："比之匪人"，不亦伤乎！

如齐王建。所有之群臣、宾客反为秦用。卒误王建。死于松柏之间。不亦伤乎！

小畜： 亨。

初九，复自道，何其咎，吉。象曰："复自道"，其义吉也。

郭子仪虽为鱼朝恩所忌，然朝闻命夕引道，信命而行，"复自道"者也。是以奸邪莫之能害，而终吉也。若李光弼，因谗邪之间，遂拥众不朝，则不能复于道矣。

六四，有孚，血去惕出，无咎。象曰："有孚"，"惕出"上合志也。

汉明帝察察刚急，治楚王英狱，无辜连逮，不可胜数。群臣希旨，无敢以情恕者。独侍御史寒朗，心伤其冤，出万死为无辜一言，其言发于忠诚恻怛，"有孚"者也。其情既笃，其辞既达，其义既明，故帝卒从其言，死罪免而恐惧亡矣。正君心，救无辜，何咎之有？

九五，有孚挛如，富以其邻。象曰："有孚挛如"，不独富也。

舜既受尧之命有天下，而尧朝旧臣如共工、驩兜、伯鲧，佐尧治天下，其执权利之日久矣。舜江海陶渔之人也，虽以尧命，听居其上，其志未尝不欲专命，使舜不得有为于天下也。然舜以天德居天位，其“有孚”可知，固将分天职与天下圣贤共治之，分天禄与天下圣贤共食之，列天位与天下圣贤共守之。岂奸邪之臣所能遏哉！是以九官命而不仁者远矣。“挛如，富以其邻”此之谓也。

上九，既雨既处，尚德载。妇贞厉，月几望，君子征凶。象曰：“既雨既处”，德积载也。“君子征凶”，有所疑也。

东汉阉宦之盛，自孝和永元中，郑众始得与闻政事，其宦者出入禁闼，以奉承为事者也。昵比，则易以亲；顺事，则易以信。其后遂得天宠，日侵朝权。至永兴之时，中官近习手握王爵，口含天宪，政令一自之出矣。然贤者犹或用，势已张而未成也。及延熹之末，逐党锢贤智，举不得进，于是乎成矣。所以及此者，以其“昵比”，“顺事”，足以惑媚人君，而桓、灵之君，心与之同，性与之合，“既雨既处”也。彼赵忠、张让之徒，岂知其非，日以益甚，终受诛戮，固其宜矣。“妇贞厉”也。虽然，阉竖也，而执国柄，政自己出，侵逼人主，“月几望”矣。陈蕃、窦武以区区之力，不复顾虑，诵言诛之，欲以一旦而夺百有余年凭藉之权，不亦难乎！孔子曰：“有所疑者，戒时君子，必知疑虑，徐思所以制之，则不至于凶矣。”

履：〔履〕[1]虎尾，不咥人，亨。彖曰：“履”，柔履刚也。说

① 据《周易》补。

而应乎乾，是以“履虎尾，不咥人”。“亨”，刚，中正，履帝位而不疚，光明也。

袁涣之答吕布，严颜之答张飞，薛包之事父母，谢安之待桓温，所处至顺，所言至当，皆以“柔履刚”，“说而应”之，故虽履强猛暴戾之地，终不见伤害也。纣至强暴也，而文王徽柔懿恭以事之，故能免于羑里。以西伯一怒而安天下之民，则得中正，履帝位而不疚，其德光大，明于天下后世也。其亨可知。

初九，素履往，无咎。象曰：“素履”之“往”，独行愿也。

张良以布衣起为帝者师，及功成天下定，则从赤松子游。杨秉以儒生起为三公，尝称我有三不惑——酒、色、财也。此安其卑下之素往，行其志愿者也。故贵势不能动其心，利禄不能乱其操，以是而行，岂有咎乎？

九二，履道坦坦，幽人贞吉。象曰：“幽人贞吉。”中不自乱也。

黄宪汪汪若千顷波，澄之不清，淆之不浊，非有惊众险异之行也。初举孝廉，又辟公府，友人劝之仕，宪亦不之拒也。行至京师，竟无就。若其中以利欲自乱，岂能从容应之若是乎？

六三，眇能视，跛能履，履虎尾，咥人。凶。武人为于大君。象曰：“眇能视”，不足以有明也；“跛能履”，不足以有行也；“咥人”之“凶”，位不当也。“武人为于大君”，志刚也。

吕布刚决不常，智卑而才小，虽统众为将，固不足以济乱也。然以董卓之悖逆而杀之，以袁绍之背叛而绝之，“眇能视，跛能履”者也。其见非能穷理，其行非能尽义，亦迫劫于形势，因以为功耳。使布统御于人，遵约束而行，则未必不为名将，如尉迟敬德之流，保其天禄矣。以其刚决猛暴而居人上，自主一方也，故躁率妄行，谋不中礼，义动不中几会，“履虎尾”，蹈危难，为曹操所擒，而被“咥人之凶”焉。

九四，履虎尾，愬愬，终吉。象曰：“愬愬终吉”，志行也。

东汉之初，窦融保据河西，专有方面。厥后归命光武，以为大司空，居近君之地。光武刚强明决，以法术制驭臣下之君也。融尝专制，则光武心忌，本处于外，入为大官，则旧功臣心不平，“履虎尾”也。然融谦恭小心，有子欲其恂恂守道，不愿其才能，其畏慎可知。“愬愬”，畏惧也。融能如是，不以宠利居成功，其“志行也”，故终吉。

九五，夬履，贞厉。象曰：“夬履，贞厉”，位正当也。

夬，刚决也。尧、舜之圣，犹曰“钦明文思，允恭克让”。禹戒舜曰：“无若丹朱傲。”仲虺戒汤曰：“从谏弗咈，先民是若。”《诗》称文王曰：“小心翼翼”，盖悠游从容，宽大尽下者，圣人之容止也。能如是，则履帝位而不疚矣。若自以为居位正当，任其刚决，不复畏惧，则德不能日新，往往日退，不如其初。此危道也，故曰“贞厉”。

上九，视履考祥，其旋元吉。象曰：“元吉”，在上大有庆也。

曾子寝疾病，谓门人曰：“启予足！启予手！《诗》云：‘战战兢兢，如临深渊，如履薄冰。’而今而后，吾知免夫，小子！”夫人有一善、一功、一言、一事，欣欣然自喜自足，而不能有终者多矣。焉知君子以天下世世为消息，没身而后已乎！曾子“启手足”，可谓“视履考祥”矣，必得正而毙，可谓“其旋元吉”矣。

贲：初九，贲其趾，舍车而徒。象曰：“舍车而徒”，义勿乘也。

季氏使闵子骞为费宰，闵子骞曰：“善为我辞焉，如有复我者，则吾必在汶上矣。”王烈寓于辽东，公孙度欲以为吏，烈为商贾以自秽，乃免。

六二，贲其须。象曰：“贲其须”，与上兴也。

六二，文明，贲之主，其质阴柔，随质之善恶而贲之耳。故不能变其质也。如叔孙通制礼仪，因汉高所能行者而已。

九三，贲如濡如，永贞吉。象曰：“永贞”之“吉”，终莫之陵也。

三处文明之极，阳奇阴耦，阳居其中，阴阳交合，情文悦怿，贲之盛也。如舜得十六相，文王得四友，汉高得三杰，光武得二十八将，唐太宗得房、杜、王、魏，君臣相辅，光被天下后世，而膏泽下于斯民。“贲如濡如”也。方世之乱，英雄角逐，君择其臣，臣择其君，非素有定分也，皆以情合气洽相从耳。苟不长守贞固，而继之以疑阻猜嫌，则君臣必不相保，未有能终者也。安得吉？如陈灵之杀泄冶，赵迁之杀李牧，袁绍之杀田丰是也。终为人所凌辱矣。

六五，贲于丘园，束帛戋戋，吝，终吉。象曰：六五之吉，有喜也。

德宗，陆贽。

剥：

初六，剥床以足，蔑贞凶。象曰："剥床以足"，以灭下也。

汉和帝以郑众诛窦宪有功，遂得与闻政事。阉宦擅权，侵害正人，自此始矣。小人得志，君子道消，其凶必矣。

六二，剥床以辨，蔑贞凶。象曰："剥床以辨"，未有与也。

天子者，天下之本，民神之主，其得位也。上受于天，下受其君父，而辅之以大臣者也。桓帝以李润、江京而废，来历以死争之，是也。而同谋之徒，皆见险而止。历独立无助，桓帝遂废。后虽立于孙程等，然进退人才，更张政事皆在天子之手，犹未甚也，而执朝政与大臣为伍之势成矣。若大臣得人，以其类进，则犹可为也。

六三，剥之无咎。象曰："剥之无咎"，失上下也。

剥者，阴剥阳也。三居刚，应刚以阴，从阳者也。昔东汉吕强处阉宦之中，独有爱君子、忧宗社之心，虽身被杀，犹有令名。无咎也。

论语指南[①]证黄祖舜继道沈大廉元简之说

子曰："父在观其志，父没观其行，三年无改于父之道，可谓孝矣。"

①原文无"论"，今补。

黄氏曰："有父兄在，如之何？其闻斯行之，观人子之志，可也。父没之后，其志可以施为，则观其所行如何耳。君子不忍其亲，三年之间，孝子唯恐不及，于父所行之道，或当或否，将有所不暇议，忍改之乎！"

沈氏曰："昔居先君之丧，于哀苦中而得此说，甚以为合于人情也。"

评曰："观其言，可见其为子矣。如此说极是也。"

有子曰："礼之用，和为贵。先王之道，斯为美。小大由之，有所不行，知和而和，不以礼节之，亦不可行也。"

黄氏曰："事无大小，一于敬而无和，其失也过严；知和而无礼以节之，其失也无辨。二者偏胜，概之以先王之道，其不可行均也。"

沈氏曰："礼固贵和，小大由之，则过于和矣。不以礼节之，则不可行。知和而和，不以礼节之，亦不可行者，申上言也。"

评曰："'小大由之'，谓事无巨细，皆以和为贵也。而'有所不行'者，'知和而和，不以礼节之也'。礼用和为贵，不以礼节之则不和。故亦不可行也。沈氏谓申上言，是也。"

子曰："人而不仁如礼何？人而不仁如乐何？"

黄氏曰："孔子之时，礼乐废坏，不仁之人用之，是言盖有为而言也。如季氏旅泰山，舞八佾，知礼乐者如是乎！"

沈氏曰："不仁者私意横生，何有于礼乐？"

评曰："不仁者，所行七颠八倒，虽用礼乐，舞八佾、雍彻，而非礼乐也。故曰：'如礼、乐何？'"

子曰："禘自既灌而往者，吾不欲观之矣。"或问禘之说，子曰："不知也。知其说者之于天下也，其如示诸斯乎？"指其掌："祭如在，祭神如神在。"子曰："吾不与祭，如不祭。"

黄氏曰："鲁跻僖公，乱昭穆也。既灌之后，所以降神，故不欲观之。或者不喻，而穷其说，孔子为鲁讳，故托以不知，而指其掌，其意若曰：明乎上下之分，治天下无难矣。夫祭，以诚为主，今从逆祀，而失昭穆之义，于诚何有？是祭与不祭等矣。此孔子之所以不'与'，若'吾与点也'之'与'同。"

沈氏曰："逆祀之说极好。指其掌上，词已断矣。下所言以类记之者也。不必比而同之，'与'字一说，恐未安也。"

评曰："逆祀之说固好，但恐孔子之意不止谓此也。鲁之郊禘，逆祀之大者。明则有礼乐，幽则有鬼神，此情状见于礼乐，不可乱也。禘、祫之礼乐不同，其鬼神亦异，岂可乱乎？'祭如在，祭神如神在'。连上义说亦通，'吾不与祭，如不祭'。恐却是以类记，故有'子曰'二字题之，'与'字一说，诚未安也。"

子曰："射不主皮，为力不同科，古之道也。"

黄氏曰："古者射有五善，不特主皮，兼取礼乐、容节也。古者，力役之事，分而为二，欲其可法也。后世徒以中皮为善，强弱无别，同为一科。故夫子言古之道，以明今之不然。"

沈氏曰："尝见赵岐有是说而然之，当无以易也。"

评曰：二氏之说极是。

子曰："唯仁者能好人，能恶人。"子曰："苟志于仁矣，无恶也。"

黄氏曰："仁，人心也，私意不萌于心，故能公天下之好恶。

苟志于仁，有心于仁也，虽未能见于所行，而一念之间，已向于善矣。”

沈氏曰：“弟子之善记事如此。上言仁者，好恶矣，然言能恶人，则或者疑焉。于是复明仁者之心，曰：本无所恶也。”

评曰：“仁者之心如鉴，妍者来则妍，丑者来则丑。方其妍也，乌得不谓之妍？方其丑也，乌得不谓之丑？好恶如此，吾心初未尝动也。若恐或者以恶人为疑，复明仁者之心，曰：‘本无所恶’则是。当好恶之时，胸中原未了了也，乌得为仁？苟志于仁矣，无恶也。‘恶’字或读作入声，‘有心于仁’，如此立言，恐不识心，不识仁也。”

子曰：“人之过也，各于其党。观过，斯知仁矣。”

黄氏曰：“与仁同功，其仁未可知也。与仁同过，然后其仁可知也。盖功者，人所乐赴；过，则人祈于苟免。而后知君子存心甚厚，虽过也，不害其为仁。若周公之厚于其兄，孔子之厚于其君，皆不以有过为嫌者，其仁可知也。”

沈氏曰：“伊尹、周公皆是过，乃所以为仁。”

评曰：“闻诸先君子曰：‘党，偏胜也。有所偏胜则过，而不得其中。或敏慧而过于太察，或刚勇而过于太暴，或畏慎而过于畏缩，或慈爱而过于宽弛。’人能内观其过，深自省焉，则有所觉矣。窃谓伊尹、周公不可以言过。”

子曰：“参乎！吾道一以贯之。”曾子曰：“唯。”子出，门人问曰：“何谓也？”曾子曰：“夫子之道，忠恕而已矣。”

黄氏曰：“夫子垂世立教，学者宗之。或得其一体，或闻其一言。有称其博学者，有誉其多能者，皆不能遍观而熟察之。乃若圣人之道，则闻而知之，传以心也；黙而识之，悟以心也。况其泛应于域中，虽千变万化，未始有穷，而会归于一心。则天地之纯全，万人之大体，皆其分内耳。所谓‘一以贯之’也，曾子早游圣门，省身于内，守之以约，故夫子告之，不待发问。而曾子受之，不复致疑。可谓相契以心，得于言意之外矣。及其答门人之问，语之以‘忠恕’者，亦以其违道不远者告之，使之求诸心，而切于践履者也。盖‘忠’之为心，无纤介之私，其毋自欺，亦不欺人也。‘恕’之为心，无物我之间，其处人亦如其在己也。‘忠恕’生于吾心，则彼己不立，孰为町畦，将尽己之性，以尽物之性，而至于参天地。其于一贯之妙举，积此矣。曾子至是盖不容言，而门人之问，不得已而应之，于是形容夫子之道，非‘忠恕’两言，无以明之。使门人而悟曾子之言，则‘一’之名亦不立矣。是道也，曾子之传于圣人，门人之受于曾子，又未可以浅深论。”

沈氏曰：“此论亦鄙见所同，曾子所以告门人者，别是一转语也。”

评曰：“唯仁者为能一以贯天下之道。是故欲知一贯之道者，必先求仁，欲求仁者，必先识心。‘忠恕’者，天地之心也。人而主忠行恕，求仁之方也。施诸己而不愿，亦勿施于人，即主忠行恕之实也。黄氏之言，非不高妙，然言意支离，恐使学者惑也。夫圣人垂世立教者，是也。而黄氏以垂世立教与道为二途，其支离者一也。圣人所传者，心也；所悟者，心也；相契者，心也。今曰‘传以言’、‘悟以心’、‘相契以心’，是人与心为二，心与道为二矣。其支离者二也。夫‘忠恕’，即道也，而子思谓之违道不远者。闻诸侯师圣先生曰：‘以学者施诸己而不愿，然后不施诸人，故谓之违道不远。非以忠恕为违道不远也。’今黄氏似以忠恕为违道不远，其支离者三也。夫人心，忠则为忠，恕则为恕，今曰‘忠之为心’、‘恕之为心’，似以忠恕又自有心。又曰‘忠恕生于吾心，则彼己不立’。夫人能忠恕，推己及彼，轻重先后，不失其宜。仁之至，义之尽也。若彼己不立，是无本矣。墨子二本，孟子辟之，况无本乎？”

宰予昼寝，子曰：“朽木不可雕也，粪土之墙不可杇也。于予与何诛？”

黄氏曰：“记曰：‘昼居于内，问其疾，可也。君子非有疾，不居内。’今宰予好内而怀安，无其质矣。教何所施？故孔子深责之。”

沈氏曰：“好内之说，窃以为不然。宰予固不至是，圣人亦不察人之微至是也。但昼而多寝，昏惰无精进。故夫子深责之。”

评曰：“宰予只是昏惰无精进之意，故夫子深责之。尝见表兄范伯达亦如此说。”

子曰：“晏平仲善与人交，久而敬之。”

黄氏曰：“晏子相齐，景公执国政。孔子久于齐而不能用，徒以交际为恭。非王公之尊贤也。于此犹善其能全交者，所见夫子之忠恕。”

沈氏曰：“此恐只是不没其实，非有为而言也。”

评曰：“沈氏之说极是。”

季文子三思而后行，子闻之，曰：“再，斯可矣。”

黄氏曰：“凡事之是非、利害，两端而已。过是而思，则惑也。观其使晋之时，其虑当矣。至于求遭丧之礼以行，不亦过乎？”

沈氏曰："乡人林德惠尝云，时人称季文子三思而后行，夫子以为不然，曰：如能再思，可矣。何望其三乎？如三家之强文子，殆未之思也。"

评曰："德惠之言甚好，黄氏之言上半截亦好。"

子谓仲弓曰："犁牛之子骍且角。虽欲勿用，山川其舍诸？"

黄氏曰："此论仲弓之德，不用于天子，必用于诸侯。如牛之骍且角，虽不用于郊，山川亦不舍之矣。鲧殛而禹兴，不以其类废之也。"

沈氏曰："先儒谓指仲弓之父言，非也。斥父称子，岂圣人之意？人之才德，不系于世类，才者虽不大用，必小用。故以郊与山川言之，亦非谓天子诸侯也。"

评曰："沈氏之说为长。"

曾子曰："以能问于不能，以多问于寡。有若无，实若虚，犯而不校。昔者，吾友尝从事于斯矣。"

黄氏曰："学道未至于无心，非善学也。自'问不能'，至'实若虚'，无矜伐之心也；'犯而不校'，无物我之心也。此颜子克己之学。"

沈氏曰："矜伐之心，由物我之心生也。自'好问'、'若虚'，以至'不校'，皆是无物我之事，不必分也。"

评曰："黄氏以此五者为颜子克己之学，甚好。而曰'学道未至于无心，非善学也'，异乎愚所闻矣。学道者，以传心为主。不知如何却要无心？心可无乎？又，二氏皆有'无物我'之说，愚窃惑焉。盖天地之间，无独必有对，有此必有彼，有内则有外，有我则有物。是故一阴一阳之谓道，未有独者也。而圣人曰：

‘毋我’者，恐人只见我而不见人，故云尔也。若物我皆无，不知酬酢，万变安所本乎？”

“三分天下有其二，以服事殷。周之德，其可谓至德也已矣。”

黄氏曰：“文王之有周，天命之，人归之。有天下之二，可以王矣，而犹事殷，所以为德之至，不可少訾者也。不曰‘文王之德’，而曰‘周之德’者，《诗》于《皇矣》云：‘天监代殷莫若周，周世世修德，莫若文王。’则文王所以致此者，固非一世之积，其所由来远矣。至文王而后成耳。于是推本而言之。”

评曰：“此意甚好。然三分天下有其二，以服事殷，方见其德之至，不曰文王而曰周者，三分天下有其二，以服事殷，非特文王也，武王亦然。考之《诗》、《书》可见，至于代殷，又别是一义。”

子见齐衰者、冕衣裳者与瞽者，见之，虽少，必作；过之，必趋。颜渊喟然叹曰：“仰之弥高，钻之弥坚。瞻之在前，忽焉在后。夫子循循然善诱人，博我以文，约我以礼，欲罢不能。既竭吾才，如有所立卓尔。虽欲从之，末由也已。”

黄氏曰：“哀敬之道常存于心，故见之者诚有触于中。其作也，其趋也，有不期而然矣。盖夫子平日践履之道，所谓‘无行而不与二三子者’是也。众人懵不知觉，颜子于此，独有省焉，所以喟然发叹也。盖尝论圣人之道，大包六合，而小不外乎吾身；远贯万古，而近不离乎日用。若穷高极妙而求之于渺茫恍惚，其去道益远矣。颜子既发叹而悟昔者之非，于是吐其胸中所见言之。若曰：‘人之所以不见道者，以才为之累也。向也从事于高、坚、前、后之际，矜吾聪明，任吾智力，卒之罔然无得，若有遐志矣。’而夫子诱而教之于博约之间，则又欲罢而不能。至是，才无所施，聪明智力尽矣。恍然若有见其卓然独存者，不可以他求也。虽欲从之，又乌得而从之？反之吾身而已，然后知吾之心即圣人之心也。圣人所谓哀敬之道，亦吾所体之道也。平居日用之间，吾与圣人岂有二哉？所以四科之列，回为之冠，圣人之门，独以好学许之也。”

沈氏曰：“此论深见颜子学问之道。尝见一乡人仿佛此说，谓钻、仰、前、后之初，未有所见，及夫子诱之于博约之后，不能自已，竭力而进，乃有所见。‘虽欲从之，（末）〔未〕[①]由也已’，终不可及。不若此论，去聪明智力而有所得之为妙也。但上文‘见齐衰者’，恐意不相蒙也。”

评曰：“此颜子之学，学者所宜尽心，不可姑从人言而已也。仰之而知其弥高，钻之而知其弥坚，瞻之而知其在前，而又知其忽焉在后，此颜子习而察见圣人分明，所以为善学也。夫子循循然善诱人，其先后次第不可得而详闻矣。‘博我以文’，所以使我见识极高明，穷广大也；‘约我以礼’，所以使我践履，不失中庸也。此夫子所以善教也。‘欲罢不能’，理义悦我心，自不能已也。‘既竭吾才，如有所立卓尔，虽欲从之，（末）〔未〕[②]由也已’。颜子庶几圣人，在欲化未化之间，故发言如此也。夫欲化未化之时，似犹用聪明智力，又似用聪明智力不得，真当得之于意表，不可言语形容也。若圣人从心不逾矩，则聪明智力具存而无所用之，故所过者化，所存者神，与天地参矣。沈氏谓‘去聪明智力而有所得之论为妙’，窃谓聪明智力在学者不当去，在圣人不去。去之，则必入于空，沦于静，又乌能有得而可以开物成务乎

①② 据《论语》改。

哉？颜子喟然而叹，真与上文不相蒙。”

子曰：“衣敝缊袍，与衣狐貉者立而不耻者，其由也与？‘不忮不求，何用不臧？’”子路终身诵之。子曰：“是道也，何足以臧？”

黄氏曰：“子路之勇，以气为主，能捍贫贱而轻富贵者也。不以贫贱为不若人，故衣敝缊袍无忿疾之心，所谓‘不忮’也。不以富贵为愈乎己，故与衣狐貉者无歆羡之心，所谓‘不求’也。‘不忮不求’，亦人之所难，而子路既躬行之矣，犹终身诵之，故曰‘何足以臧’，所以进之也。”

评曰：“不知夫子进之，欲其何所进？向上？义理如何？”

“食不厌精，脍不厌细。”

评曰：“黄氏尝读‘厌’作平声，可见圣人之中节，一切世务不能移也。”

“乡人傩，朝服而立于阼阶。”

黄氏曰：“礼，乡人禓子朝服而立于阼阶，存室神也。傩即禓也。”

沈氏曰：“龟山谓‘诚意于除厉’，此论自佳。先儒谓存室神，恐非也。”

评曰：“傩起于乡，非先王之制礼也。其说以驱逐厉鬼为事，龟山之说虽好，而先儒之说，亦自有理也。”

颜渊问仁。子曰：“克己复礼为仁。一日克己复礼，天下归仁焉。为仁由己，而由人乎哉？”

黄氏曰："颜回问为邦，夫子尝以四代之礼乐告之。而此曰'克己复礼，天下归仁'，盖其德行纯备，心不违仁，可以为人上矣。故以是道明之也。《记》曰：'一家仁，一国兴仁；一家让，一国兴让；一人贪戾，一国作乱。'其机如此，则天下归仁，系乎一人之克己复礼，不可不慎其机也。夫仁，人心也。心之不仁，私欲害之也。私欲苟萌，则视、听、言、动，举越于礼，而施为之间，流风浸远，天下必受其弊。况能使之归仁乎？惟自反而充于礼，不役耳目，乱之不作，好恶扰之，正心诚意于上，而天下安于无事，风俗自是归于淳厚矣。所谓天下归仁也，必曰'一日'者，以见克己诚非自外。至其用力甚寡，其成效甚远，而功利之及于天下者，甚博也。"

评曰："黄氏所言，仁之功也。须要见颜子居陋巷，'一日克己复礼，天下归仁'处，方是真有所见。'仁，人之心也。心之不仁，私欲害之也'，窃谓人有不仁，心无不仁。此要约处，不可毫厘差。"

子路曰："卫君待子而为政，子将奚先？"子曰："必也正名乎!"

黄氏曰："蒯聩得罪于南子，故出奔宋。灵公之死也，卫人欲立公子郢，郢辞焉，乃立辄。以灵公之命也。苏内翰谓：'灵公黜其子而子其孙，出公不父其父而祢其祖，人道绝矣。'夫以父子之间至于争国，逆天理，乱人伦，名之不正孰大于此。以《春秋》考之，蒯聩出奔与赵鞅纳之，皆称卫世子，以示其得世于卫也。使夫子果为政于卫，其将周旋父子之间，使辄辞位而纳蒯聩，则辄无拒父之名，蒯聩复世子之位，灵公亦无黜子之过。此正名之大者，为政所先务也。"

评曰："蒯聩无父，出奔失世子者，罪其轻佻。谋非常至于出奔，失世子之道也。赵鞅纳之，而称世子者，罪大臣辅辙而拒父也。蒯聩无父，辙亦无父，天下岂有无父之人，尚可以事宗庙社稷，为人上者哉？故孔子为政于卫，则必具灵公父子、祖孙本末，上告于天王，下告于方伯，乞立公子郢，然后人伦明，天理顺，无父之人不得立，名正而国家定矣。"

子夏为莒父宰，问政。子曰："无欲速，无见小利。欲速则不达，见小利则大事不成。"

黄氏曰："为宰之政，则所治者小也。夫子告以久远之图者，以子夏之学失之不及，特将扩而大之也。"

评曰："政者，正也。正无大小，圣人之言，可以为天下万世之法，非特救子夏一人之失也。两汉以来，为政者恐多未免欲速、见小之病也。"

"言必信，行必果，硁硁然，小人哉！"

黄氏曰："不知义之所在，小廉曲谨之士耳。其见者小，故谓之小人。"

评曰："向宣卿常说：'有读小为之者'，似亦意味好。"

子贡问曰："乡人皆好之，何如？"子曰："未可也。""乡人皆恶之，何如？"子曰："未可也。不如乡人之善者好之，其不善者恶之。"

黄氏曰："同乎流俗，乡人或好之；有拔俗之行，乡人或恶之。好恶未必当，唯善者好之，不善者恶之，则为君子也审矣。"

沈氏曰："好恶而唯乡人，是从未必当也。要当公吾心而察焉，其善恶者自有见焉，可也。孟子言：‘国人皆曰贤，然后察之，见贤焉，然后用之。’得此也。”

评曰：“察人之贤否，以乡人好恶为主，察乡人之好恶，以善为主，则人之贤否，得其实矣。黄氏之说，自已明白，不必引孟子之说也。有人非不公其心，而见善不明，或入于邪曲。故察乡人之好恶，必以善为主，弗可改也已。而善未易明也。”

宪问耻，子曰：“邦有道，谷；邦无道，谷。耻也。”“克、伐、怨、欲不行焉，可以为仁矣？”子曰：“可以为难矣，仁则吾不知也。”

评曰：“原宪说‘克、伐、怨、欲不行’，便以为仁，是未识仁也。故孔子提醒之曰：要‘克、伐、怨、欲不行，可以为难矣。’使原宪自此能克去‘克、伐、怨、欲’，如人饮水，冷暖当自知之。孔子不得而与之也，故曰：‘仁则吾不知也。’此圣人着力为原宪处，可得之于意表，不可以言语求也。若黄氏之言‘制克、伐、怨、欲不行，未若泊然无心，克、伐、怨、欲不萌于中，亦无有制之者，然后为仁。’此说大体既非所以言仁，且泊然无心之语，大有病也。”

子曰：“君子义以为质，礼以行之，孙以出之，信以成之。君子哉！”

黄氏曰：“刚义得于天资，有其质矣，所乏者威仪文辞也。‘行之以礼’，则行正而不过，威仪可观矣。‘出之以孙’，则言顺而不暴，文辞均也。三者备而后信有诸已，所以成始而成终也。是为令德之君子。”

沈氏曰：“此非为学者言，为立政事言也。以义度宜，事之始也，行之则有节文焉。又‘出之以孙’，民听不骇戾，‘守之以信’又久有所成也。若夫为学者，则‘敬以直内’，乃其本也。”

评曰：“圣人之言，无所不通。使在上之人行已如是，则政立矣；使在下之人行已如是，则身修矣。‘敬以直内’，固学者之本，为政者‘敬以直内’，可顷刻忘哉？若谓欲不失此四事，非‘敬以直内’不能，则可。”

子曰：“当仁不让于师。”

黄氏曰：“人之于师，所当让也。至于仁，则为之唯恐不及。若出人于患难，拯人于饥溺，皆所急务者。何暇让乎？”

沈氏曰：“此言为仁之急如此，值当为之时，师亦不让。非真不让也。”

评曰：“人之于仁，犹饥食渴饮，不可让不饥者使食，不渴者使饮也。当饥则食，当渴则饮，非不让也。非谓‘为仁之急’，亦非谓‘为之唯恐不及’而不暇让也。师，所以发吾仁也。言当仁，虽师不让，所以明仁之义也。”

孔子曰：“生而知之者，上也；学而知之者，次也；困而学之，又其次也；困而不学，民斯为下矣。”

黄氏曰：“生知出于天资，如由仁义行，是也。故为上。学而知，则思而后得，如行仁义，是也。故次之。”

沈氏曰：“行仁义，非学也。仁义在我而已，而曰行之，是人与道二也。执柯以伐柯，疑于同矣。而犹以为远者，二物故也。‘道也者，不可须臾离也，可离非道也’。故知行仁义，非学也，生而知之，诚也。学而知之，诚之也。”

评曰：“圣人与道一体，故不用学。学者，学道者也。若体与道一，则更何用学？惟未能与道为一，故须学也。学道便是行仁义也。至于德盛、仁熟，则由仁义行，不用行仁义矣。‘道也者，不可须臾离也，可离非道也。’指大体而言也。欲求全体，故须‘戒慎’、‘恐惧’，莫使有亏欠也。‘戒慎’、‘恐惧’，便是行也。至于纯熟，自不用‘戒慎’、‘恐惧’，然后谓之由仁义行矣。诚之，便是行仁义也。若曰‘行仁义，非学之至’，则可矣。”

周公谓鲁公曰：“君子不施其亲，不使大臣怨乎不以，故旧无大故，则不弃也。无求备于一人。”

黄氏曰：“朋友先施之，可也。父党无容，笃于恩而已，无所施也。”

沈氏曰：“君子不施其亲，不私于亲也。”

评曰：“李丞相纲云：‘君子亲亲，不施者，不加刑杀也。’汉成帝欲恐诸舅，曰：‘今将一施之。’必是鲁公天性严冷寡恩，故周公戒以四事，事皆相类。”

子夏曰：“博学而笃志，切问而近思，仁在其中矣。”

黄氏曰：“仁，人心也。虽以学问求之，必以心得之。”

评曰：“仁，人心也。言‘以心得之’，不支离否？”

子游曰：“子夏之门人小子，当洒扫应对进退则可矣，抑末也。本之则无如之何。”子夏闻之曰：“噫！言游过矣。君子之道，孰先传焉？孰后倦焉？譬诸草木，区以别矣。君子之道，焉可诬也？有始有卒者，其惟圣人乎！”

黄氏曰：“道不离动静、语默之间，所谓洒扫应对进退，无非道也。下学而上达，非于下学之外复有上达也。故君子之道，初无二致，孰以为先而不传？孰以为后而或倦？譬诸草木，其始生也，及其长也，区以别之。虽若不同，而所以为曲直之性，则一而已。子夏之门人，所谓小子者，知克勤小物于正心诚意之时，其进于成人之德无疑矣。苟不达此而概以为末务，是厚诬也。子夏推明君子之道，以正言游之失，以为道之在人，其致无本末，其施无先后，而小子之学，率由始以成其终，其序不可越也。若以为必求其本，而不循始终之序，则虽圣人，亦不能凌节而施矣。”

沈氏曰：“理一而已，本末先后贯焉。如草木一区之内，种子、根茎、华实，具在其中，人未之见也。下学上达，亦在识之而已。”

评曰：“草木生于粟粒之萌，及其长大，根茎、华实虽凌云蔽日，据山蟠地，从初具乎一萌之内，而未尝自外增益之也。故‘区以别矣’。君子下学而上达，其道正如此。沈氏曰‘亦在识之而已’，此至言也。愚以谓正当心了，不以言语到也。黄氏曰‘下学而上达，非于下学之外复有上达也’。其言妙矣，而曰‘克勤小物于正心诚意之时’，则愚所不解也。夫正心诚意，自先自后，彻本彻末，岂可以时节言哉？又曰：‘道之在人，其致无本末，其施无先后。’亦愚之所未解也。夫道有本末，有先后，人之行，不失本末、先后，则当于道矣。子游不识本末、先后，故子夏正之。”

“出纳之吝，谓之有司”。

黄氏曰：“前言惠而不费，其所谓‘吝’，则惠不足以及人也。《易》以‘屯其膏’为‘小贞吉’，则‘出纳之吝’，特有司之事，非为上之道也。”

评曰：“不知如何理会‘屯其膏，小贞吉’？疑与此义若不相似然。”

释疑孟

司马文正之贤，天下莫不知，孰敢论其非者？然理之所在，务学以言可也。夫孟氏学乎孔圣，虽未能从容中道，迹其行事，质诸鬼神，亦可谓厘中缕当矣。其道先天如青天白日，而司马子疑之，愚窃惑焉。作《释〈疑孟〉》，有能宥其狂简而相切磋者，吾与之友矣。

性

孔子曰：“人生而静，天之性也。感于物而动，性之欲也。”知天性感物而通者，圣人也；察天性感物而节者，君子也；昧天性感物而动者，凡愚也。告子不知天性之微妙，而以感物为主，此孟子所以决为言之，使无疑也。此圣学之原也。而司马子乃引朱、均之不才以定天性，是告子之妄乱孟子之正，其不精孰甚焉！

辨

形而在上者谓之性，形而在下者谓之物。性有大体，人尽之矣。一人之性，万物备之矣。论其体，则浑沦乎天地，博浃于万物，虽圣人无得而名焉。论其生，则散而万殊，善恶吉凶，百行俱载，不可掩遏。论至于是，则知物有定性，而性无定体矣。乌得以不能自变之色，比而同之乎？告子知羽、雪、玉之白，而不知犬、牛、人之性，昧乎万化之原。此孟子所以不得不辨其妄也。

以此教民，犹有以性为恶，而伪仁义者；犹有以性为善恶浑，不能决于去就者。今司马子徒以孟子为辨，其不穷理之过。甚矣！

舜

舜为天子，皋陶为士，瞽瞍杀人。桃应设为是事以问孟子者，应之意若曰：父子，天性也。而生杀之柄，乃大君所以辅翼民德者。惟以处是事，观圣人御变之权耳。若皋陶体舜孝心，舍瞽瞍罪，而人有犯者，执之，为天子行法不公，民生悖心矣。纵而释之，无以佐天子主天下，民生离心矣。进退，罪也。今皋陶畏天命，执之不赦，以昭示天下，使有罪者不敢幸于免，怀奸者不敢伐其技。自世俗观之，于吾身可矣。而君人子也，吾人臣，执君之父，置之于法，情何安焉？行法而有私者，非君道；徇法而不仁者，无君德。圣人宁弃天下而存此矣，此民所以生也，天地之大本也。孟子曰："圣人，人伦之至。"非天下之至精，其孰能知之？故瞽瞍有罪，舜窃负，而司马子以为狂夫不为。瞽瞍见执，而司马子以为皋陶犹可执也。使司马子事君，不幸有是事，遂行其言，岂不伤人情，逆天理乎？自周室既衰，文、武之道不著，申、商之术肆行，积习至于秦，生民不忍，起而攻之。秦以天下之力，不能禁御，至于绝灭者，尚刑名，灭天理之效，必至于斯也。汉兴，鉴秦取亡之道，力行宽厚，其涵养民彝之意厚矣。君子犹曰："以智力得天下，无三代之淳懿矣。"如此，则知孟子之言微且远矣。而司马子之贤，乃孔子所谓多学而识之，非知之者也？

仲子

天下之事，人伦为重。舍人伦而矜细行，以欺世盗名者，君子不与也。陈氏，齐之世臣，相与戮力，同心定社稷者也。是以有万钟之奉，若祖若父皆享焉。仲子起而非之，不义齐国，避兄离母，处于于陵。方是之时，天下之君，非不奉王命，则篡夺之子孙。天下之人从而事之，是天下皆不义也。仲子于于陵不义之地，何居焉？于于陵不义之纻，何辟焉？履所易者，乃不义人之粟，何食焉？不然，则盖邑之禄可受，而室可居矣。而离母焉，是不孝也；而避兄焉，是不恭也。不孝，不恭，天理灭，人伦废矣。虽云有义，亦将安施？此孟子所以深罪之也。且仲子敢于避兄，离母，卓然为绝微之行，狷者有所不为，而司马子与之，过矣。

责善

天地之间，人各有职。父子，以慈孝为职者也；朋友，以责善为职者也。故孟子谓父子不责善，以明其分，如曰："中也，养不中；才也，养不才。有中和覆育变化之道，如雨露滋益草木之功。其效至使子弟于父兄忻忻爱慕而乐生焉。此与朋友察言观行，切磋琢磨之义，相去远矣。夫岂必面诤犯颜，见于声色然后为善哉？而司马子议之，毋乃思不及是耶？"

仕

天气（盛）〔感〕[①]乎下，则地气应乎上。一有感而不应，则为水旱、寒燠之灾。君臣之义，犹天地之道也。其感应从违，岂有异乎？因君用舍，以有行藏；察君厚薄，以有去就。过则为抗，为骄傲；不足则为谄，为邪佞。故陈臻问仕，孟子折衷以明三去、三就之义，斯亦概举大体云尔。其曲折万变，惟其人为能神之。

① 中华书局版《胡宏集》据陆钞本改。

司马子乃以就有礼周之而受者，为无礼貌饮食而仕，岂不过甚矣哉！

今有常人，等夷也，为之折枝而不应，则必怒矣；为之饮食而不荐，则必怨矣。有施而无报，其怨，其怒，情所宜也。君子与常人交，称情而应，犹必尽道，使无纤芥。况君臣之际，所宜尽心者乎？迎之致敬，又有礼焉，而不就也；周其饥饿，恩意有加，而不受也。使司马子执此意以事君，必不免于抗傲不恭之诮矣。虽与谄邪者不同，求其无意、必、固、我之凿，行藏去就与天地相似，其可得乎？

霸

二帝三王施仁政、定天下之功，尽道而已，非有利天下之心也。五霸仗义结信，搂诸侯，奖王室，谋自强大，非有正天下之心也。五霸，桓公为盛，忿不惩而灭谭，欲不窒而窥鲁，其心原不可考矣。虽力行信义，岂其如日之昼，如月之夜，不可掩乎？使其无死，要知其不至骄溢而复[①]有失信弃义之事哉？唯其执之，不致中道而废，是以得成霸者之名耳。此孟子之所谓“假”也。今有人假人之器以为用，方其用也，谓之非己用可乎？为己用矣，谓之文具，而实不从，可乎？用之来归，以至于没身，孰知非己有乎？五霸假仁义而不归，则既有之矣，其得罪于三王，何也？以有为而为之也，此王霸之所以分乎！

德

君子于天下无成心，不徇人以失己，不徇物以失道，称情而

① “复”，中华书局版《胡宏集》据陆钞本改为“后”。

施，当于义而已。周道之衰，人怀利以相与，为君者自恃崇高，足以致士，而怀轻士之心；为士者，怀利宴安，知进而不知退，死生谬制于人。海内荡荡，纲纪文章扫地尽废者，以君臣之道不明于天下也。孟子曰：“天下有达尊三，朝廷尚爵，乡党尚齿，辅世长民尚德。”乌得恃其一，慢其二。所以明进退之分，权轻重之义，明为臣之道，非可以奴隶使也。夫由义而行，事异则行异，何必蹈古人之陈迹，然后为是乎？故仲尼当官，召不俟驾；周公为相，北面称臣。其义然也。孟子有师诸侯之德，斯文所系，以位，则齐王君也，我臣也。召之役，则往役矣。以德，则齐王事我者也，夫召我者，岂礼也哉！唯而起可也，难乎为臣者矣。于义得乎？司马子以是疑之，其不察于进退之分、轻重之义也，亦甚矣。

师

师严，然后道尊，贵贱一也。孟子于齐王，有师道焉，未闻有官守言责也。夫官守于一职，言责于一事，职修事行，则有功而受赏；出守忘责，则有过而受罚。可程，可督，受之于君者，臣也。君所未知，而己发之；君所未有，而己与之，提携其善，增益其能，以陶冶君心，君反受命焉者，师也。孰敢官之而责以言哉？故齐王于孟子，君不能致，去不能止，而蚳灶之徒不敢拟议者，以孟子有师德而师道固然也。司马子曰：“愚恐后世挟其有以骄君，无所事而贪禄位者，皆援以自况。”是不识孟氏心而未知所以为师耳。

噫！自秦汉以来，师傅道绝，朝廷乏仪，大抵皆袭嬴氏尊君抑臣之故，无三代之遗风久矣。司马子习于世俗，溺于近闻，譬之安于培塿者，骤窥泰山，乌得不惊且疑乎？

伐燕

沈同之问燕事，孟子之对，私论其理也。齐人伐燕，正行其事，行之是也。而齐人行之，非矣。司马子疑之，必将使孟子言燕不可伐，然后为是乎？夫燕有可伐之道，惧诸侯伐之，遂言其不可，是弃理而尚术也。夫弃理而尚术，乃战国纵横之事也，而谓君子为之耶？且齐欲伐燕，议不起于沈同，必其既伐也，或者疑之，以问孟子。孟子曰："彼然而伐之也。"则伐燕之举，孟子初不知之矣。及燕败齐胜，齐人来问，所以告之者甚明。齐人不用，吾将谏乎？非所宜言，旅臣犯分而言，于义何居？未能救燕人之系累，而己已颠沛矣。亦君子所不为也。

理

《易》有太极，是生两仪。故天地之间，物必有对，感则必应，出则必反，不易之理也。是以禹、汤保天下，而天下归之；桀、纣虐天下，而天下弃之。周室道衰，诸侯睥睨天子，大夫僭夺诸侯。当时君臣以权术相驭，以职势相使，因隙而起，乘间相图者，皆是也。盖君感之以此，则臣应之必以此；君所出者如是，则臣之反者必如是。孟子知此理，故告于齐王曰："君之视臣如犬马，则臣视君如寇仇矣。"欲其有感于斯，而更待臣下以礼也。而司马子以为非忠厚之道。则凡忠于君，陈政令之不便，而言民有怨离者，虽指为叛逆，可矣。

王

孔子于周，自平王东迁，等之于诸侯。圣人何容心哉？载其实也。故《黍离》降为《国风》，而《春秋》作矣。《春秋》，天子之事也。人曷尝务于尊周乎？区区务以尊周为事者，五霸之虚名耳。孟子所以劝时君者，实行王政也。自春秋时，周室微弱，诸侯强大，（亘）〔互〕①相讥议（者）②，臣弑君，子弑父，周天子不能禁御。沦夷至于战国，天下横溃，人欲肆而天理灭矣。使天下诸侯有能知孟子之言，遏人欲，明天理于天下者，是《春秋》之法行也。岂与圣人异乎？且天生民而立之君，使司牧之，非为一人也。故汤、武虽圣，必征伐然后定。而天下与之，后世圣人与之。况周室微弱，威令不能行于家人，天命已去矣。而司马子犹欲尊焉，昧于时变，岂非腐儒之论哉？

卿

贵戚之卿，君之辅也，宗庙社稷之卫也。君不可辅，则宗庙有绝食之忧，社稷有变置之虞。乃若异姓之卿，则去矣。而吾仕不可委，亲不可离，国有危难，咎将谁归？与其灭亡，俱为累囚，覆及宗庙，孰若废昏立明，以保国家乎？是道也，虽异姓之卿，予顾托之重，亦有行之者矣。故伊尹放太甲，使太甲终不类，则别立君，必矣。后世霍光废昌邑，立孝宣，天下服之，人至于今称焉。而况贵戚之卿耶？孟子之言可谓正而不苟矣。司马子疑后世有援是言行篡夺者。夫子哙行礼让以起乱，王莽擅居摄以篡汉。

---

① 据文义改。

② 中华书局版《胡宏集》据陆抄本删却。

彼尧、舜、周公，何罪哉？得其人，则放伐可为；非其人，则以义济奸，亦何所不至？孰能禁之乎！君子知正言其义而已矣。

学

子思子曰：“君子知风之自。”夫学之本一有亏而未纯，则其流必有偏而不起之处。君子欲窒其起弊之原，以开示学者，是以历举数圣之行，剖析其义，而归诸中焉。夫孔子，圣之时者也，兼天下之善。伯夷，圣之清者也，兼天下之清。柳下惠，圣之和者也，兼天下之和。使二子者所为易其行，则必跋前疐后，疑其所之而有所不通矣。乃若孔子，则左右周旋，无施不安。此孟子所以舍伯夷、柳下惠而必愿为孔子者也。司马子历取孔子之行，以二子之行事参配之，其无不合，固宜矣。曾不知各以二子之行，反复质诸孔子，则卫南子之见，公山弗扰之召，伯夷必有所甚耻；膰肉之行，女乐之去，展禽必有所不忍矣。而谓二子之行，孔子如之，是弃己之全，为人之偏也。岂不失孟氏逢源之旨哉？

图书在版编目(CIP)数据

胡宏著作两种/(宋)胡宏撰;王立新校点.—长沙:
岳麓书社,2008
ISBN 978-7-80665-753-9
Ⅰ.胡… Ⅱ.①胡…②王… Ⅲ.理学—中国—南宋—
文集 Ⅳ.B244.991-53
中国版本图书馆 CIP 数据核字(2008)第 130318 号

湖湘文库

湖湘文库编辑出版委员会

胡宏著作两种

著　　者　〔宋〕胡宏
点 校 者　王立新
责任编辑　马美著
特邀编辑　蔡志斌
整体设计　郭天民

出版发行　岳麓书社
地　　址　湖南省长沙市爱民路 47 号
电　　话　0731—8885616(邮购)
邮　　编　410006
网　　址　www.yueluhistory.com

印　　刷　长沙化勘印刷有限公司
装　　订　长沙化勘印刷有限公司
版　　次　2008 年 9 月第 1 版第 1 次印刷
开　　本　960mm×640mm　1/16
印　　张　19.5
字　　数　228 千字
书　　号　ISBN978-7-80665-753-9/G·653
定　　价　65.00元

ISBN 978-7-80665-753-9

9 787806 657539 >